PARA SONHAR COM
POLÍTICA

Rogério Godinho

PARA SONHAR COM
POLÍTICA

Histórias com Cristovam Buarque, Marina Silva, Maurício Brusadin, Oded Grajew, Ricardo Young, Wesley Silvestre, Xico Graziano e Zé Gustavo

MATRIX

© 2017 - Rogério Godinho
Direitos em língua portuguesa para o Brasil:
Matrix Editora
www.matrixeditora.com.br

Diretor editorial
Paulo Tadeu

Capa, projeto gráfico e diagramação
Allan Martini Colombo

Revisão
Sílvia Parollo
Eduardo Ruano

CIP-BRASIL - CATALOGAÇÃO NA PUBLICAÇÃO
SINDICATO NACIONAL DOS EDITORES DE LIVROS, RJ

Godinho, Rogério
Para sonhar com política / Rogério Godinho. - 1. ed. - São Paulo: Matrix, 2017.
248 p. ; 16 cm.

Inclui índice
ISBN 978-85-8230-431-0

1. Brasil - Política e governo. I. Título.

17-45171
CDD: 320.981
CDU: 32(81)

Sumário

Agradecimentos 7

Um mapa para a leitura 9

CAPÍTULO 1
Habite uma outra morada 11

CAPÍTULO 2
Mania de educação 25

CAPÍTULO 3
Vão usar você 31

CAPÍTULO 4
Prometer não é preciso 33

CAPÍTULO 5
De utopias e estrelas 39

CAPÍTULO 6
Lulismo 45

CAPÍTULO 7
Se cães não ladram 49

CAPÍTULO 8
Por telefone 51

CAPÍTULO 9
Desconstrução 55

CAPÍTULO 10
Na Idade Média 63

CAPÍTULO 11
A Lei de Ferro 69

CAPÍTULO 12
O invisível da política 73

CAPÍTULO 13
Transição democrática 81

CAPÍTULO 14
Armados de flores 87

CAPÍTULO 15
Poder que faz diferença 93

CAPÍTULO 16
Ter os deuses dentro de si 99

CAPÍTULO 17
Roda de conversa 103

CAPÍTULO 18
Menos oikos, mais eudaimonia 113

CAPÍTULO 19
Vozes em conflito 121

CAPÍTULO 20
Existe amor em São Paulo 133

CAPÍTULO 21
Partido no gerúndio 143

CAPÍTULO 22
Com palavras e atos 155

CAPÍTULO 23
Cara de vândalo 165

CAPÍTULO 24
Esfinge em movimento 177

CAPÍTULO 25
Homem invisível 195

CAPÍTULO 26
O cubo de Husserl 213

Epílogo 243

Personagens 245

O apoio fundamental 247

Agradecimentos

Em uma narrativa com tantos personagens não poderia faltar uma longa lista de agradecimentos. Segue esta, que certamente é menor do que seria justo. Antes de tudo, deixo minha gratidão a todos que, mesmo rapidamente, fizeram parte desta história.

Além deles, estão os que ajudaram com apoio, informações, contatos ou sugestões valiosas:

Ana Cássia Siqueira, Ana Graziela Aguiar, Basileu Margarido, Bruno Roza, Carlos Vicente, Eduardo Rombauer, Elimar Nascimento, Elisabete Fernandes, Gabriella Simplicio, Joaquim Coelho Neto, Julio Wiziack, Luiz Carlos Godinho, Marcela Oliveira Scotti de Moraes, Marcos Papa, Patrícia do Nascimento, Rangel Brandão, Shalon Silva e Thales Godinho.

Um destaque relevante vai para aquelas que me apoiaram durante a campanha de financiamento coletivo, minhas fundamentais parceiras Izabella Ceccato e Luiza Burleigh.

A seguir, a participação vital de apoiadores que também me ajudaram lendo um ou mais capítulos: Gabriela Azevedo de Aguiar, Juliana Ghisolfi, Lucas Brandão, Priscila Murara de Carvalho e Vinícius Pinheiro. Entre eles, um agradecimento especial a quem que me acompanha a cada nova obra que escrevo e que desta vez teve o cuidado e o trabalho de ler várias vezes cada capítulo: Érika Suzuki.

Um mapa para a leitura

Confesso, eu pulo introduções. Quero entrar logo na história.

Mas, neste caso específico, advirto: leia este texto antes de seguir no livro. Porque você vai se localizar muito melhor.

Este livro é um convite para participar da política. Mas não desarmado e sim munido de conceitos que vão ajudá-lo. Não são os únicos e talvez nem sejam os melhores, mas foram os que eu escolhi. E são eles, os conceitos, o mais importante do livro. Tanto que, no início, pensei em escrever uma obra de ficção. Mas percebi que seria um desserviço ao leitor. Afinal, eu estaria fugindo de uma das grandes dificuldades da política, passar da teoria para a prática. É fácil entrar em acordo quando se trata de alguns preceitos básicos. Mas, a partir do momento que se aponta uma personalidade ou um caso real, surgem as divergências. Portanto, elegi pessoas reais. Que seja o primeiro movimento, olhar a história independentemente do personagem.

Dito isso, fica evidente que o livro não pretende criar heróis. Perfeição não existe, tampouco identificação absoluta. Eu mesmo já discordei de cada um deles em algum ponto relevante.

Mas, se os personagens são secundários, como fazer para que os conceitos fiquem em primeiro plano?

Optei por deixá-los explícitos no título de cada capítulo. Nesse mapa, são letreiros luminosos indicando o caminho. Portanto, quando você ler o título "Utopias e estrelas", vai pensar no desejo de mudar a realidade a partir do poder público, o que é muito mais difícil do que parece. Quando ler o "Invisível da política", vai pensar em temas fundamentais para a sociedade que são deixados de lado. Ou, ainda, "Por telefone", quando a negociação de cargos fica acima do interesse nacional.

Por vezes, eu fiz questão de relembrar títulos de capítulos anteriores no texto, reforçando o conceito para o leitor. Em outros momentos, deixei para o leitor fazer as conexões.

Assim, você poderá navegar de um tema ao outro. De sair de seus interesses individuais para pensar no bem comum, do começo do livro até o último capítulo, em que uma questão municipal, com múltiplas facetas, mostra como a política é um desafio enorme, mesmo quando os envolvidos são pessoas éticas. É o trajeto que vai do "Habite uma outra morada" até "O cubo de Husserl".

Boa viagem!

CAPÍTULO 1

Habite uma outra morada

Com Oded Grajew

– Agora estamos no caminho certo – disse sorrindo o empresário na TV.
Oded Grajew aumentou o volume, talvez na esperança de não ter entendido. O entrevistado falava francês com pesado sotaque americano.
Na mesa a sua frente, dois jornais franceses e o americano *The New York Times*, que traziam mais ou menos a mesma mensagem do empresário na televisão: a sociedade havia encontrado o modelo ideal. Entravam na segunda quinzena de janeiro de 2000, e o 30º Fórum Econômico Mundial aconteceria na semana seguinte em Davos, Suíça.
Oded estava com a esposa em Paris e observava a mídia aplaudir a chegada dos grandes líderes mundiais, tanto políticos quanto executivos.
– Mara, você está ouvindo a TV?
Ela pareceu não ouvir, até porque Oded, mesmo irritado, mantinha a voz baixa como de costume. Ele repetiu a pergunta. Do quarto, a esposa respondeu algo que não se entendia. Provavelmente uma palavra de apoio, pois estava acostumada com a reação do marido todo ano nessa época do Fórum de Davos. Dessa vez, a proximidade geográfica com Genebra parecia aumentar o

desconforto daquele homem de 56 anos que resolvera dedicar parte de sua vida a tentar melhorar o mundo. Talvez simplesmente esperasse mais da imprensa francesa, mas nem ali as vozes dissonantes pareciam se erguer.

Oded baixou o volume da TV.

– Ele disse agora que "o mundo sabe que este é o modelo que precisamos". Acredita nisso?

O veredito da mídia parecia confirmar a visão de que a história havia chegado ao fim, como preconizado pelo economista Francis Fukuyama. A "universalização da democracia liberal ocidental", como ele escreveu, abrangia um modelo de capitalismo sem amarras e tinha sua personificação nos líderes de Davos.

Oded levantou-se do sofá e chegou mais perto da porta do quarto, onde continuou:

– Eles admitem que "olham para o mundo como um grande mercado" e não há uma voz na mídia questionando essa visão – disse, apontando para a TV, como se a mulher pudesse ver do quarto.

Estavam no primeiro mês de 2000, e a mesma solução dos últimos 150 anos estava sendo apresentada. Com uma variação de intensidade: reclamavam ainda mais liberdade para as corporações e menos garantias para o trabalhador.

Entretanto, o modelo até agora entregara desigualdade: 1% dos adultos possuíam 40% dos ativos globais. Três pessoas detinham mais ativos que 48 países. E o Brasil era justamente um dos países em que a desigualdade era uma das piores do mundo. Aumentavam globalmente os índices sociais, como obesidade, doenças mentais, homicídios e vários outros, incluindo dezenas de milhões de pessoas trabalhando como escravos perto da virada do milênio. Para coroar o processo, o modelo civilizatório causaria um aumento de 3 a 4 graus na temperatura média nas décadas seguintes, o suficiente para exterminar uma parte considerável da população. Representantes dos países se reuniram nos últimos cinco anos para reduzir as emissões, nas chamadas COPs, do inglês *Conference of the Parties*, mas não conseguiram avançar.

Oded andava pela sala pensando em tudo isso e lembrando como as tênues tentativas de mudar o sistema eram frequentemente ignoradas. Os governos mundiais não pareciam genuinamente preocupados em corrigir os problemas. A sociedade havia abandonado o projeto iluminista gestado no século XVIII, que propunha tornar o mundo mais próspero, justo e racional. Havia abandonado a busca de um mundo mais feliz. De um mundo melhor.

"Em troca, temos este cenário em que tão poucos dominam tanto", Oded disse para si mesmo.

Ao se observar o modo como as empresas operavam e seus resultados, o auge do neoliberalismo se assemelhava a crianças soltas em uma loja de brinquedos, quebrando tudo e pisando em cima das outras para conseguir o boneco no topo da prateleira.

Oded voltou para o sofá e aumentou novamente o volume. Mas não prestava mais atenção. Lembrou-se da primeira vez que o movimento antiglobalização destruiu uma loja do McDonald's. Foi o símbolo perfeito para a mídia retratar os descontentes com o modelo como negativos. Os protestos destruíam em vez de propor. Violência em vez de paz.

Evidentemente, havia ações não destrutivas. No ano anterior, ocorrera um marco para os movimentos críticos à globalização. Foi a chamada Batalha de Seattle, em 30 de novembro de 1999. Centenas de manifestantes bloquearam as ruas ao redor do Centro de Convenções onde deveria ocorrer a terceira Rodada do Milênio da Organização Mundial do Comércio. Nesse dia, começaram a aparecer milhares de manifestantes de lados diferentes da cidade.

Mais de 700 organizações e dezenas de milhares de ativistas de todos os lugares do mundo impediram os delegados de chegar ao local do evento. Em resposta, a polícia jogou gás, bateu e prendeu. A reação foi mais violência. Os adeptos da Black bloc, tática usada por ativistas alemães na década de 1970, revidaram. E a polícia passou a prender e bater em todos, com ou sem máscara.

Oded acompanhou tudo isso com atenção. Ficou surpreso ao ver que a mídia mundial finalmente noticiava com destaque uma crítica à globalização – ainda que de maneira negativa. E mais surpreso ainda ao saber que a Rodada do Milênio havia sido um fracasso. Com a atenção afinal obtida, Seattle se tornou o marco inicial do movimento da antiglobalização. Um grito contra um modelo econômico em guerra com a Terra e a própria dignidade humana. "Um grito", Oded pensou. E se...

– Mara...

Ela saiu do quarto arrumada e pronta para o passeio. Como se soubesse que o marido estava prestes a dizer algo mais, ficou de pé perto da porta.

– Mara, e se existisse um outro evento, apresentando uma visão diferente de Davos. Uma proposta que fosse além do aspecto econômico.

Fez uma pequena pausa.

– Você acha que eu tô louco?

A esposa ponderou por alguns instantes e respondeu:
- É uma ideia doida. Mas é linda.
- Estou pensando em ir além do protesto, do grito. Um evento que reúna as pessoas, que reúna ideias.
- Que não se restrinjam ao protesto.
- Que façam propostas!
- Em oposição a Davos.
- Exato. Em Davos vão banqueiros, empresários e líderes políticos. Não há espaço para os movimentos sociais.
- Então um fórum social seria um encontro de organizações, não somente de indivíduos.

Oded sorriu. Mara estava em sintonia, como sempre.

A esposa sorriu de volta e anunciou que estava pronta. Ele desligou a TV e saíram.

Durante o passeio, Oded refletiu um pouco mais sobre o tema. Davos não era um evento qualquer. Era a representação concreta de um consenso entre os líderes mundiais. Capitalista desde sua criação, o fórum foi criado pelo alemão Klaus Schwab com o objetivo de levar as práticas corporativas americanas para as empresas europeias. Com o tempo, se transformou no ponto focal da mídia, das empresas e governos democráticos. E, consequentemente, do pensamento único e da ideologia hegemônica mundial.

Teve seus bons momentos, como quando serviu de palco para um acordo entre Turquia e Grécia em 1988, evitando uma guerra. Coreanos do sul e do norte se encontraram pela primeira vez em Davos. A unificação alemã foi discutida ali por Helmut Kohl e Hans Modrow. Nelson Mandela e o presidente da África do Sul, F. W. Klerk, também apertaram as mãos ali pela primeira vez. Era o grande teatro global e parecia compatível com o *motto* escolhido: comprometido a melhorar o estado do mundo.

Até aí, um objetivo excelente. Entretanto, a única ação concreta que efetivamente perseguiam era maximizar o lucro para as empresas. Mesmo os acordos de paz se encaixavam dentro dessa lógica financeira, ao criar um ambiente otimizado para as empresas. Com isso, diziam, a riqueza cresceria e inevitavelmente a humanidade floresceria e seria feliz. Enquanto isso não ocorria, o encontro de Davos se tornava cada vez mais a expressão do poder.

Em tom de brincadeira, Oded questionava a própria sanidade ao imaginar se opor a tal símbolo. Tinha perfeita noção da dimensão do desafio, pois compreendia bem o mundo dos negócios e suas ligações com as instituições. Aos 28 anos, fundou a Grow com um grupo de amigos – empresa de jogos e brinquedos. Anos depois, com o empreendimento consolidado, fundou a Associação Brasileira dos Fabricantes de Brinquedos, a Abrinq. Tinha 41 anos. Depois, a Fundação Abrinq. Aos 48 anos, decidiu vender a Grow e dedicar a vida ao social. Foi quando acabou tendo contato direto com a família Schwab. Klaus, fundador do Fórum Davos, tinha um irmão, Hans, que morava no Brasil e representava diversas empresas alemãs. Foi ele que acabou adquirindo uma participação de 20% na Grow.

Diferente dos irmãos Schwab, Oded deixou de atuar como empresário. Mas continuou transitando no meio, tentando mobilizar o mundo dos negócios para as questões sociais. Fundou ou ajudou a fundar instituições de grande importância para o cenário brasileiro, como o Pensamento Nacional das Bases Empresariais (PNBE), do qual foi o primeiro coordenador geral. Era um movimento progressista empresarial que defendia a ética, a democracia, os direitos humanos, a preservação ambiental, além de relações mais colaborativas com os trabalhadores. Oded também fundou o Instituto Ethos, o Cives, a Fundação Abrinq e diversas outras entidades e movimentos. Para uma geração de empreendedores sociais, era um líder e uma referência. Caso parasse agora, poderia se sentir realizado e considerar que havia construído um legado difícil de ser equiparado.

Quando voltaram do passeio, Oded foi direto para a cadeira ao lado do telefone. Quando tinha uma ideia, perseguia um método: conversar e absorver os contrários. Precisava falar com mais alguém, colocar sua ideia à prova, ouvir outros pontos de vista. E não podia esperar voltar ao Brasil para fazer algo. O sentimento de urgência era um traço de personalidade que ele havia conservado dos tempos de empresário. E ele acabara de se lembrar de um amigo que estava na cidade.

Pegou o telefone e fez a ligação. Do outro lado, ouviu a voz de Chico (Francisco) Whitaker. Exilado em Paris no tempo da ditadura, o amigo tinha uma filha na cidade e voltava todo ano para visitá-la. Militante das causas sociais desde a década de 1950, Chico tinha um currículo ainda mais extenso que o de Oded, tendo assessorado o governo brasileiro, a CNBB e a ONU inúmeras vezes durante décadas. Atualmente, era o secretário da Comissão Brasileira Justiça e Paz. Seria a pessoa ideal para prosseguir em seu método de apresentar a ideia para ser criticada, questionada ou refeita. Oded contou a Chico o que tinha pensado, como os jornais estavam exaltando o evento de Davos e o neoliberalismo como um modelo "que o mundo sabe ser o melhor". Precisavam fazer algo a respeito. Precisavam criar uma alternativa a Davos.

Depois que terminou de explicar, repetiu a pergunta.

– Você acha que eu estou louco?

Chico foi efusivamente favorável, dizendo que a ideia não era louca, era genial. E brincou dizendo que também iria, de qualquer modo, pedir a opinião de Stella, sua mulher.

Oded continuou.

– O foco seria apontar alternativas, um outro modelo de globalização. Ter um espaço para debater e expor ideias, mostrar que é possível um outro mundo.

– Colocar o social em primeiro lugar.

– Exato, o econômico como ferramenta, não como fim.

– Então o contraponto com Davos seria direto.

Oded sorriu. Não tinha dúvida quanto ao nome.

– Será o Fórum Social Mundial.

Trocaram ideias por alguns instantes, até que Chico lembrou:

– Oded, eu tenho uma reunião esta semana com o Bernard Cassen, vou falar com ele sobre aquele artigo sobre corrupção. E se a gente fosse junto perguntar o que ele acha?

Cassen era o diretor-geral do jornal francês *Le Monde Diplomatique*. Também havia fundado dois anos antes a Associação pela Tributação das Transações Financeiras em Apoio aos Cidadãos (Attac), que se expandiria nos anos seguintes por 38 países. Tanto o jornal quanto a Attac criticavam o modelo atual da globalização, afirmando existir alternativas. Oded sabia que ambos poderiam ser um impulso fundamental para um evento com ambições tão grandes.

– Não quero atrapalhar.

– Não atrapalha. Aliás, acho que a gente podia convidá-lo para participar. O *Diplomatique* e a Attac podiam ajudar a divulgar e a atrair gente.

Dois dias depois, Oded, Mara, Chico e a esposa, Stella, chegavam à redação do *Le Monde Diplomatique*.

Enquanto Oded explicava a ideia, um sorriso se abriu no rosto de Cassen. Ele havia ajudado a organizar um protesto em Davos no ano anterior, mas o efeito tinha sido mínimo. Aqueles dois brasileiros propondo um evento anti-Davos podia ser exatamente o que precisavam.

Oded insistiu:

– Precisa ser na mesma semana. As pessoas vão ter que escolher de que lado estão. Escolher quais são os seus valores.

Cassen a tudo sorria. Concordava com tudo.

De repente, seu semblante se iluminou:

– Tem que ser na América Latina. Talvez no Brasil mesmo.

O Brasil concentrava uma grande quantidade de movimentos e experimentos sociais. Além disso, fazia sentido que o evento avesso a Davos fosse realizado em um país em desenvolvimento.

Ainda assim, Oded fez a pergunta de forma retórica:

– Você acha que os ativistas e os intelectuais vão até lá?

Cassen respondeu com um sorriso.

– Acho que tem que ser em Porto Alegre. Eles têm o Orçamento...

– Participativo! Claro! Seguem prioridades sociais definidas a partir de um processo horizontal. Alinhamento perfeito com a proposta de promover o diálogo do evento.

Porto Alegre havia sido a primeira capital a implementar o Orçamento Participativo. A população realizava assembleias em cada bairro ou distrito para definir gastos e políticas públicas, diminuindo a burocracia e aumentando a participação política dos cidadãos. Dezenas de cidades no Brasil e no mundo se inspirariam nos gaúchos e seguiriam o exemplo. Por isso, Cassen considerava a cidade o local ideal.

Chico complementou:

– No mínimo, muita gente vai para saber mais sobre o orçamento participativo. Acho a ideia boa.

Cassen se propôs a abrir um espaço em uma reunião de movimentos sociais antiglobalização que se realizaria em Genebra em junho. Até lá, teriam tempo para montá-la mais concretamente. E, então, poderiam ver como ela seria recebida pelos movimentos.

Oded e Chico toparam e voltaram ao Brasil, encarregados de iniciar as articulações. Convidaram instituições e movimentos para uma reunião na sede do Ethos, no bairro paulistano dos Jardins. Além de Chico, que representava a Igreja Católica, Oded ainda chamou ONGs e entidades, como Abong, Attac, CBJP, Cives, CUT, Ibase, Movimento Sem Terra (MST) e Rede

Social de Justiça e Direitos Humanos. No mesmo dia, Oded, sempre com boas relações, foi em busca de apoio financeiro. De imediato, conseguiu a adesão da Fundação Ford, que acabou ajudando a financiar a secretaria executiva do Fórum Social Mundial.

De São Paulo, Oded rumou para Porto Alegre. Já tinha data marcada para se encontrar com Olívio Dutra e Raul Pont – na época governador do Rio Grande do Sul e prefeito de Porto Alegre, respectivamente. Avisou que desejava o apoio do poder público, mas que o evento seria gerenciado pela sociedade civil. Nada de dependência. Nada de controle. De quebra, brincou:

– Se der certo, você não vai ter mais que explicar lá fora onde fica Porto Alegre.

Oded, Chico e um número cada vez maior de representantes dos movimentos sociais passaram o ano articulando aquele que pretendia ser o evento dos eventos. Afinal, um grupo partiu em junho para Genebra, incluindo, além de Oded e Chico, os representantes e o vice-governador do Rio Grande do Sul, Miguel Rosseto, para garantir que o apoio à iniciativa seria dado, sem nenhuma intenção de controlá-la.

Foi quando o lançamento mundial foi feito. A partir daí, espalhou-se pelo mundo a expectativa sobre o que seria o Fórum Social Mundial. Simultaneamente, protestos antiglobalização se multiplicaram. França, Japão, Estados Unidos, Austrália, República Tcheca... Em 26 de setembro, foram realizados em 40 países.

Mas os protestos não pareciam ter efeitos práticos. Serviam, sim, para chamar a atenção para o descontentamento com o capitalismo, mas a mídia os desqualificava por não apresentarem propostas. Em novembro, Oded soube do fracasso da Conferência do Clima em Haia, na Holanda (COP 6). O objetivo era discutir a implementação do Protocolo de Quioto, que tinha a modesta meta de reduzir em 5% as emissões de carbono. Os países industrializados se recusaram a assinar o acordo. Simultaneamente, as negociações da Organização Mundial do Comércio (OMC) eram céleres em estimular a produção industrial mundial, aumentar as emissões e criar mecanismos eficazes de punição para quem desobedecesse.

Janeiro chegou. A previsão era que 2.500 pessoas comparecessem, mas na virada do ano já havia ficado claro que aquele número seria ultrapassado. Somente a imprensa credenciara 1.870 jornalistas, o que Oded achou natural, pois esperava dezenas de escritores, importantes ativistas, líderes sociais, religiosos e políticos, do Brasil e de cada canto do planeta. E aquelas celebridades de alto nível não eram o mais importante. O que realmente contava eram os 4.700 delegados de diversas entidades abrangendo 117 países. Eles representavam movimentos sociais do mundo inteiro.

Oded abriu o jornal e viu novamente a mídia dando destaque para o Fórum Econômico em Davos. Era compreensível. Dezenas de chefes de Estado, dúzias de ministros e mais de mil importantes CEOs, uma impressionante concentração de poder e dinheiro. Enquanto isso, em Porto Alegre se reunia o outro lado do espelho. Mas, ao contrário do que diziam os críticos, não era somente um grupo de idealistas. Aquele grupo enorme de pessoas trazia dentro de si muito mais realidade do que os executivos de Davos, com suas regras baseadas na moralidade do lucro. Nenhum outro evento na história havia obtido uma concentração tão grande de representatividade social. Aquelas pessoas concentravam ideias e esperanças. Em Porto Alegre estavam pessoas que traziam vivências de problemas reais. Fome, miséria, discriminação, ameaças ambientais, exploração do homem pelo homem. Como diria Eduardo Galeano: "A diversidade do mundo aparece no Fórum de Porto Alegre. Porque o Fórum é uma reunião da realidade do planeta".

Entre 25 e 30 de janeiro, mais de 20 mil pessoas passaram por ali. Em um período em que normalmente Porto Alegre ficava deserta, o evento também trazia um estímulo econômico. Oded passou os dias entrando e saindo de cada atividade, conversando com as pessoas, entendendo as propostas. Nem mesmo ele, que se sentia o pai do FSM, conseguiu ver tudo. Eram 420 oficinas autogestionadas organizadas pelas entidades participantes, incontáveis seminários, 16 conferências, 22 testemunhos e ainda outras atividades culturais. Era como uma universidade aberta, gratuita, intelectual e internacional.

Porém nem tudo estava perfeito. Oded, Chico e os outros organizadores recebiam pressão para que o Fórum produzisse uma declaração final.

Em uma reunião no penúltimo dia, um ativista conhecido perguntou:

– Mas então você quer que o evento seja um movimento organizado. Um partido?

O interlocutor respondeu:

– Um partido. Por que não? Pode ser uma Quinta Internacional!

A Primeira Internacional foi fundada em 1864 e tinha Karl Marx entre seus membros. A última, a Quarta Internacional, havia sido criada pelos trotskistas. Alguns ativistas acreditavam que o Fórum Social Mundial devia se tornar uma organização hierárquica e deliberativa como as Internacionais, única maneira de se tornar uma ferramenta efetiva e urgente no embate político necessário para transformar o mundo. E, evidente, com potencial de influenciar o próprio cenário político brasileiro nas eleições que se aproximavam.

Como a maioria, Oded rejeitava essa ideia. Instrumentalizar o Fórum exigiria regras rígidas, cláusulas pétreas instituídas por um grupo dominante. Por mais democrático que fosse o processo de criação, a partir do momento em que fizessem isso, elas seriam brandidas como um conjunto de dogmas instituídos de cima para baixo.

Nada podia ser mais distante do que os organizadores queriam naquele momento. Na visão de Oded e dos outros criadores, o Fórum deveria se manter como um ponto de encontro e inspiração para movimentos. E até um ponto de encontro para articular ações, mas jamais assumir uma ideologia própria ou se envolver na disputa partidária.

Diversas vertentes debatiam o rumo a seguir. Parte eram socialistas e revolucionários, das mais diversas linhas, incluindo aqueles de pura inspiração cartesiana de fazer *tabula rasa* do passado e construir um novo sistema. Outros eram reformistas, acreditando que o capitalismo deveria passar por reformas brutais, mas que parte dele deveria ser preservado. E havia o grupo ainda diminuto dos ambientalistas, que discordava dos outros dois no aspecto tanto renascentista quanto iluminista de que natureza deve ser dominada e explorada a serviço do homem, devotos da ilusão de recursos infinitos e de um crescimento ilimitado.

Ciente de que construir um diálogo entre tantos caminhos levaria tempo, Oded estava satisfeito em criar um momento de troca, que fugisse da troca fria de documentos e estudos. Que cada participante tivesse a oportunidade de olhar e conhecer o outro. Um meio de colocar em prática o projeto iluminista que pretendia melhorar o mundo. Um dos filósofos cruciais do movimento, o alemão Immanuel Kant, definia a liberdade como a capacidade de ir além dos desejos imediatos e seguir uma decisão construída racionalmente. De ser capaz de sair de seu ponto de vista egoísta e pensar no outro e no bem comum, o que, em última instância, seria o melhor curso de ação para o próprio indivíduo. Portanto, era fundamental se colocar no lugar do outro e exercer a empatia. Como se, por um curto período, habitasse uma outra morada. Como o próprio Oded, quando tinha uma ideia e buscava conversar e absorver os contrários. Como o Orçamento Participativo de

Porto Alegre, que promovia a participação e a horizontalidade. Se pudesse manter aquele propósito, cada participante poderia retornar ao seu país e prosseguir no trabalho de conscientização e produção de ideias e – também – de um questionamento do capitalismo e na busca por um mundo melhor. Como o *motto* do Fórum dizia: "Um novo mundo é possível".

Cada um desses participantes se sentia parte de um momento especial. E Oded sabia ser importante demonstrar isso para o restante do planeta. O primeiro passo para isso seria conseguir repercussão na mídia. Assim, aquelas ideias sobre saúde, educação, água, economia e democracia poderiam ser incorporadas ao debate. E o que não faltavam ali eram pauta e gente interessante para entrevistar.

Mas quando Oded ligava a TV, o que aparecia era a reportagem do menino que saiu do Ceará para vir ao Fórum mostrado tocando violão na beira do Guaíba. Ou mostrava a festa do acampamento da juventude com gente se beijando ou alguém fumando maconha. Pessoas andavam com flores, o que era positivo para quem participava do movimento, mas retratado de maneira excêntrica e caricata pela imprensa.

Parte disso era a dificuldade da mídia em produzir conteúdo de qualidade, mesmo porque o grande público raramente se interessa por isso; parte era o desinteresse por um modelo alternativo ao que se oferecia em Davos, principalmente quando esse modelo vinha de um evento repleto de bandeiras do PT e bonés da CUT. O pensamento único e a ideologia hegemônica mundial se defendiam e se mantinham.

As divergências e a cobertura desinteressada da mídia deixaram um certo gosto amargo na boca, mas não eliminaram a força do que havia acontecido em Porto Alegre. Militantes deixavam a cidade repetindo que viver para estar ali havia dado sentido às suas vidas. Nos anos seguintes, centenas de fóruns sociais seriam organizados em todo o mundo.

Miguel Rosseto, então vice-governador do Rio Grande do Sul, relatou a Oded o que velhos amigos haviam dito:

– Olha, Miguel, eu estava muito cético, mas depois do Fórum sei que posso morrer tranquilo.

Quando o avião decolou levando Oded embora, ele virou-se para Mara e disse:

– Agradeço a Deus por ter presenciado esse momento.

Mas o último dia não encerrou de fato o evento. Faltava uma conclusão, um anúncio final para o mundo. Voltou ainda mais forte o embate entre os que desejavam o instrumento efetivo de mudança e os que queriam manter o encontro como uma fonte permanente e rica de inspiração. Oded esperava uma longa disputa em torno de cada palavra a ser usada no documento.

A solução veio naturalmente da própria diversidade do Fórum. O que poderia gerar conflito entre diferentes visões floresceu em uma multiplicidade de opiniões. Em vez de uma única declaração, surgiram dezenas. Todas tinham o mesmo espaço, a mesma importância, a mesma legitimidade. E existiu também uma Carta de Princípios. Com 14 pontos, ela declarava que o Fórum Social Mundial não tinha caráter deliberativo. Era coletiva e era solidária. Foi aprovada em São Paulo em 9 de abril de 2001.

Em junho, com algumas alterações, a Carta de Princípios seria aprovada pelo Conselho Internacional do FSM. A história confirmaria o que Oded e os militantes pressentiram naqueles meses: o século 21 parecia ter se iniciado naquele período entre Seattle e Porto Alegre.

Mais uma confirmação veio no ano seguinte. Dessa vez, o concorrente econômico seria realizado em Nova York, o que facilitaria para os que tinham interesse na rota financeira. Apesar disso, o Fórum Social Mundial dobrou de tamanho. Vieram 50 mil pessoas. E um número igualmente maior de intelectuais, como o cientista Fritjof Capra, a economista futurista inglesa Hazel Henderson e o linguista Noam Chomsky. Três candidatos à Presidência da França preferiram Porto Alegre a Nova York, além de representantes de dezenas de países. E três ganhadores do Prêmio Nobel da Paz: Adolfo Pérez Esquivel, Rigoberta Menchú e Morten Rostrup.

Ficou provado que não se tratava de um evento restrito ao PT ou às organizações sindicais. A mídia ainda não havia feito uma cobertura condizente, só o faria no ano seguinte, com algumas poucas entrevistas na GloboNews, mas algo diferente estava acontecendo.

No rastro dessa movimentação, Oded redirecionou seus esforços para o cenário nacional. Era ano de eleição para presidente, e o PT apostaria em Lula pela quarta vez. Como todas as vezes desde 1989, Oded começaria sua peregrinação pelo empresariado. Como era respeitado, muitos o recebiam. Intimamente, tinha a esperança de que dessa vez mais gente o receberia e mais gente estaria disposta a ouvir uma mensagem de mudança. Se o Brasil falava para o mundo e o mundo olhava para o Brasil, talvez a sociedade finalmente levasse a sério propostas diferentes. Talvez uma visão alternativa pudesse finalmente chegar ao poder.

Ainda havia muito medo e incerteza. De um lado, muitos tinham a esperança de que o PT fizesse a reforma agrária, revisse a anistia, apurasse denúncias de corrupção do governo anterior e estimulasse o setor produtivo em detrimento dos lucros enormes dos especuladores na ciranda financeira. De outro lado, muitos tinham medo de que o PT fizesse essas mesmas coisas. O tempo provaria que ambos os grupos estavam errados.

Diante de tanta insegurança e ambiguidade, Oded e um amigo – Frei Betto – resolveram publicar em junho um artigo no jornal *Folha de S. Paulo*. Nele, lembravam que o PT já governava três estados e 187 municípios. Nada trágico acontecera. Nenhuma revolução fora realizada. Falavam de "sensatez", de "movimento amplo" e de reunir a sociedade. Por um lado, não aceitariam prosseguir naquela ilusão de progresso, bem expressa pelo famoso personagem do romance de Lampedusa: "É preciso que tudo mude para que fique como está". Por outro, também não pretendiam começar uma revolução.

Oded também passou o ano visitando todos os empresários que conseguiu encontrar. E, enquanto a eleição se aproximava, começou a identificar certos sentimentos intensos e contraditórios. As pessoas com quem conversava e as pesquisas indicavam que Lula realmente poderia ganhar dessa vez, o que o levou a pensar que "um novo Brasil era possível". Lula e o PT no governo significaria todos aqueles desejos, ideais e sonhos no poder. Ou pelo menos assim eles imaginavam.

Dois meses depois do artigo de Oded, Lula falou de si na terceira pessoa em um comício: "Lulinha não quer briga. Lulinha quer paz e amor". Era a síntese de um discurso político de conciliação, entendimento e negociação.

Mas havia o reverso da moeda. Ganhar era possível, sim. E governar, era possível? Um executivo bem-intencionado não governaria sem o apoio de um Congresso progressista. Com vistas a isso, o PT fechou seu primeiro acordo pragmático. Lula entrou no primeiro turno de braços dados com a família Sarney. Antigos petistas do Maranhão ficaram desconcertados. Não seriam os únicos.

Lula e outros no núcleo do poder petista explicaram para Oded que podia ser muito pior que isso. "Era razoável e aceitável se parasse na família Sarney", disseram. Seria um preço baixo a pagar se pudessem transformar o país.

A história todos conhecem. Lula ganhou. A esquerda habitava o poder, uma condição que se repetiria em diversos países da América Latina.

O Brasil tinha ali uma oportunidade única: a possibilidade de corrigir ou até mesmo transformar o sistema. Em geral, um movimento rechaçado por um mecanismo de defesa das democracias. Como Tocqueville escreveu, há um círculo que a maioria traça em torno do pensamento. Quem disser algo fora desse círculo será ridicularizado, discriminado e alvo de perseguições cotidianas. Naquele momento, o país se abria a novas possibilidades e o círculo se ampliava.

No dia seguinte à eleição, Oded foi até o comitê de campanha do PT, que ficava no bairro de Vila Mariana, em São Paulo. Chegando lá, pediu para falar com Lula, sozinho.

Quando entrou na sala, ele estava só com a esposa, Marisa. Oded deu os parabéns pela vitória. Ele respirou fundo, pois tinha resolvido ir direto ao assunto, que não era trivial.

– Você tem uma responsabilidade enorme nas mãos. Um compromisso com o social, com os direitos humanos e a ética. Não traia a confiança da população.

Lula não respondeu. Nem sorriu.

Oded tinha em mente todos os sonhos de uma vida. E não só dele, mas de todos que tinha encontrado durante os anos de empreendedorismo social, testemunhando as mazelas brasileiras. Todos os belos ideais compartilhados no Fórum Social Mundial. Todos os pactos firmados durante aquela e outras campanhas eleitorais. Com tudo isso trespassando sua mente, ainda sentiu obrigação de advertir:

– Se falhar, o dano para a esquerda será tremendo, vamos levar anos para recuperar. A esquerda será o que você fizer.

Diante dele, Lula assentiu com a cabeça. Disse que sabia disso.

Nos anos seguintes, Oded testemunharia de perto o desenrolar da história, de como a esquerda quis mudar o país e o mundo e como tomou o poder; de como teve sucesso e de como fracassou; enfim, de como a esperança, afinal, ressurgiria depois dos velhos ideais morrerem e renascerem.

CAPÍTULO 2

Mania de educação

Com Cristovam Buarque

Cristovam virou o corpo, tentando atravessar a multidão. Dez mil pessoas lotavam a praça em clima de histeria coletiva. Todos olhavam fascinados em direção ao palanque, onde o novo presidente do Brasil discursava. Estavam em Garanhuns, terra natal de Lula. Estavam em Pernambuco, terra natal de Cristovam Buarque.

A noite era fresca, tanto quanto um novembro do sertão nordestino permite, mas o calor emanava dos corpos agitados, entusiasmados pela vitória do Partido dos Trabalhadores. Cristovam quis ficar ali embaixo, no meio de todos, para ouvir o que diziam. Sempre preferiu o chão ao palanque. Em cima, Lula gritava como os "coronéis" faziam o povo de "massa de manobra", nem parecia o Lulinha Paz e Amor que havia conciliado e abraçado a família Sarney meses antes.

– ... estão vendo lá embaixo o senador Cristovam Buarque?

A voz ressoava pelos alto-falantes. Lula falava dele.

– Ele pensa que vai ficar no Senado, mas a gente tem planos diferentes para ele.

Cristovam levantou uma das mãos, pensou em acenar, desistiu, enfiou nos bolsos. Sorriu. Não tinha a menor ideia do que Lula estava falando.

Uma fração de segundo se passou até que, superada a surpresa, Cristovam se deu conta de que o presidente acabava de sugerir um ministério para ele. No dia seguinte, os jornais noticiavam que ele seria o novo ministro da Educação.

Embora não fosse inesperado, o fato é que Cristovam não tinha se movido ou feito articulação para ser ministro. Fizeram por ele. Principalmente pelo reconhecimento internacional por ter criado o Bolsa Escola, além de grande parte da vida dedicada à educação, como quando era reitor da Universidade de Brasília. Até Darcy Ribeiro havia dito um dia que Cristovam seria ministro da Educação.

Ainda em Garanhuns, um repórter da *Folha de S. Paulo* o abordou, interessado em repercutir a novidade com o suposto novo ministro, que também havia sido prestigiado pelo convite de acompanhar Lula à sua terra natal. Como tudo o que sabia era o que tinha ouvido do presidente eleito pelo alto-falante, Cristovam procurou se esquivar a dar declarações diretas. Mas, independentemente de ser ou não ministro, contou ter proposto a Lula a separação do MEC em duas partes.

– Uma seria o Ministério do Ensino Superior, para cuidar das universidades, enquanto que o MEC ficaria com o ensino fundamental e as políticas educacionais.

– Mais um ministério?

– Ganharíamos em foco. Afinal, a economia tem cinco ministérios (Fazenda, Planejamento, Desenvolvimento, Trabalho e Minas e Energia). E a agricultura tem dois (o próprio e o do Desenvolvimento Agrário).

Cristovam acreditava firmemente que o governo deveria dar mais foco à educação fundamental. Se fosse mesmo ministro da Educação, era esse seu desejo. Era um caso raro de ministro interessado em diminuir seu ministério, não aumentar.

Com a correria, não conseguiu conversar com a esposa, Gladys. Somente quando voltou para Brasília pôde sentar para relatar o que tinha ocorrido. Depois que ele terminou, ela começou a ponderar:

– Sei que pode ser a chance de finalmente colocar em prática tudo o que você defendeu a vida inteira...

Cristovam sabia o que ela ia dizer.

– Mas vou ter que abrir mão do mandato de senador. E depois de o Distrito Federal perder dois senadores daquele jeito. Eu sei.

Ele fazia referência a Luiz Estevão, cassado em 2000, e José Roberto

Arruda, que renunciara para não ser também cassado. Agora os eleitores confiavam ter alguém de estatura moral e poderiam perdê-lo.

Em contraponto, havia a dimensão do desejo de consertar a educação no Brasil. E esse sentimento era a própria razão dele ter sido eleito. Cristovam dedicara sua vida à educação. Em função disso, tinha se tornado uma personalidade internacionalmente reconhecida na área. Lula buscava montar um ministério de estrelas, e Cristovam era o homem ideal para o cargo. Somente Marina Silva, pelo Meio Ambiente, equiparava-se a ele nesse quesito.

Apesar do reconhecimento e de ser um dos primeiros nomes mencionados, Cristovam foi o último a receber o anúncio oficial. Quando finalmente saiu a nomeação, imediatamente enviou para a Casa Civil uma lista de oito assessores, destinados a preencher o segundo escalão do ministério. Eram pessoas que haviam trabalhado com ele quando foi governador do Distrito Federal.

No dia seguinte ao envio da lista, o telefone tocou na casa de Cristovam. Era um assessor da Casa Civil pedindo que ele nomeasse determinada pessoa para o Fundo Nacional de Desenvolvimento da Educação – FNDE.

– Especificamente o FNDE?

– Sim.

Cristovam até poderia considerar uma indicação política, desde que o indicado fosse competente. O caso é que se tratava justamente do fundo responsável pela compra dos livros didáticos que são adotados nas escolas públicas e pela merenda escolar, além do repasse do dinheiro do transporte escolar para estados e municípios. Cristovam preferiu ignorar o pedido. Meses depois, o assessor apareceria em um vídeo pedindo propina.

Apesar da postura irredutível, Cristovam foi confirmado como ministro dias antes do Natal.

Dez dias depois, Cristovam se dirigiu à Esplanada dos Ministérios. Era o dia da posse. Quando chegou ao gabinete, foi informado que o auditório estava lotado. Disseram que já haviam montado um telão numa sala ao lado, de onde as pessoas que chegassem depois poderiam acompanhar a cerimônia. Àquela altura, a sala adjacente também tinha sido tomada pela multidão, que ainda crescia.

Um segurança avisou que Fidel Castro estava chegando. Ele tinha vindo para a cerimônia de Lula e escolhera Cristovam para prestigiar. Um sinal claro da importância da pasta e do próprio nome do novo ministro.

Nesse momento chegou o ministro antecessor, Paulo Renato Souza; Cristovam o cumprimentou e ambos foram receber o cubano. Ficaram de frente para o elevador privativo, esperando. De repente, uma voz rouca ouve-se atrás deles:

– *Sorprendi a todos por la retaguarda!*

Era o velho guerrilheiro e governante cubano. Diante da confusão crescente no térreo, haviam achado melhor que ele entrasse por uma porta lateral. Desceram todos juntos. Já no térreo, um homem se adiantou diante da multidão e fez questão de apertar a mão de Fidel. Era o deputado Paulo Maluf.

Cristovam, sem muito tempo para refletir sobre o que o poder provoca nas relações humanas, caminhou sorrindo e acenando para todos, até chegar à mesa. Ali, faria o discurso de posse.

Havia decidido alinhar com o discurso de posse de Lula, que tinha focado na palavra "mudança". A busca por um mundo melhor havia reconquistado a força nos últimos tempos. Era possível. Ele também acreditava nisso, apenas imaginava que a educação seria o vetor que promoveria e tornaria a mudança permanente e sustentável. Entretanto, o discurso proferido pelo novo ministro se mostraria uma perfeita antecipação de todos os conflitos que ocorreriam em sua gestão.

O discurso começou.

Em determinado ponto, ele prometeu:

– ... pisar no acelerador e virar à esquerda.

O que significava isso para ele?

Cristovam foi preciso.

– Não é possível que um país que tem a mesma língua, fabrica aviões, tem hidrelétricas, tem tanta riqueza, não consiga fazer com que os adultos leiam... Não é possível.

Nesse momento ele respirou fundo, como se refletisse sobre o que acabava de dizer. E continuou:

– Não temos o direito de viver com essa vergonha e muito menos deixá-la para gerações que venham depois de nós. Nós herdamos um Brasil com analfabetismo. Mas, por favor, não repassemos para os nossos filhos e netos, para as gerações futuras, um Brasil com a chaga do analfabetismo.

Aquela era uma declaração objetiva, diferente de boa parte dos discursos de posse que nunca se comprometem com nada. Cristovam chegou mesmo a prometer a erradicação do analfabetismo dentro do período de quatro anos do mandato. Entretanto, era uma meta definida por ele mesmo, em razão do que ele via como urgente. Nunca combinou com o restante do governo.

O que também não foi combinado foram os elogios ao ministro antecessor. De acordo com Cristovam, Paulo Renato conseguira avançar no acesso ao ensino superior, criando diversas faculdades, e na redução da evasão escolar no ensino básico.

Além disso, o chamado "núcleo duro" do governo (o grupo restrito de petistas que formou com Lula o estado-maior do governo e que naquele início incluía José Dirceu, Luiz Gushiken, Luiz Dulci e Antonio Palocci) torceu o nariz para o fato de Cristovam ter estabelecido com todas as letras a meta de erradicar totalmente o analfabetismo em um período tão curto. O núcleo duro achava que o prazo poderia ser inexequível, e que ficava estabelecida uma promessa que, caso não cumprida, geraria cobranças da oposição e a necessidade de explicações constrangidas depois.

A proposta seguinte era aquela que realmente poderia mudar o país. Cristovam deixou claro que sua segunda prioridade seria a educação de base. Se pudesse preparar as crianças, a próxima geração daria início a um Brasil muito diferente daquele em que viviam. Nesse caso, não era uma meta para cumprir em quatro anos. Não poderia federalizar o ensino, mesmo o da base, de uma vez. Pretendia criar projetos-piloto a partir de parcerias entre os governos federal e os governos estaduais. "Escolas ideais" foi o nome que deu. As escolas técnicas federais eram um bom exemplo de como era possível promover um ensino de qualidade. Com o sucesso, poderia ampliar aos poucos o modelo. Em vinte anos, imaginava ser possível uma sociedade em que todos os jovens brasileiros tivessem concluído o ensino médio com qualidade internacional.

"Então, o Brasil terá construído a sociedade justa que ele deseja", – ele disse. Cristovam também não combinou essa estratégia com o governo do qual fazia parte. E o MEC sempre dera prioridade ao ensino superior. Mudar isso era algo muito difícil. Mas Cristovam acreditava firmemente na sua visão. Para ele, todo o país poderia ser ajustado a partir da educação. Foi o que chamou no discurso de "mania de educação".

CAPÍTULO 3

Vão usar você

Com Oded Grajew

Oded entrou calado no Palácio da Alvorada. Tinha acesso direto a Lula, agora que era assessor especial do presidente. No Palácio do Planalto, trabalhava no mesmo andar do gabinete do amigo. Mas era um dos poucos por lá autorizados a visitá-lo na residência. Entrou e ficou de pé no meio da sala, de pé-direito alto e muito larga, esperando ser notado. Lula estava sentado em um dos sofás.

A razão de ir até lá em vez de esperar no Planalto era que acabara de receber uma informação espantosa: o presidente pretendia ir ao Fórum Econômico Social em Davos. Era a pior notícia que ele poderia ter tido nesse terceiro ano do Fórum Social Mundial.

Desde o início, em Paris, Oded fez questão de que o Fórum Social fosse o contraponto do encontro suíço. Realizar o evento na mesma data era uma forma de fazer as pessoas escolherem de que lado estavam e quais eram seus valores.

Fez questão de relembrar tudo isso ao presidente quando este o chamou. Em troca, ouviu:

– Eu vou para lá para levar as ideias, tentar sensibilizar.

A intenção não era impedir todos os militantes de irem a Davos um dia, mas aquele ano de 2003 se tornara especial para a esquerda latino-americana e mundial.

– Sua presença no primeiro ano de mandato como presidente tem um peso simbólico importante.

– Mas eu vou para Porto Alegre – respondeu o presidente.

Ele sorriu e colocou a mão no ombro de Oded.

– Ao mesmo tempo, vou marcar presença em Davos. Exigi que me deixassem falar para a Assembleia Geral e concordaram. Só o Clinton conseguiu isso antes.

Deu uma pausa, como se aquele fosse um argumento indiscutível. Depois, arrematou:

– Alguém tem que levar as ideias do Social para o Econômico. Posso fazer a ponte entre os dois.

Oded respirou. Imaginava que ouviria algo parecido. Ciente de que falava com o presidente da República, disparou:

– Eles vão usar você.

CAPÍTULO 4

Prometer não é preciso

Com Cristovam Buarque

Enquanto Lula ia para Davos e Porto Alegre, Cristovam começava a organizar seu ministério. O primeiro passo era detalhar as metas, um processo que ele já havia iniciado antes mesmo do discurso de posse, antes de ser ministro. Para ele, era um fundamento do governo. Sempre faltou ao Brasil uma visão de Estado, um plano de longo prazo. A exceção havia sido o Plano de Metas de Juscelino Kubitschek, que deveria levar o país da economia agrícola para a industrialização.

Por isso, reuniu a equipe para definir quais seriam as metas. JK definiu 30 metas. Cristovam, 31. Dessas, apenas cinco tratavam do ensino universitário. O ex-reitor de universidade considerava importante construir cidadãos preparados para só então levá-los ao ensino superior, portanto a maior parte do planejamento tratava de diversos aspectos da educação antes disso. Percentuais cada vez mais elevados de crianças concluindo cada ano de ensino, horário integral, formação de professores, incluindo detalhes, mais materiais, como recuperação de instalações físicas das escolas e equipamentos mais modernos, e permitindo a inclusão digital.

Previa também um tempo razoável para alcançar cada meta, fosse em 2004, em 2006 ou mesmo em 2015, quando a 31ª meta determinava que "toda desigualdade de renda, de classe, de gênero, de região, de raça e de deficiência física no acesso à educação" estaria abolida no Brasil. As metas eram abrangentes na variedade e no tempo.

Para Cristovam, essa era a única maneira correta e segura de mudar o país. Em 2015, o Brasil teria um aumento de produtividade de maneira estável, a partir de uma geração bem-educada e verdadeiramente cidadã. O investimento transformaria todos os aspectos da sociedade, inclusive permitindo que os brasileiros exercessem sua cidadania de maneira completa. Educados, teriam condições de agir politicamente, de entender o contexto social brasileiro, de debater questões fundamentais, da discriminação ao meio ambiente. Como consequência, a renda também aumentaria de maneira estável. A educação tornaria possível o sonho do Fórum Social.

Depois de discutir por alguns dias a fim de aprimorar a lista, a equipe do ministério passou as 31 metas para um imenso quadro.

Quadro pronto, marcou uma audiência com Lula. Dois membros do gabinete carregaram o quadro da Esplanada até o Palácio do Planalto. Quando ficou sozinho com o presidente, aguardou até que recebesse sua atenção completa. Lula sorriu e Cristovam começou.

– Acredito que nós ganhamos a eleição para realizar esse projeto. A ideia geral foi cobrir todas as deficiências sistêmicas da educação e ter segurança de que nada será deixado de lado...

Enquanto falava, notou que o presidente olhava com certa insistência a parte de baixo do quadro, onde estavam as metas para o ensino superior. Mas isso durou poucos segundos. Logo, o interrompeu para falar de outro assunto, relacionado a uma viagem.

Quando Cristovam conseguiu retomar a pauta das metas, Lula o interrompeu novamente.

– Quero entender melhor essa ideia de abrir uma universidade e a parte das vagas ociosas.

Aquele interesse não foi uma surpresa. O foco político se impunha. Ninguém dá muita importância quando o filho entra na escola, enquanto que a família inteira comemora quando alguém entra na faculdade. É motivo de festa, presente e comentários com o vizinho. Ninguém liga muito quando uma escola é inaugurada, enquanto que uma faculdade vira manchete no jornal da cidade.

Investir no ensino superior sempre trouxe dividendos imediatos. Investir na educação de base, quase nunca. E quem colhe os resultados é o próximo mandato. Às vezes, a geração seguinte. Cristovam queria criar condições para que, em quinze anos, pobres e ricos disputassem as vagas nas universidades. Lula queria dar um diploma de curso superior para quem nunca teve acesso a ele. De preferência, um bom número antes do final do primeiro mandato.

O exemplo do ensino superior resumia a oposição de Lula àquelas metas. Ele não queria longo prazo, precisava de resultados rápidos, que pudessem ser demonstrados no segundo ano, no terceiro e, principalmente, no ano da eleição.

Cristovam se despediu do presidente sem ouvir uma única vez a palavra meta. Com exceção da que tratava do ensino superior, nenhuma foi comentada. E, mesmo nessa área, não se comprometeu com nenhuma proposta. Voltou para o gabinete refletindo sobre o que havia ocorrido. Qual o motivo daquela reação? Lula sabia a importância de traçar objetivos. Não era estranho a assumir compromissos.

Mas as metas de Cristovam eram precisas. E iam longe. Lula temia que fosse uma aposta que não podia ser ganha. Os adversários políticos sempre destacariam as metas que não fossem cumpridas. Cristovam propunha 100% das crianças até 14 anos de idade até 2006, um ano de eleição. Se conseguissem 90%, uma marca considerável, ainda assim seriam acusados de fracassar. Os investimentos para conseguir os 90% seriam largamente divulgados, enquanto que o projeto ganharia o carimbo da derrota. Assim pensava Lula.

Cristovam não se importava. Qualquer avanço seria uma vitória. Voltou para o gabinete e pendurou uma cópia do plano de metas na parede, bem na frente de sua mesa. Era a primeira visão que teria quando chegasse de manhã e se sentasse, veria o plano antes de ir almoçar e no final do dia, quando fosse embora. Parafraseando Fernando Pessoa, o ministro vivia sob a premissa de que prometer não é preciso, ter metas é preciso.

Diversas metas de Cristovam estavam relacionadas à própria razão e ele ter sido escolhido como ministro: a invenção do Bolsa Escola. E ela seria o eixo central do embate que poderia ter salvado o Brasil naquele ano de 2003. O resultado, diferente do que Cristovam queria, também seria discutido por uma década como a marca do governo do PT.

O Bolsa Escola foi criado por Cristovam ainda na década de 1980, quando ele era professor na Universidade de Brasília. Era um conceito cristalino: milhões de crianças não estudam porque são obrigadas a trabalhar, portanto a saída é pagar para que elas fiquem na escola. Colocou a ideia em prática quando assumiu o governo do Distrito Federal, sendo copiado por países do mundo todo, como México, Equador, Argentina e Moçambique. Até Kofi Annan, então presidente da Organização das Nações Unidas (ONU), reconheceu o Bolsa Escola como o melhor programa existente no mundo para a erradicação da pobreza. Cristovam era o homem, e o Bolsa Escola, o caminho para resolver o Brasil.

Mas Lula queria resultados rápidos. Ao mesmo tempo, havia feito uma promessa de austeridade na Carta aos Brasileiros durante a eleição de 2002. Para a educação, tinha R$ 6,92 bilhões, a maior parte já destinada para o ensino superior. A falta de recursos seria a barreira maior que Cristovam enfrentaria.

E tais recursos estavam sendo disputados também pela articulação política. Um dia, enquanto o ministro traçava e seguia suas metas, um outro debate ocorria em uma sala do Palácio do Planalto, onde quatro pessoas do núcleo do governo discutiam. Duas delas defendiam um acordo com o PSDB em torno de projetos. Havia muitos pontos em comum e um acordo de ideias era possível. As outras duas pessoas discordavam. Para elas, negociar com o PSDB enfraquecia o PT nas próximas eleições. Muito mais seguro seria cooptar deputados e distribuir verbas do orçamento. Uma verba para lá, um voto para cá.

Mostrando que ideias contam menos do que o poder, a tática da verba orçamentária levou a melhor. Foi o germe da crise ética que o PT enfrentaria pelo restante da sua história.

Naquele momento, Cristovam ignorava tudo aquilo. Só pensava em sua mania e em como o Bolsa Escola poderia mudar o Brasil. Sem saber que a disposição política do governo – demonstrada naquela e em outras reuniões – seria a barreira fundamental nas suas pretensões de transformar de maneira permanente o país. Em especial, do programa Fome Zero, iniciativa proposta ainda durante as eleições e que se firmava como a principal marca do governo Lula.

O embate ficaria evidente algumas semanas depois, quando Cristovam decidiu exibir um pequeno filme sobre seus planos. Escolheu como local o cinema do Palácio da Alvorada, que seria inaugurado. A ideia veio de dona

Marisa, esposa de Lula, que insistira na ideia de realizar exibições privadas de filmes brasileiros. Ao ficar sabendo da propaganda de Cristovam, fez o convite. E lá foi ele em 11 de fevereiro, dia da inauguração do espaço, para a residência presidencial.

A luz da sala do cinema ainda estava acesa quando Cristovam entrou. Ele pôde ver que José Graziano, ministro de Segurança Alimentar e Combate à Fome, estava presente. Imediatamente se preocupou, ao imaginar o que o colega de Esplanada pensaria do filme que havia preparado. Na audiência, Lula, diversos membros do governo e algumas celebridades. Preparavam-se para assistir ao filme *Deus é Brasileiro*, do cineasta Cacá Diegues.

Sentaram-se. A luz apagou. Ouviu-se a voz do locutor: "Há no mundo dois tipos de pobreza". A narração prosseguia, com imagens contrastando cenas de pessoas miseráveis e esqueléticas da África com cenas de plantações brasileiras. A falta absoluta de comida e a fartura tupiniquim. A voz completava o argumento dizendo que o primeiro tipo de pobreza se resolvia dando comida; o segundo, dando educação. A mensagem era clara: o Fome Zero podia ser importante no Brasil, mas a solução permanente estava no Bolsa Escola.

O argumento estava no centro do que dividia o governo naquele momento e agora era tornado mais público do que nunca. Entre o curto prazo que trazia retorno político e o longo prazo indefinido; entre resolver o urgente e construir o futuro; entre prometer mudar o Brasil e definir metas de maneira precisa.

Por outro lado, a avaliação do governo é que não havia orçamento para os dois grandes programas sociais. Cristovam fez os cálculos e afirmou que precisariam de um complemento de R$ 300 milhões.

Para ele, o Fome Zero era necessário, mas tinha falhas e não resolveria o problema. Era uma escolha moral óbvia. Para Lula, o Bolsa Escola não dava resultados imediatos.

– Para resolver o segundo tipo de pobreza, a solução já existe – continuava o locutor, para em seguida falar explicitamente do Bolsa Escola.

Após o filme, o silêncio insistente pesou em Cristovam. O clima só aliviou quando a comédia começou.

Nas semanas seguintes, ele acabou mudando de estratégia. Não precisavam priorizar um ou outro, o Bolsa Escola podia fazer parte do Fome Zero. Cristovam não fazia questão de ser o salvador da pátria. Certo dia, abordou um dos deputados da Comissão de Educação e disse:

– Não quero tirar recursos do Fome Zero. Quero que o Bolsa Escola seja parte do programa.

Ante o semblante de dúvida, explicou que economizariam:

– Se elevarmos o valor do Bolsa Escola, vai custar apenas a metade da distribuição de cartões do Fome Zero.

O deputado sorriu, dizendo que parecia fazer sentido. Cristovam se despediu, dizendo que levaria a ideia a Lula no dia seguinte.

Era 13 de março, quinta-feira, dia de reunião na Câmara de Política Social do governo. Antes que pudesse falar, a ministra da Assistência e Promoção Social, Benedita da Silva, começou a explicar a importância de unificar todos os programas sociais. Ganhariam em eficiência, uma marca mais potente para divulgar, e evitariam as "ilhas de poder" e disputas entre ministérios. Benedita falou durante três horas. Cristovam saiu sem conseguir falar.

CAPÍTULO 5

De utopias e estrelas

Com Oded Grajew

Oded desligou o telefone e se controlou para não ir imediatamente contar a novidade para o presidente. Frei Betto também não estava disponível, tinha saído para um almoço. Contentou-se em contar para seu assessor na mesa em frente:

– Zurita confirmou.

Traduzindo, o presidente da multinacional Nestlé, Ivan Zurita, daria um passo além no apoio ao projeto Fome Zero. Até agora, já haviam anunciado a doação de mil toneladas de alimentos e a contratação de 2 mil jovens para trabalhar em projetos de nutrição. A novidade: ainda fariam de graça a campanha de marketing.

A oferta sinalizava o envolvimento de todos no esforço de mudar o país. Aliás, era a sociedade civil estimulando a sociedade civil, o sonho de uma nação colaborando para chegar ao futuro que sempre fora prometido para o Brasil. Figuras nacionais de diferentes redes de TV, como Faustão e Gugu Liberato, prometiam participar. Na semana anterior, a atriz Fernanda Montenegro concordara em estrelar – também sem custo – a mesma campanha. Logo ela, que raramente aceitava fazer propaganda. Com equipe e rosto de primeira, o projeto teria uma supercampanha. E tudo de graça.

Era justamente a tarefa que Lula havia encarregado Oded e Frei Betto: engajar a sociedade, fazer com que trabalhassem junto com o governo. Um convocaria o setor empresarial, o outro, os movimentos sociais.

Lula já havia anunciado – ainda na noite do resultado das urnas – que o programa social prioritário do seu governo seria o Fome Zero. Em tese, esse seria o foco dos dois assessores. E eles entenderam que a campanha deveria conscientizar a sociedade sobre o problema, não estimular uma simples doação de alimentos.

O modelo destoava de sua inspiração original, o Bolsa Escola de Cristovam Buarque, que dava dinheiro para ser gasto como quisessem, mas exigia a presença da criança na escola. Já o programa preferido por Lula criava um cartão para a família de baixa renda usar unicamente para comprar alimentos, sem contrapartida. Um já havia sido testado, aprovado durante anos, desde o próprio Cristovam até o governo federal com FHC, funcionando com cadastro e orçamento; já o Fome Zero começaria do zero, sem passar nem mesmo por um piloto. Nascia destinado – era o plano – a chegar a escala nacional, levando três refeições por dia até o fim do mandato.

De imediato, foi um campeão de marketing. A mídia aprovava, a população se dispôs a contribuir, até personalidades queriam participar. Gisele Bündchen doou o cachê de um desfile – R$ 50 mil – para ajudar. Até de fora veio apoio: o músico Bono Vox, da banda irlandesa U2, doou sua guitarra para ser leiloada em benefício do programa. Gente de todo lugar queria doar dinheiro, mas o governo ainda não tinha nem aberto uma conta-corrente para isso.

Como Cristovam, Oded não gostava do nome do projeto. Achava que ele dava ênfase apenas à questão do alimento, enquanto devia se falar de justiça e igualdade. Temia que o projeto fosse estigmatizado, que acabasse visto como uma filantropia, uma simples campanha de doação de alimentos. Ao contrário, o objetivo era atacar as causas estruturais, incluindo um conjunto de políticas públicas e o envolvimento da sociedade civil. Para isso, precisavam empolgar a sociedade. Nesse aspecto, a novidade da Nestlé constituía uma vitória de valor.

Zurita foi ao Palácio do Planalto explicar como seria a campanha, e

Oded o levou para encontrar o chefe da Secretaria de Comunicação da Presidência, Luiz Gushiken. Começaram a explicar, mas Gushiken os interrompeu, reclamando que aquilo daria muito trabalho e que – ainda por cima – provocaria uma demanda acima da capacidade do governo atender. Falou alto, repetindo várias vezes que aquilo não ia funcionar, sem deixar os interlocutores argumentarem.

Tanto Zurita como Oded ficaram calados, sem saber o que dizer. Apesar de entenderem que ele parecia estar sob pressão, aquilo era uma grosseria enorme. Não tiveram vontade de explicar que o governo não teria que fazer praticamente nada. Que problemas poderiam ser corrigidos.

Zurita foi embora e nunca mais voltou. A Nestlé continuaria participando, mas sem fazer a campanha. Fernanda Montenegro depois também cancelou sua participação.

Semanas depois, Oded ficou sabendo que o publicitário responsável pela campanha de Lula, o baiano Duda Mendonça, ficaria encarregado de montar uma megacampanha para o Fome Zero. Caríssima. Anos depois, o publicitário seria acusado de lavagem de dinheiro e evasão fiscal, mas acabaria absolvido pelo Supremo Tribunal Federal. Entre contas de órgãos do governo e de estatais, faturaria centenas de milhões de dólares.

Repentinamente, Oded se sentiu isolado. Estaria perseguindo utopias? Lembrou-se de Platão, que comparava os governantes a experientes capitães de navios que se guiam pelas estrelas. Enquanto isso, a maioria não segue a direção correta porque se limita a olhar para os lados, vencer o adversário e ocupar o leme. Talvez utopias fossem inalcançáveis como as estrelas, mas é para elas que se devia olhar.

Paralelamente, seguiu trabalhando com os aspectos que considerava estruturais. Embora soubesse que sua permanência no governo não deveria durar, queria concluir o que havia iniciado ou feito parte, um esforço final para ver concretizado seu trabalho dentro do poder público. Todo governo é um conjunto complexo de ações divididas entre as inócuas, as negativas e, sem dúvida, as positivas. Daí a facilidade com que políticos e partidos manipulam suas mensagens para representar um mandato da forma que melhor lhes interessa.

Um dos projetos claramente benéficos era a proposta de levar dezenas de milhares de cisternas (reservatório de água pluvial) para o semiárido. A ideia veio de um contato de Frei Betto, a Articulação do Semiárido

Brasileiro (ASA), que falava na necessidade de 1 milhão de cisternas. Cada cisterna custava um pouco menos de R$ 2 mil. Embarcaram no projeto e Oded conseguiu a adesão da Federação Brasileira de Bancos, a Febraban. Conseguiram apoio para capacitar os gestores e a doação de 30 mil cisternas. Sem custo para o governo. Era um começo.

Determinado a criar estratégias para ajudar a população a conviver com a seca do Nordeste, Oded pegou o telefone e ligou para um dos banqueiros. Depois de um pouco de papo, disse:

– Então, é hora de vocês irem conhecer o que pagaram.

Conseguiu convencer cinco banqueiros a viajar até o interior da Bahia e ver o efeito das cisternas no semiárido nordestino. Combinaram de anunciar as primeiras 10 mil cisternas do projeto-piloto.

Depois foi a vez de convencer o próprio Lula.

– Presidente, vai ficar feio se os bancos pagarem e o governo não.

Semanas depois, um helicóptero pousava no sertão e cinco banqueiros, suando dentro do terno e gravata, apertavam os olhos no sol baiano. Em entrevista naquele dia, diante dos jornalistas e de toda a comitiva que acompanhava os banqueiros, Lula anunciou que o governo levaria mais 15 mil cisternas. E admitiu que aquelas primeiras 25 mil ainda eram muito pouco diante da sede da região.

Paralelamente, o Fome Zero enfrentava dificuldades logísticas para o transporte de alimento e impedimentos burocráticos para quem queria doar dinheiro, além da dificuldade de cadastrar as famílias. Para piorar, prefeitos e governadores – mesmo aliados – não se movimentavam para ajudar porque o dinheiro não passaria por eles. Mesmo um deputado petista reconhecera dias antes que o governo estava "batendo cabeça". Lula falou em "tropeços".

Um outro acordo estava sendo fechado para que a Confederação Nacional das Indústrias ajudasse a alfabetizar 2 milhões de jovens. Apesar dessas iniciativas, Oded sentia o peso do que ainda precisava ser feito. Demandas vinham de todo lado. Uma delas chamou a atenção para o problema da exploração sexual de crianças e adolescentes nas estradas brasileiras, onde ocorriam agenciamento, pornografia e tráfico de pessoas. Outra apontava que a maioria dos municípios não tinha sequer uma biblioteca pública. Nem mesmo a cidade de São Paulo, a mais rica do país, tinha uma na maioria dos distritos.

Oded recebia essa avalanche de carências e urgências e prometia a si mesmo fazer algo a respeito. No caso das bibliotecas, conseguiram que cada cidade de Minas Gerais, Piauí e São Paulo tivesse pelo menos uma.

Enquanto isso, focava o trabalho ao que se relacionava ao Fome Zero. Trouxe para o governo um banco de alimentos que tinha criado com o apoio de empresas: o *Mesa São Paulo*. A proposta era evitar o desperdício, coletando produtos excedentes ou fora dos padrões de alimentação. Agora, trabalhava expandindo o projeto para o *Mesa Brasil* e criando campanhas empresariais, como o *Juntar a fome com a vontade de fazer*.

Um dia, ouviu um comentário curioso do agrônomo José Graziano, que estava à frente do recém-criado Ministério Extraordinário de Segurança Alimentar e Combate à Fome:

– Sabe, eu mandei para o semiárido um olheiro para verificar se aquelas cisternas estavam mesmo funcionando.

Oded arregalou os olhos e esperou que ele continuasse. Até aquele dia, 22 mil cisternas tinham sido compradas e instaladas com dinheiro do governo federal e da Febraban, projetos mistos, como ele gostava de fazer. A surpresa era um colega de governo enviar alguém para monitorar se estava ou não funcionando.

– E não é que está andando?

Voltou para casa mais contente naquele dia. Aqui e ali, bons projetos mostravam resultados. Oded sabia que havia muita gente no governo dotada de um desejo sincero de ajudar, de melhorar o Brasil. Aquele dia era uma vitória. E também uma exceção, um desvio no padrão cotidiano que drenava suas forças e as boas intenções, que exorbitava em erros e rumores, em vícios que tinha até medo de investigar.

Fazia sua parte, atenuava sofrimentos, com êxitos enormes para um indivíduo. Entretanto, suas utopias pareciam ficar mais distantes. Aquele governo não parecia ir no caminho das necessárias reformas estruturais, como a tributária e a política. Ao contrário, suas conciliações e negociações pareciam afastá-lo dessas transformações. Oded não estava em posição de desaprovar publicamente estando dentro do governo. Nem de se abrir para a crítica ou para as reflexões da sociedade como sempre fizera na vida e, especialmente, no Fórum Social Mundial.

Também sentia falta de morar com a família em São Paulo. Começou a se perguntar até quando conseguiria continuar.

CAPÍTULO 6

Lulismo

Com Cristovam Buarque

Cristovam andava lendo e ouvindo diálogos estranhos na imprensa. Em um deles, o presidente teria dito aos ministros que eles "estavam falando demais e fazendo de menos". E que não havia "programa do Graziano nem programa do Cristovam. Só programa do governo". Cristovam se perguntou de onde teria vindo aquela conversa. De acordo com a matéria, teria sido em uma viagem para São Paulo.

O processo de fritura havia começado. Outros ministros eram sistematicamente elogiados, enquanto Cristovam não saía do grupo dos permanentemente criticados. Nos meses seguintes, rara era a quinzena em que não aparecia uma história semelhante. Broncas, puxões de orelha, recados do Planalto, a forma variava, mas o conteúdo era o mesmo. Um dia, apareceu uma nota semelhante, dessa vez relatando uma conversa que tivera com José Dirceu ao telefone. Cristovam estava sozinho na hora, portanto a fonte só podia ser o outro.

Pediu aos assessores que montassem uma pasta com todas as notas que apareceram publicadas e seguiu para o gabinete de Dirceu. Chegando lá, jogou a pasta em cima da mesa.

– Eu não creio que isso contribua para produzir um bom ambiente de trabalho – disse.

– Mas como eu vou controlar os jornais?
– Há uma fonte interna no governo para essas intrigas.
Mesmo se sentindo desconfortável com o confronto, Cristovam olhava diretamente para Dirceu.
– E meus assessores acham que é você.
O outro abriu os braços e negou com estardalhaço.
Cristovam saiu, sentindo pela primeira vez que poderia perder a batalha.
Nas semanas seguintes, procurou esquecer a fritura e passou a refletir sobre o que ocorria com aquele governo.
Em meados de setembro, tinha ainda isso em mente enquanto dava uma entrevista para o jornal espanhol *El País*. A entrevista acontecia – em grande parte – pelo nome internacional que Cristovam ainda tinha em decorrência do Bolsa Escola. Fez várias críticas. Disse que, depois de chegar ao poder, o PT "não acertou suas contas com o passado".
Cristovam questionava a demora em investir no social. Ao mesmo tempo – embora apoiasse a política econômica ortodoxa naquele momento – lamentava o fato de o partido não dialogar com seus deputados sobre o novo caminho adotado. Isso em um partido que nasceu com a proposta de realizar a democracia interna. Não parecia o PT histórico que havia assumido o poder.
O que governava agora era algo diferente, que havia se estruturado sem uma definição, um congresso, um acordo. Não era mais o partido que conhecia. Aquilo não era petismo.
Foi então que ele disse para o jornalista:
– Temos que elaborar o que é o lulismo, algo, sem dúvida, importante e sugestivo.
Era a primeira vez que se ouvia o termo, que depois seria objeto de incontáveis teses, dissertações e análises políticas. Em especial, de um artigo e de um livro fundamentais do primeiro porta-voz do governo, o intelectual André Singer.
Artigo e livro responderiam ao questionamento de Cristovam, afirmando que o lulismo era um pacto de classes capaz de redistribuir algo aos mais pobres sem incomodar os mais ricos. Mas essa articulação era essencialmente política. O lulismo parecia não carregar nenhuma pretensão de produzir reformas estruturais. Incluindo a da educação, que para Cristovam era a chave para refundar o país. Nem seu projeto para eliminar o analfabetismo avançava, pois não havia recursos.

Enquanto voltava da entrevista, o celular tocou. Era alguém perguntando sobre uma suposta mudança no marketing de comunicação dos programas sociais:
– Parece que o Duda Mendonça está trabalhando em uma nova marca.

Cristovam desligou o celular, apreensivo. Sabia que o principal programa do governo, o Fome Zero, enfrentava dificuldades e isso criava a necessidade de uma nova ferramenta de marketing. Em tese, isso poderia abrir uma oportunidade para um programa social alternativo. Mas, em se tratando de marketing, ele sabia que a busca seria por resultados rápidos. E esse não era o perfil do Bolsa Escola.

Durante algumas semanas, não ouviu nada novo. Enquanto isso, percebia que o Fome Zero continuava sendo fortemente divulgado. Eventos aconteciam, patrocínios eram anunciados e a mídia falava a todo o momento do programa. Em 10 de outubro, 600 rádios divulgaram uma campanha feita pelo publicitário Nizan Guanaes.

Mas ele também recebia informações sobre as dificuldades. E soube que Oded Grajew e Frei Betto haviam sido tirados do terceiro andar do Palácio do Planalto e transferidos para o Anexo II. Aquilo não era um bom sinal.

Na semana seguinte, ele foi convidado para um evento no Palácio do Planalto. Quando chegou, lá estavam Lula, a ministra Benedita da Silva, da Ação Social, e José Graziano, da Segurança Alimentar e Combate à Fome. Sentou ao lado deles, enquanto esperavam o início do evento.

De repente, percebeu o publicitário Duda Mendonça brincando com algumas plaquetas de papel. Então, Lula pediu silêncio e explicou que estavam ali para uma mudança nos programas sociais. A seguir, Duda começou a falar.

O publicitário segurou nas mãos as placas com as palavras "Bolsa" e "Escola". Em seguida, pôs em cima da mesa a que trazia a palavra "Escola". Cristovam se endireitou. Olhou em volta. Todos sabiam que uma mudança fundamental estava ocorrendo. De um lado, não via nenhuma menção ao Fome Zero. Quer fosse pelas dificuldades logísticas, políticas ou burocráticas, a primeira grande marca do governo Lula aparentemente não teria vida longa.

A sugestão que ele havia dado de investir em um programa com estrutura e cadastro estava sendo aceita. O novo programa incorporaria os outros, como o Vale Gás e o Vale Leite, mantendo a concepção do Bolsa Escola. Do ponto de vista da gestão, era uma excelente notícia.

Então, Duda levantou a segunda placa. Olhando as duas, agora se lia "Bolsa" e "Família".

– Essa é a essência do que estamos fazendo – disse, fazendo uma pausa.

Cristovam sentiu um frio no estômago. Duda continuou explicando.
— Sai a palavra "Escola" — enfatizou, olhando para a placa na mesa
— ... limitadora em apenas um aspecto do programa de transferência...

"Limitadora", pensou Cristovam. "Ele está dizendo que educação é um tema "restrito".

— ... e entra a palavra "Família" deixando claro que o programa é para todos: pai, mãe e seus filhos.

Sem dúvida, o lulismo procurava se amparar na importância que o brasileiro dava para o termo "família". Cristovam olhou para os lados, investigando o semblante dos ouvintes e se perguntando se alguém ali percebia o enorme equívoco que estava sendo cometido. Ao dar dinheiro para a família, não havia nenhuma condição explícita. E uma mensagem fundamental se perdia, a de que o dinheiro chegava por causa da escola, da importância de se ter uma criança estudando. Ainda que se mantivesse essa exigência, o foco se tornava difuso para quem recebia o dinheiro. Com o tempo, os registros de acompanhamento das crianças perderiam importância, acentuando o problema. Com isso, o programa social se tornava um pouco menos uma política de mudanças — como Lula havia prometido na posse — e um pouco mais uma política assistencialista.

Alguém interrompeu o publicitário para explicar que o programa seria expandido. O valor aumentaria, primeiro grande investimento social e elemento crucial do que seria conhecido depois como lulismo. Até então, 90% das famílias recebiam menos de R$ 50. Agora, R$ 50 passava a ser o piso, sendo possível alcançar até R$ 95. E, ainda naquele ano, 3,6 milhões de famílias seriam beneficiadas. Para 2004, o número alcançaria 6,5 milhões de famílias e continuaria crescendo até chegar a todos os 11,4 milhões de famílias que viviam abaixo da linha da indigência.

Os valores indicavam — também para Cristovam — a importância do que estava sendo anunciado. Se fosse ampliado, e realmente seria, um programa como aquele tinha potencial para provocar grandes transformações, movimentar a economia, reduzir a desigualdade, eliminar a pobreza extrema e salvar vidas. Era a metade visível do lulismo, que faria a esquerda desprezar o pacto conservador. E não só no Brasil. Enquanto pudessem manter o investimento, o Bolsa Família seria aclamado no mundo inteiro. Lula e o PT fariam história. Mesmo assim, Cristovam sentia que uma oportunidade sem igual estava se perdendo.

CAPÍTULO 7

Se cães não ladram

Com Oded Grajew

Oded entregou a carta para Lula e esperou.
O presidente leu em silêncio. Quando terminou, devolveu e disse:
– Você pega a carta e rasga.
A irritação era evidente. O demissionário preferiu ficar quieto. Tinha refletido muito, não queria mais ficar no governo. Começou a dizer, de maneira suave, o que já tinha escrito na carta. Que ia continuar no Conselhão, como chamavam o Conselho de Desenvolvimento Econômico e Social, concebido como um canal de comunicação com a sociedade civil. Ou seja, ficaria próximo, atento e analisando cada política pública para definir se ela aumentava ou diminuía a desigualdade. Ao final, admitiu que também sentia falta da esposa, Mara, que ficara morando em São Paulo.
– Você não vai sair.
Explicou mais uma vez que ficaria no Conselhão, que não se afastaria por completo. E arrematou, sério:
– Não tô brincando.
Resignado, Lula acabou aceitando. Oded se despediu e saiu da sala, ciente de que ele ainda tentaria convencê-lo depois. Mas não se sentia mais à vontade para ficar. Além dos motivos citados, ele também sentia falta de liberdade de dizer o que queria, de criticar o que sabia que estava errado. Queria mais uma vez fazer parte da vigília sobre a coisa pública. Afinal, com o PT no governo, a oposição crítica, focada no social, havia desaparecido.

Sem eles, quem alertaria para o que estava errado? Um velho dito popular lhe veio à cabeça: "Onde cães não ladram, alarmes não tocam".

Saía em paz, com a convicção de que havia feito a diferença. E agora poderia pressionar mais para que o governo fizesse o que até o momento não tinha demonstrado sinais de fazer: a reforma política e um investimento forte em educação.

Faltava só encontrar um substituto para continuar dividindo com Frei Betto o Gabinete da Mobilidade Social. Foi a oportunidade para Lula insistir em mantê-lo no governo.

Não adiantou. Doze dias depois de entregar a carta, em 10 de novembro, Oded finalmente anunciou publicamente a saída. Entregou para o presidente uma cópia emoldurada daquele artigo "Lula candidato" que escrevera anos antes. Antes de entregar, olhou para o quadro e viu mais uma vez a frase de Lampedusa: "É preciso que tudo mude para que fique como está". Era cedo para dizer, nem um ano de mandato havia se passado. Mas Oded já se perguntava se tudo ficaria como sempre esteve.

De fato, os cães precisavam ladrar mais uma vez.

CAPÍTULO 8

Por telefone

Com Cristovam Buarque

Saindo da audiência com Lula, Cristovam chamou Gilberto Carvalho de lado e perguntou:
– Posso viajar tranquilo?
– Você não vai sair na reforma ministerial – disse o secretário particular do presidente. Ele se referia à negociação realizada no ano anterior e prestes a ser executada, que tinha como principal objetivo abrir espaço para o PMDB.
Cristovam havia sido convidado para fazer parte da comitiva do presidente Lula em visita à Índia, onde o então presidente assinaria alguns convênios na área de educação, o que faria pouco sentido se Cristovam estivesse para ser demitido. Por isso, não acreditava que fosse cortado na reforma ministerial, mas resolveu perguntar mesmo assim.
Mais tranquilo com a resposta do secretário, o ministro voltou para o gabinete e pediu aos assessores para acelerar os projetos. Estavam em 21 de janeiro de 2004, e Cristovam precisava mostrar resultados. Com ou sem apoio, com ou sem recursos.
Foi uma despedida. Viajaria naquele dia, quarta-feira, pois passaria antes por Portugal. Era um raro momento de tempo privado, pois lá lançaria seu livro *Admirável Mundo Atual*, espécie de glossário de termos ligados à globalização. Portanto, viajou.

No dia seguinte, chegando a Lisboa, recebeu uma ligação do Luís Natal, assessor de comunicação do MEC – Ministério da Educação:
– A *Folha* disse que o senhor pode ser demitido na volta – comentou.
– E agora você acredita nos jornais? Me garantiram que eu não sairia.
O tom de voz era de irritação. Não queria acreditar.
No dia seguinte, antes de uma entrevista sobre o livro, decidiu visitar o Mosteiro dos Jerônimos, onde estão os túmulos de Fernando Pessoa e Luís de Camões. O celular tocou. Do outro lado, o secretário de Educação de Base, Marcelo Aguiar, avisava que Gilberto Carvalho ligara, dizendo que Lula queria falar com o ministro. Cristovam suspeitou. Uma ligação do presidente naquele momento era mau sinal. Afinal, deveriam se encontrar no dia seguinte na Índia.
Desconfiado, rumou para uma entrevista com uma jornalista portuguesa ao famoso café *A Brasileira*, no bairro do Chiado. Cumprimentou a jovem repórter portuguesa e pediu um *cappuccino*.
No meio da entrevista, o celular tocou novamente. Dessa vez era a secretária de Lula, perguntando se ele poderia atender o presidente dentro de alguns minutos. Disse que sim. Desligou, sorriu para a repórter e disse:
– Talvez nós tenhamos que interromper daqui a pouco novamente a nossa entrevista... – disse. Fez uma pequena pausa e completou: – ... porque eu serei demitido.
A jovem portuguesa fingiu não acreditar e disse baixinho.
– Não são muito sérios mesmo esses brasileiros.
Ela parecia conhecer a fama de brincalhão de Cristovam.
Confirmando aquela ideia, o entrevistado ainda estendeu uma pequena máquina fotográfica e pediu:
– Quando o telefone tocar, eu vou levantar. Aí você tira uma foto minha.
Lula não pretendia demiti-lo por telefone. O plano era esperar que voltassem ao Brasil e aí conversar com calma no gabinete. A notícia publicada pela *Folha de S. Paulo* apressara a decisão. Se não avisasse, Lula ficaria sendo questionado sobre o assunto durante a viagem inteira.
A entrevista continuou. O panorama da educação brasileira, planos de criar a "escola ideal", dar às crianças mais pobres uma escola de qualidade e tudo que ele sonhava para o Brasil. Depois de intermináveis dez minutos, o celular tocou pela terceira vez com uma chamada vinda do Brasil. Era Lula. O rosto de Cristovam se fechou. A repórter percebeu que não era uma brincadeira.

No telefone, a voz rouca do presidente disse:
– Olha, Cristovam, eu vou precisar do seu cargo. Você veio do ensino superior e nós vamos precisar fazer uma reforma universitária profunda, uma mudança grande nas universidades.
O argumento não fazia sentido, mas era inútil discutir. Lula continuou:
– E, para isso, nós precisamos de alguém que não seja ligado à comunidade universitária, capaz, então, de fazer essas mudanças sem tanto risco de acabar cedendo às pressões.
Um pequeno silêncio. Lula provavelmente não esperava discussão, nunca há nessas ocasiões. Também não ouviu palavra de compreensão. A opção da distância reduzia a possibilidade de empatia, faltava aquele instante em que um olhar encontra o outro. A voz rouca prosseguiu, pedindo que ele ainda o acompanhasse na viagem à Índia.
Dessa vez veio a resposta:
– Presidente, eu agradeço. Mas prefiro voltar daqui para Brasília. Eu preciso reunir a minha equipe. Preciso conversar com eles, contar o que aconteceu. E preparar a minha sucessão no ministério.
– Como você achar melhor.
A data era 23 de janeiro de 2004. Cristovam não cumpriria a promessa de erradicar o analfabetismo. Com pouco mais de um ano, terminava a maior chance que um governo brasileiro teve de realizar uma mudança profunda na educação, de criar uma geração de cidadãos completos, capazes de interagir na política e transformar de maneira permanente o futuro do Brasil.

CAPÍTULO 9

Desconstrução

Com Cristovam Buarque

– ... porque todas as candidaturas do PT falavam de ética. Não é? Alguém discorda?

Em volta, todos concordaram. Cristovam se remexeu no sofá, sem interromper. Se começasse a argumentar, não pararia e preferia que a equipe se manifestasse livremente. Além do mais, já estavam ali havia horas. A reunião estava no fim.

O assessor continuou.

– Durante anos, quem foi o principal alvo do partido? – breve pausa. – O Maluf. E agora isso?

Dias antes, a Procuradoria-Geral da República havia denunciado 40 pessoas ao Supremo Tribunal Federal no arranjo que ficaria conhecido como Mensalão. Vários partidos estavam envolvidos, mas o PT ficaria conhecido como operador do esquema. Entre as acusações, estavam os crimes de formação de quadrilha, peculato, lavagem de dinheiro, gestão fraudulenta, corrupção e evasão de divisas.

Cristovam continuou observando, pois queria deixar o debate correr. Concordava que o descaso com a ética era grave. Em especial, porque a crítica aos corruptos sempre foi o discurso central do PT, maior até do que organizar a classe trabalhadora ou realizar reformas estruturais.

Todos ali sabiam bem disso, pois tinham votado várias vezes na legenda.

Sentado numa cadeira na ponta, outro assessor interrompeu:

– O partido ainda tem espaço para se redimir. Basta se posicionar, expurgar os culpados.

O outro, que estava de pé e havia falado, não interrompeu, mas assim que o assessor terminou, continuou:

– O ponto central é a estratégia política. O Cristovam mora no mesmo apartamento desde que se mudou para Brasília em 79. Se a questão central desta eleição for a ética, precisamos bater forte no Lula e no PT e mostrar essa diferença.

Nessa hora, Cristovam levantou e pediu para concluir a reunião. Continuariam no dia seguinte.

Não discordava da necessidade de definir uma bandeira única para a campanha. Com expectativa máxima de 10% dos votos, sua grande ambição era influenciar o debate. Para fazer isso, seus recursos seriam escassos: seria um candidato de guerrilha, colocando artigos em jornais, dando entrevistas para a imprensa, publicando em seu site e enviando e-mails. Até faria comícios, mas planejava focar nos formadores de opinião. Em uma candidatura como aquela, não teria como transmitir uma mensagem complexa, cada hora falando de um tema. Tinha que escolher um só. Poderia até ser a questão ética. Era forte e, naquele momento, oferecia uma boa oportunidade narrativa. Mas Cristovam queria mesmo era falar de educação.

A rigor, o tema também colocava o PT na berlinda, pois havia desaparecido o discurso de transformação social, base de todos aqueles sonhos reunidos no Fórum Social Mundial. Em seu lugar entrara um projeto de melhoria gradual. No centro do debate, 70 milhões de pobres excluídos, sempre um objeto de angústia constante para Cristovam.

Saindo da reunião, um dos assessores se aproximou dele, lembrando que parte do eleitorado estava satisfeita com o aumento dos investimentos sociais do governo federal. E não estavam totalmente errados, pois o programa causaria uma forte redução da mortalidade infantil provocada pela desnutrição, o que ficaria evidente nos anos seguintes. Também aumentariam o salário mínimo, entre outras medidas que acabariam por reduzir o contingente de excluídos brasileiros. Mesmo assim, essa distribuição temporária de renda ainda estava muito longe de colocar o país no caminho da solução dos problemas.

Afinal, aumentar a renda e reduzir a pobreza já havia sido possível diversas vezes. Mesmo durante o período militar, quando, simultaneamente, ocorreu grande concentração da renda. Continuar apostando nesse caminho era como dizer: "É preciso aumentar o bolo para poder repartir".

Mas o assessor parecia ter uma motivação mais pragmática.

– Talvez fosse melhor não falar disso. Ou até enfatizar que o Bolsa Família veio do seu Bolsa Escola.

Cristovam estava até um pouco cansado de lembrar de como a mudança tornara o programa pior. Não conseguiu convencer as pessoas quando estava no governo, não acreditava que na campanha seria melhor. Em vez disso, queria tentar mostrar como a questão era ainda mais ampla.

Tentou resumir em uma frase:

– O problema é que eles desistiram de combater a desigualdade – respondeu Cristovam.

O assessor pareceu hesitar, preso entre a concordância com a lógica do senador e o pragmatismo da política.

– O eleitor não vai entender a diferença, mesmo o de esquerda.

– Então precisamos explicar, mostrar como isso não é permanente, que não vai resolver.

Apesar da resposta, Cristovam sabia ser quase impossível indicar o que só ficaria claro anos depois, graças a novos estudos (na época, estudos como o do PNAD subestimavam a renda dos mais ricos, o que dificultava discernir o quadro da desigualdade com precisão). O que ocorria naquele momento era um período de forte demanda por *commodities*, estimulando a economia em vários países, em especial na América Latina. No caso do Brasil, esse efeito ainda seria turbinado pelos programas sociais, mas nada disso teria efeito transformador e definitivo no cenário social brasileiro.

Cristovam foi para casa pensando se valia a pena focar a campanha em uma distinção tão sutil. Combater a desigualdade ou reduzir o número de pobres? A opção do governo federal já havia sido feita. Naquele ano de 2006, os ricos continuavam a se apropriar da maior parte da renda nacional. Essa concentração até aumentaria no grupo 1% mais rico, embora isso só ficasse claro em estudos feitos uma década depois. Não deveria ser surpresa. O único período da história brasileira em que a desigualdade diminuiu foi entre 1942 e 1964.

Portanto, a história tinha tudo para se repetir. Uma vez que a bonança terminasse, a situação voltaria a ser prejudicial aos mais pobres. E essa convicção reforçava um sentimento de angústia em Cristovam. A sensação de urgência, de que algo precisava ser feito imediatamente, de que não se podia perder a oportunidade. O governo não devia ser medido pelo que estava fazendo, mas também pelo que deixava de fazer, pela oportunidade perdida.

No dia seguinte, logo pela manhã, atendeu um pedido de entrevista por telefone. Do outro lado da linha, o jornalista fez uma pergunta genérica. Como de hábito, Cristovam respondeu que a solução era educação. Na voz do senador, era possível perceber a angústia de quem tem pressa. Se conseguisse influenciar a eleição e mudar o rumo do barco, talvez o Brasil estivesse pronto quando o pior acontecesse.

Mostrou que, como no *"Sambinha de uma nota" só* de Tom Jobim, a base era uma só, mas as outras seriam consequências inevitáveis. A educação teria efeitos positivos tanto na industrialização como na capacidade do cidadão participar politicamente, seja para exigir a alteração de um sistema tributário perverso, seja para defender o meio ambiente.

Em resumo, era o que Cristovam tentava explicar em entrevistas como aquela. Mas o enfoque na educação certamente poderia dar frutos muito mais expressivos do que aqueles. Seria um cidadão munido de ideais progressistas que o Fórum Social Mundial discutira. De saber debater e ouvir o argumento alheio, para depois articular uma resposta inteligente, complementar e não agressiva. Ou, ainda além, um cidadão que não aceitasse o sistema como é, nem prontamente qualquer outra doutrina que lhe apresentassem, mas que estivesse preparado para questionar e repensar. Que pudesse fazer parte do debate e encontrar nesse exercício uma satisfação maior do que o consumo. Apto a desconstruir a realidade, não no sentido popular e banal, mas na acepção do filósofo francês Derrida. Ou seja, poder examinar cada questão, cada circunstância em seu contexto, recusando a aceitar automaticamente termos e posições preestabelecidas.

Mas governos raramente desejam cidadãos questionadores, preferem consumidores conformados. Igualmente, era sempre difícil fazer com que a imprensa desse atenção a visões como aquela.

– Ok. Pergunta seguinte.

A entrevista foi mais curta do que a média. Cristovam não se importava, conhecia o suficiente da imprensa para saber que uma mensagem clara teria seu espaço no jornal. Pegou o paletó e saiu, já atrasado para um encontro com um grupo de reitores de diversas universidades privadas. Não seria um grupo fácil, pois Lula avançava na proposta de favorecer o ensino superior privado. E Cristovam era conhecido pela valorização do ensino fundamental.

Quando saiu da reunião, um dos assessores chamou a sua atenção.

– Senador, o senhor não se esqueceu de nada?

– O quê?

– Pedir voto.

– Ué, não está implícito? Todo mundo sabe que sou candidato.

Mas ele não se via como candidato. Era mais como se fosse o defensor de uma causa portando um megafone, indicando no mapa a direção que todos deveriam seguir. Não queria competir com eles, queria tentar mostrar um caminho diferente. De certa forma, essa condição não o colocava em confronto direto com Lula e o PT. Era um crítico, mas não queria o conflito. Parte da sua equipe discordava. Achava que devia ser agressivo.

– Quero fazer proposta, não criticar por criticar. Coloque isso aí na publicidade – disse para um assessor.

– Não vamos ganhar votos assim.

– Ok, então me fale mais dessas inovações – mudou de assunto, aproveitando a empolgação da equipe com as novas mídias.

Segundo diziam para ele, nem nos Estados Unidos haviam feito algo parecido. De fato, o primeiro candidato à presidência a usar intensamente a rede seria Barack Obama, dois anos depois.

Cristovam só não estava convencido de que aquela inovação ia chegar ao público de esquerda ou à sociedade em geral. O PT havia começado a investir em mídias sociais, e os resultados ainda eram modestos. Além do mais, o público sensível à questão da educação olhava para o governo Lula embevecido com a ampliação do investimento social.

Os resultados começavam a aparecer, e o aumento da renda criava uma euforia imediata em parte da população. Alguns podiam comprar um fogão, outros, uma TV de plasma, no futuro talvez até andassem de avião. Esses sonhos se tornavam mais próximos da população das periferias e dos sertões. Ao fim do primeiro mandato de Lula, o PT finalmente se popularizava. Conquistava o eleitor tradicional dos coronéis e dos políticos populistas, um cidadão ainda conservador e definitivamente não progressista, que nunca votara massivamente na legenda. Mas que agora era seguidor de Lula. E o termo que Cristovam havia cunhado anos antes – lulismo – adquiriu um sentido bem específico.

Essa população sentia crescer o desejo de consumir, não de compreender o mundo; usufruía das vantagens do aumento do fluxo de comércio, não da participação política consciente. De certa forma, a melhoria de vida era uma continuação da revolução do iogurte ou do frango, o que continuava mascarando os principais desafios do país. Como o acesso a um bom sistema de saúde. Ou a uma escola pública de qualidade. E, principalmente, o desenvolvimento de um cidadão mais consciente e preparado para usufruir da vida de forma completa. Inclusive para fazer política. Cristovam sabia que a renda acabaria por ir embora, a educação não. As aparentes conquistas sociais pouco faziam para atenuar sua angústia com o mundo. E ele estava sozinho, pois o novo eleitor do PT não fazia ideia de quem era Cristovam Buarque, nem tinha muito interesse pelo seu "samba da educação". Se eles não sabiam e não se importavam, dificilmente ele conseguiria fazer os principais candidatos ouvirem seus argumentos.

Quando a campanha começou oficialmente, ele aceitou dar uma entrevista para um canal de TV de menor audiência. E ouviu a pergunta clássica:

– Senador, por que o senhor é candidato à Presidência da República?

Como de praxe, Cristovam respondeu, como quem já articulara o pensamento uma centena de vezes, desassossegado e ávido para fazer o ouvinte entender:

– Porque Alckmin e Lula dizem as mesmas coisas, eles só pensam em aeroportos e estradas e não veem as barreiras.

Não parava nem para respirar.

– A mente do brasileiro é voltada para a economia, o crescimento econômico e o individualismo. Só se pensa no Brasil de amanhã, do próximo ano e não no Brasil dos próximos 20 anos.

De fato, tanto quanto Alckmin, Lula agora também agradava o empresariado. O aumento no consumo revertia em vendas e apoio político, fechando de maneira brilhante a equação daquele ainda não batizado "lulismo".

Os ricos ganharem dinheiro não era um problema, apenas o fato de que a maior parte do crescimento do país continuava indo para eles. Aumentava a concentração de renda e a desigualdade. Para complementar, os juros se mantinham altos e o setor financeiro registraria os maiores lucros da história. Lula havia conseguido a conciliação das classes, uma acomodação estável e perfeita. Mas, como toda acomodação, ela seria temporária.

O público de baixa renda seria cativo do partido enquanto a boa maré da economia estivesse presente e mesmo um pouco depois disso. A partir dali, eles se tornavam o novo símbolo do petismo, o que Lula começaria a chamar de "nova classe média".

Enquanto isso, a outra face da transformação política do partido se completava na escolha pela governabilidade, um acordo com a massa amorfa de políticos que o cientista político Marcos Nobre chamou de "peemedebismo". Não somente o PMDB, mas um padrão de comportamento que englobava partidos menores, como PP, PR e PTB, travava qualquer avanço progressista e se movia em troca de acordos fisiológicos.

O PT aceitou e aprofundou esse casamento. No início, era somente a troca por alguns votos e a promessa de apoio nas eleições seguintes. A seguir, a presença desses partidos fisiológicos nos ministérios faria alastrar a prática da corrupção. Aos poucos, o próprio núcleo do PT compreenderia que aquela era uma forma eficaz de financiar as campanhas e passaria a direcionar recursos para os cofres dos partidos. Por fim, a corrupção deixaria de ser exceção para ser prática generalizada, e o PT se tornaria uma organização como todas as outras. Mas não seria a última fase. Esta seria a da própria militância, menos pela sedução do dinheiro e mais pelo argumento de que aquele era o único caminho possível e todos deveriam aceitar as regras do jogo. Ter Paulo Maluf como aliado seria apenas a parte mais visível de uma nova forma de "rouba, mas faz".

Naquele momento, em 2006, nem Cristovam podia imaginar até que ponto a corrupção penetraria no PT. O que podia se identificar era o projeto transformador estagnando. E o pacto da acomodação, a partir de um tripé: uma política compensatória imediatista, uma política de geração de recursos para as elites industriais e financeiras e uma política de acordos fisiológicos. Como, mais uma vez, o artigo de Oded havia previsto citando Lampedusa: "É preciso que tudo mude para que fique como está".

Entre bandeiras deixadas para trás e novos aliados, o antigo PT se desconstruía e surgia em seu lugar algo muito mais pragmático. Em seu coração e intelecto, Cristovam também precisava desconstruir a própria relação que tinha com ambos, Lula e PT, criador e criatura.

Até os últimos debates, Cristovam manteve o foco na educação. Falava em zerar a taxa de analfabetismo, em fazer a taxa de escolaridade do ensino médio atingir 100% e em dobrar o salário do professor. Para qualquer assunto, respondia educação. Quando falavam da indústria, respondia educação. Quando lhe perguntavam sobre o Nordeste, vinha a mesma nota.

A eleição acabou, e ele levou o quarto lugar, atrás de Lula, Geraldo Alckmin e Heloísa Helena. Foram 2,5 milhões de votos ou 2,64% do total. Teve sucesso em marcar o tema da educação, mas isso não se traduziu em apoio. Tampouco o tema da ética se provou melhor para Alckmin, que perdeu por quase 20 pontos percentuais para Lula no segundo turno.

Mesmo assim, Cristovam acabaria por compreender como se daria a desconstrução do PT. Não no sentido filosófico, mas no literal mesmo. Se haviam se fortalecido falando de ética, o desmonte viria pela ausência da ética. No meio, o sutil e potencialmente mais prejudicial: o abandono das bandeiras históricas e a sua substituição por políticas ineficazes protelatórias. Mas esse meio do caminho era fácil de encobrir, Cristovam o enxergava somente por meio de análise atenta. A comprovação só viria após alguns anos e mesmo assim a construção de boas narrativas acabaria por dissimular esse abandono. Não, o desfecho seria mesmo pelo escracho da corrupção, pois esta era de fácil entendimento da população. Provocava repúdio, repulsa e asco. Talvez não fosse nem o mais importante, mas seria o visível e indiscutível.

Assim foi. Pragmática, imediatista e fisiológica, aquela organização partidária se tornava igual às outras, uma legenda vulgar. Diante da população, da militância e de Cristovam, iniciava ali o longo desmantelamento do PT. Ao menos do PT que ele conhecia.

CAPÍTULO 10

Na Idade Média

Com Xico Graziano

A mulher tinha o braço inteiro enfiado no lixo, inclusive o ombro, quase chegando ao pescoço. Ao redor, um labirinto de montanhas de resíduos e detritos até onde a vista alcançava. Quando puxou o braço de volta, a mão brilhava com um líquido não identificado, marrom e viscoso. Mesmo acostumado com cenas parecidas e o cheiro habitual daqueles lugares, Xico Graziano sentiu asco.

Ele estava em seu primeiro ano como secretário estadual do Meio Ambiente. Tinha formação em Agronomia e uma vida envolvida no entendimento do solo, da água e do ar, o que frequentemente o levava a lugares como aquele. Sentia-se feliz em sair do Congresso Federal, até porque muitos argumentariam que o ar do local quente e úmido onde estava naquele momento era mais limpo do que aquele outro. Mesmo assim, a visão mexeu com ele. Afastou-se, refletindo que o lixão era a materialização da Idade Média, em plena sociedade industrial. Lidavam com os dejetos como se fazia há 500 anos, jogando despreocupadamente para fora da cidade o que não prestava. Mas faziam isso com volumes gigantes. No caso daquele lixão em Presidente Prudente, de 200 a 300 toneladas por dia, montanha gerada por uma população de 206 mil habitantes.

Continuou caminhando e, de repente, se voltou, procurando a mulher.

Não estava mais lá. "Poderia ter sido picada por um escorpião ou mordida por um rato", pensou. Proliferavam bichos debaixo daquelas montanhas de dejetos decompostos e fermentados espalhados por uma área de mais de cinco hectares. Mais adiante, Xico viu duas crianças agachadas comendo algo que tiravam de um *tupperware*. Famílias passavam os dias naqueles lixões, onde buscavam comida, material para revender, e até criavam animais, como porcos e vacas. Havia até quem morasse ali. De qualquer modo, aquelas crianças não pareciam se incomodar com as moscas em volta.

Afastou uma mosca do rosto, enquanto recordava um relatório que lera sobre como diversas espécies daqueles bichinhos tinham o ciclo de vida acelerado pelo calor e umidade, levando doenças, como febre tifoide, disenteria infantil, cólera etc. A população dessas moscas havia crescido na mesma velocidade da má destinação dos resíduos. Desde a década de 1970, o crescimento do consumo provocou a multiplicação de lugares como esses. De acordo com o IBGE, mais de 60% dos municípios usavam lixões.

O problema era tão antigo quanto a própria existência das cidades, mas Xico sabia que a situação piorava, em vez de melhorar, mesmo o tratamento do lixo não sendo ideia nova, mesmo a separação do lixo em três diferentes tipos já ser defendida desde a Paris do século XVIII. Sempre foi muito mais barato esconder o lixo dos olhos do cidadão, ocupado com o cotidiano, com sua vida de curto prazo. E, assim, o homem perdurou nesse mito fundador da cultura ocidental, o caminho cartesiano de subjugar e brincar com os limites da natureza.

Xico voltou para o grupo. Entre eles estava um dos engenheiros da secretaria, Aruntho Savastano Neto. Era ele que estava liderando um projeto para resolver o problema dos 147 lixões que teimavam em continuar existindo no estado de São Paulo e que recebiam a maior parte das quase 30 mil toneladas diárias de seu resíduo. O restante ia para os menos de 20 aterros sanitários existentes. A diferença entre os aterros e os lixões era o que mantinha a maior parte das cidades na Idade Média.

Em 1997, a Cetesb – Companhia Ambiental do Estado de São Paulo – iniciou uma avaliação dos 645 municípios paulistas e descobriu que existiam 500 lixões. Com programas de conscientização, a autarquia conseguiu reduzi-los para 147. E aí o número empacou. Aruntho conhecia bem essa história porque trabalhava na Cetesb desde 1994, um pouco antes de o programa começar. Quando Xico assumiu a secretaria, percebeu que somente o argumento técnico não resolveria o problema. Chamou Aruntho para fazer parte da equipe, mas começou a pensar em outras armas que poderia usar.

O problema era que um aterro custa caro, cerca de R$ 70,00 a tonelada, o que significa no mínimo R$ 140 mil reais por dia, no caso de São Paulo. E há mesmo casos em que a tonelada pode custar até R$ 200,00, de acordo com o terreno e a distância a percorrer com o lixo.

Xico e Aruntho achavam que não estavam pedindo muito aos municípios. Não exigiam – o que seria o correto – modernos centros de tratamento, nos quais do resíduo se retira algum valor agregado; esse resíduo é depois incinerado e os gases são tratados. Tais centrais custam centenas de milhões de dólares só para serem construídas, um investimento alto demais para as cidades brasileiras.

Para os dois engenheiros, tirar as cidades da Idade Média do lixo e levá-las até o século XIX já seria uma grande conquista. O que havia no século XIX? Aterros sanitários. Basicamente, uma obra de engenharia com finalidade de receber e dispor adequadamente os resíduos no meio ambiente. Onde o solo é preparado, impermeabilizado e drenado de líquidos formados pela decomposição. E onde periodicamente os resíduos serão cobertos. Consideravam uma grande conquista atingir esse nível.

Mas mesmo uma cidade como Presidente Prudente – um centro universitário com dois canais de TV – resistia a sair da Idade Média. Tinha um dos piores descartes de lixo do estado, com nota 2,7 na avaliação da Cetesb, o que significava lixo apodrecendo ou queimando, causando poluição do ar, do solo e da água (lençóis freáticos), despejando metano na atmosfera e agravando o aquecimento global.

Para mudar, Presidente Prudente tinha algumas alternativas. Podia-se implementar um aterro próprio e operar o lixo diretamente. Era a mais cara. Podia-se também terceirizar com uma concessionária, onde haveria ganho de escala por atender vários municípios.

Independente da alternativa escolhida, sairia caro, e os prefeitos reclamavam que não tinham recursos. Dinheiro gasto com lixo não aparecia na gestão ou na hora de fazer campanha na eleição seguinte. Tinham dificuldade para mostrar que havia menos gente doente, que os casos de micose, hepatite e outras doenças diminuíam e que o sistema de saúde estava menos sobrecarregado em razão da implantação do aterro. Difícil provar essas coisas, difícil isso aparecer para a população. Pensando no curto e no longo prazo, era um problema bastante semelhante ao que Cristovam tinha quando tentava convencer o governo federal a investir em educação básica. A grande barreira da política era fazer as pessoas pensarem no futuro.

– Estou começando a achar que Lixo Zero vai ser realmente difícil – Xico disse para Aruntho. Fazia referência à ideia original de ir dos 147 lixões a zero em um mandato.

A arma para convencer os municípios a fazer mudanças como aquela foi criar uma avaliação chamada Município Verde. Os que obtivessem uma pontuação alta tinham maior facilidade em obter financiamento do estado. Ter um aterro sanitário em vez de um lixão era um dos critérios mais importantes, se não o principal.

Depois de pouco mais de sete meses de mandato, o número de lixões paulistas havia sido reduzido de 147 para menos da metade. Era um número impreciso e volátil; uma semana de relaxamento em um aterro sanitário e um novo lixão começava a se formar. De qualquer modo, sentiram-se vitoriosos.

Entretanto, a queda estancou a partir daí, com os últimos prefeitos resistindo a entrar no século XIX. Eliminar por completo a Idade Média do descarte de lixo em quatro anos parecia agora uma meta impossível.

– Que tal Lixo Mínimo? – perguntou o assessor.

– Pode ser.

Além de se resignar a mudar o nome, resolveram partir para uma ofensiva jurídica. Teriam que multar lixões como aquele em Presidente Prudente. Se mesmo assim não funcionasse, seriam obrigados a interditar aquelas áreas.

Xico, Aruntho e o restante da equipe voltaram para São Paulo. Teriam reunião com o então governador José Serra, no dia seguinte. Toda semana ele cobrava. O que fizeram, quantos lixões reverteram. No início do programa, as boas novas se contavam às dezenas. Naquela semana, não teriam nenhuma novidade para anunciar.

O impasse continuou nos últimos meses de 2007. Os prefeitos começaram a entrar com liminares na Justiça, garantindo que mantivessem seus municípios alguns séculos no passado. Certo dia, chegou à secretaria a informação de que o prefeito de Ubatuba estava no gabinete do governador. Sem dúvida, vinha reclamar do ultimato que Xico havia dado meses antes: a cidade tinha 60 dias para fechar o lixão. Faltava pouco para o prazo acabar e, temeroso de ter o lixão interditado, ele tinha vindo apelar.

A secretária avisou que o governador encaminhara o reclamante para a Secretaria do Meio Ambiente. "Fale com o Xico", disse Serra.

O caso das cidades do litoral era realmente mais complicado. Além do investimento comum a todo aterro, ainda tinham que levar o lixo para longe do litoral, onde a contaminação do solo traria mais problemas. O deslocamento – que em alguns casos significava centenas de quilômetros – elevava o custo de R$ 60,00 ou R$ 70,00 para R$ 200,00 por tonelada. Sem contar que a produção de resíduos se multiplicava por quatro ou cinco na temporada, elevando o encargo para além das possibilidades financeiras do município.

Quando o prefeito chegou, Xico avisou:

– Olha, vou dar mais 60 dias para o senhor. Se não estiver pronto no sexagésimo dia, interdito o lixão de vez.

O embate se acirrava.

CAPÍTULO 11

A Lei de Ferro

Com Maurício Brusadin

– O grupo de Marina está vindo para o PV?
O secretário assentiu com a cabeça.
– Eu pensei que eles diziam não gostar de partidos. Maurício Brusadin estava sem palavras, o que, para quem o conhecia, era um fato raro. Precisava articular as ideias, compreender as implicações daquele movimento. O fato é que ele mesmo já não gostava tanto de partidos àquela altura.

Aos 16 anos, ele se filiou ao Partido Verde. Morava em Jaboticabal, cidade paulista a 50 quilômetros de Ribeirão Preto. Aos 23 anos, na mesma época em que Oded tinha a ideia de criar o Fórum Social Mundial, o jovem jaboticabalense se elegeu vereador. Agora, com 32 anos, tinha passado metade da vida na política. E estava cansado.

Acreditava na democracia. Mas começava a duvidar de sua existência dentro dos partidos. Olhando para os amigos, ficou se perguntando se Marina Silva compartilhava do mesmo desalento que ele. Talvez ela tivesse passado por uma experiência semelhante no Partido dos Trabalhadores. Afinal, quando o PT foi criado, o plano era tomar as decisões a partir da consulta aos filiados, por meio de eleições e assembleias. Na prática, alguns quadros influentes, como Lula, mandavam no partido e outros igualmente influentes haviam sido expulsos, como Heloísa Helena.

Maurício se ressentia do fato de que o mesmo ocorria no PV. Estava havia quase dois anos em um cabo de guerra com a direção nacional para realizar eleições internas em São Paulo. Talvez conseguisse, mas agora se perguntava se a entrada de gente com uma visão mais democrática não aceleraria o processo.

Havia uma ironia enorme naquela estrutura oligárquica do PV. A inspiração original do partido era um movimento que tinha por objetivo justamente se contrapor a essa tendência autoritária das estruturas partidárias: o Partido Verde alemão, primeiro verde a alcançar relevância no cenário político nacional.

Chegou à Executiva depois das 14 horas, sem ter almoçado. A pauta da reunião não dizia, mas era evidente que o tema central seria a entrada de Marina. Descobriu que as duas grandes forças do partido – com quem ele gostaria de falar – ainda não haviam chegado. No caso, Zequinha Sarney e o atual presidente, José Luiz Penna.

Cumprimentou alguns presidentes de diretório que estavam ali para uma reunião com a Executiva. Não conseguiu entender se sabiam da vinda de Marina. Reclamavam.

– Precisamos ampliar o alcance do partido – disse um.

– Ano passado só conseguimos lançar o Gabeira – outro respondeu, referindo-se ao famoso escritor e deputado federal Fernando Gabeira (RJ).

– E nem ele levou. Mas eu achei pior 2006. Não lançamos um único candidato para governador.

– Nem elegemos nenhum senador.

– E candidato a presidente? A última vez foi o próprio Gabeira em 89.

Não havia dúvida do que estava no ar: o grupo de Marina poderia trazer o PV para o centro da disputa política. A incerteza era o que seria feito com a nova influência. Zequinha e Penna queriam coisas diferentes, mas falavam a mesma linguagem. Ambos queriam um candidato forte para o primeiro turno. Acreditavam que Marina poderia obter entre 5% e 6% dos votos, o que os cacifaria para uma boa negociação no segundo turno. A única diferença é que Zequinha tinha vínculos com o PT, enquanto Penna certamente apostaria no PSDB.

Para Maurício, obter 6% dos votos não fazia tanta diferença. O que realmente importava era a possibilidade de mudar o PV por dentro. Desde a fundação, em 1986, a eleição interna no PV era postergada. Oficialmente, a Executiva era "provisória". E assim se mantinha por 23 anos. Penna indicava quem devia estar na Executiva, no comando de cada diretório estadual e no Conselho, que tinha 120 pessoas. Na eleição municipal do ano anterior, Penna tinha chegado ao paroxismo de reservar o último dia de propaganda política exclusivamente para ele. O PV, ainda mais do que os outros partidos, era uma oligarquia.

A ironia estava no fato de que o PV alemão tentara lutar justamente contra a conhecida tendência dos partidos de concentrar poder. É a famosa Lei de Ferro da Oligarquia, formulada pelo alemão Robert Michels, aluno e amigo de Max Weber. Michels afirmava não ser possível escapar da tendência das organizações de criar uma burocracia para controlar os processos. Tal necessidade concentrava o poder nas mãos de quem detinha o conhecimento e os recursos da organização. E essa concentração gerava inevitavelmente uma oligarquia. Decepcionado com a democracia, Michels acabaria por aderir ao fascismo de Mussolini.

O Partido Verde alemão lutou contra esse mecanismo até o início da década de 1980, criando meios para substituir facilmente dirigentes e democratizando a tomada de decisões. Mesmo as mais rotineiras ações eram debatidas e votadas. Depois da preocupação com o meio ambiente, a insistência na participação democrática se tornou a característica mais forte dos verdes. Quando o partido cresceu, a necessidade de ser ágil para disputar o poder o fez abandonar essas regras e adotar métodos tradicionais.

E nada mais tradicional do que os dirigentes do Partido Verde brasileiro. Evidente que, desde a fundação, havia uma defesa clara do meio ambiente, que se manteve até 1999, quando Alfredo Sirkis deixou a presidência e Penna a assumiu para nunca mais sair. O centro de gravidade se transferiu do Rio de Janeiro para São Paulo, atraindo cada vez mais políticos convencionais.

Maurício entrou no PV quando o partido tinha apenas quatro anos. Ficou fascinado pelos fundadores, principalmente por Sérgio Xavier, Alfredo Sirkis e Fernando Gabeira. Agora se considerava a segunda geração do PV. E essa geração queria mudanças. Marina Silva podia trazê-las.

A reunião ocorreu e – como era esperado – não houve resistências significativas à entrada de Marina. Ao contrário, todos pareciam ansiosos e felizes. Cada um por um motivo diferente. Nos dois meses seguintes, ocorreram alguns encontros esparsos. Em meados de agosto, Marina anunciou a desfiliação do PT, resultado principalmente da frustração com o combate ao desmatamento da Amazônia. Enquanto estava no governo, viu o PT recuar mais e mais na política ambiental. O limite da resistência foi superado quando o Plano Amazônia Sustentável foi subordinado aos programas de crescimento. A ideia de um desenvolvimento sustentável havia sido definitivamente excluída do governo, e Marina partira para encontrar uma nova forma de defender o meio ambiente.

O grande momento ocorreu no final do mês: a filiação do grupo que chegava ao PV. Marcaram um grande evento em um espaço no bairro de Pinheiros, zona oeste de SP.

Alguns dias antes, ocorreu uma discussão para definir quem assinaria a ficha de Marina. É que cada termo de filiação precisava ser abonado por um membro do partido. A princípio, a filha de Chico Mendes, Elenira Mendes, deveria assinar. Depois, Marina descobriu e também ficou feliz ao saber que o secretário do Verde e do Meio Ambiente da cidade de São Paulo, Eduardo Jorge, e Gabeira assinariam. Sabendo da importância histórica do momento, Penna, como presidente do partido, foi o último a insistir em colocar sua assinatura. Ao final, depois de uma certa tensão, a ficha acabou trazendo o nome dos quatro.

No grande dia, milhares de pessoas apareceram. Muitas vieram de longe, do interior de São Paulo e de outros estados. Vinham em comboio e em carros repletos. Estavam todos os grandes nomes do PV: Sirkis, Gabeira, Teixeira, Penna, Zequinha. Para mostrar apoio à nova fase do PV, vieram líderes de diversas ONGs, que em geral preferem ficar afastadas das estruturas partidárias, como a SOS Mata Atlântica. Vieram políticos ligados ao meio ambiente de outros partidos, entre eles o maior legislador do setor, Fabio Feldmann. Estavam lá diversos empresários habituados ao empreendedorismo social, como Guilherme Leal e Ricardo Young. Também vieram representantes de partidos verdes de outros países, como a francesa Catherine Greeze, deputada do Parlamento Europeu.

O local estava lotado. Quando o grupo de Marina chegou, um frenesi tomou a sala. No meio, era fácil identificar Marina e seu xale roxo. Ela subiu ao palco e começou um discurso. Do lado de fora do salão principal, mil pessoas acompanhavam por meio de telões.

No meio da multidão, Maurício percebeu que várias pessoas em volta dele choravam, inspirados por Marina e por acreditar que uma mudança real estava chegando. Que estavam prontos para desconstruir e repensar o sistema político. Que uma nova democracia estava por vir. Talvez fosse possível, pensou Brusadin. Talvez a Lei de Ferro pudesse ser finalmente desmontada.

CAPÍTULO 12

O invisível da política

Com Xico Graziano

Uma nuvem negra encobria a frente do trator. Quando a máquina passou por Xico, ele observou espantado que o negrume se fechava atrás dela. Era uma revoada de pássaros.
– Este lugar é uma fábrica de urubus – disse para o assessor ao lado. Estavam visitando o lixão de Peruíbe, uma das últimas das dezenas de cidades paulistas sem aterro sanitário. Centenas de outras já haviam feito a migração, deixando no passado aqueles enormes espaços repletos de rejeitos em decomposição.
Entre as cidades resistentes estava também Presidente Prudente, que haviam visitado em 2007, dois anos antes. Por lá, continuavam despejando 300 toneladas diárias de lixo a céu aberto, sem tratamento. Cerca de 300 famílias moravam e circulavam no lixão, uma opção cruel, somente tolerada pelo Ministério Público em razão das famílias não terem para onde ir. Enquanto isso, a prefeitura argumentava não ter outro local para dispor o lixo em um raio de 300 quilômetros.
Agora em Peruíbe, diante de outra "fábrica de urubus", Xico novamente se questionava:
"Como chamar a atenção da população para isso?"
Talvez precisasse de uma cena como aquela. Talvez aquela revoada

sombria de pássaros tivesse o poder de convencer sobre a importância de acabar com os lixões. Ou talvez tantas outras cenas de crianças andando no lixo ou pessoas doentes por causa dos dejetos decompostos.

O que Xico lamentava é que a população dava pouca importância para o que não fazia parte de sua rotina, o que consequentemente se traduzia em um baixo interesse por parte das prefeituras em resolver o problema. O processo havia sido relativamente simples para as primeiras centenas de cidades, após aplicarem alguma pressão, ora com a ajuda da imprensa, ora com ameaças de multa por parte da Cetesb. Mas com as últimas estava sendo bem mais complicado. A equipe da Secretaria do Meio Ambiente e Recursos Hídricos visitou cada prefeitura, negociou, ofereceu treinamento, até levou algumas pessoas para a Alemanha para mostrar como era feito no Primeiro Mundo. Quando a cidade aceitava, ganhava pontos no programa Município Verde. Quem tinha mais pontos teria depois facilidade para obter financiamento do estado. Mesmo com tudo isso, algumas dezenas de cidades se recusaram. Então, sobrava o último recurso: multar e interditar. Depois, um prazo era dado para se adequarem.

Visitas aos lixões – com o próprio secretário vistoriando – serviam para mostrar que o jogo era sério. Além disso, a fama de temperamental de Xico havia se tornado famosa nos últimos dois anos. Afinal, ele tinha escolhido a própria cidade natal para endurecer o jogo: Araras. Evidente, não podia dar mostras de favorecimento.

Primeiro, mandou diversas advertências, deixando claro que não poderia conceder privilégios nem se quisesse. A prefeitura local bateu o pé e retrucou que continuaria usando o lixão, pelo menos até que um aterro sanitário fosse construído. Reação: o lixão de Araras foi interditado. Sem ter onde despejar os resíduos, o prefeito não demorou a ceder. Acabou concordando em transportar de 80 a 90 toneladas diárias para a cidade de Paulínia, que possuía um aterro sanitário.

A partir daí, foi mandando interditar todo lixão que restava em São Paulo. Em resposta, a cada quinze dias um prefeito ia até o Palácio dos Bandeirantes, rogava uma folga, regateava e chorava. Um prefeito do PSDB de uma cidade do litoral chegou à capital paulistana e foi direto para a sala do governador. Serra tergiversava, continuava dizendo que não era com ele, que deveria falar com o Xico. Este último refreava o feitio calabrês, fazia um esforço para ouvir as reclamações, chamava os técnicos e, no final, os políticos iam embora cheios de informações na cabeça, mas sem aumento no prazo.

Vez ou outra, Xico fazia visitas como aquela a Peruíbe, diante da "fábrica de urubus". Cenas como aquelas revigoravam o seu desejo de acabar com os lixões.

– Ok, é suficiente. Podemos ir embora.

Enquanto se afastava do trator e dos urubus, lembrou-se de outras visitas de algumas semanas antes, quando estava em Itatinga. Foi lá que ouviu o barulho mais ensurdecedor de moscas que havia testemunhado. O lixão tinha acabado de receber carcaças de boi do açougue e elas se atiraram na carne. O ruído não permitia escutar o que as pessoas ao lado falavam. Xico nunca esqueceu aquele repulsivo e assombroso som.

"Talvez devesse ter mandado gravar aquele espetáculo horripilante", pensou. "Talvez assim passassem a entender a gravidade do problema."

De volta a São Paulo, decidiu que era hora de usar o poder da TV. Pelo menos enquanto podia. O alvo era a cidade de Taubaté, em que o prefeito era forte politicamente. A população não enxergava o problema do lixão. Pediu para a equipe ligar para a imprensa. Dias depois, estava na estrada novamente. Quando chegou ao lixão, avisaram que a equipe de TV do jornal local estava a caminho. Pediu para ligarem para a polícia. Horas depois, o lixão estava interditado. Taubaté faria um aterro sanitário, embora esta fosse uma vitória temporária. De qualquer modo, Xico voltou para São Paulo aliviado por fechar mais um causador de doenças.

A impaciência dele e da equipe também era alimentada pela pressa. Estavam em 2009, auge do programa. No ano seguinte, com as eleições, seria impossível fazer qualquer coisa, pois mais do que nunca os prefeitos estariam envolvidos com projetos de curto prazo e que dessem visibilidade.

Por mais revoltantes que fossem, cenas chocantes como as de Peruíbe e de Itatinga estavam fora da política. Ninguém faria campanha na TV falando daquilo. Ninguém marcharia nas ruas. Cuidar do lixo era a parte invisível do debate público. Aquela que a população não quer saber e para a qual o político dá pouca importância, provavelmente porque são consequências indiretas e distantes.

De maneira análoga, como o investimento na educação fundamental, cujo resultado só se percebe anos ou até décadas depois. No caso dos lixões, o impacto negativo – além das famílias vulneráveis que viviam dentro deles – estava na saúde pública, na disseminação de doenças e no dano aos serviços ambientais da região. Tanto um como o outro exigiam o trabalho de questionamento, de não aceitar as coisas como eram, aquela desconstrução tão avessa e incomum no cidadão médio.

Anos depois, quase 50 prefeituras voltariam a despejar seus rejeitos a céu aberto, Taubaté entre elas. Afinal, basta uma semana para se criar um lixão. O invisível da política era um trabalho sem fim.

Mesmo assim, a pressão foi colocada e o trabalho realizado. Responsável pelo tema dentro da secretaria, Aruntho havia recebido o prêmio de melhor projeto – entre as 10 áreas do Município Verde.

Na estrada de volta para São Paulo, Xico ligou para Oswaldo Lucon, assessor da secretaria que havia permanecido desde a gestão anterior, de José Goldemberg.

– O Feldmann respondeu?

– Ele vai escrever um rascunho da minuta e podemos fazer outra reunião no fim do mês.

Responsável pela maior parte da legislação ambiental brasileira, Fabio Feldmann era a pessoa ideal para o trabalho. Xico havia decidido voltar seu caráter calabrês para o tema da redução de emissão dos gases causadores do efeito estufa, em especial o CO_2. Seria sua segunda tentativa. Logo que assumiu a secretaria, solicitou à Cetesb um levantamento dos maiores emissores da indústria paulista, seguindo uma proposta de Goldemberg. A cidade de São Paulo havia aprovado uma Lei de Mudanças Climáticas dois anos antes e era natural que o estado fizesse o mesmo. Mas não seria tão simples, pois o município fizera promessas que dependeriam de investimentos futuros do poder público, como deixar de utilizar combustíveis fósseis nas frotas de ônibus. Ao tentar regular a indústria, o estado enfrentaria pressões muito diferentes e bem mais imediatas.

Pouco mais de um ano e a lista da Cetesb ficou pronta. A repercussão foi intensa e diversos setores, como a siderurgia, se viram como alvo da lista. Tinham enorme influência e jogavam com a ideia de que qualquer restrição custaria a desaceleração na economia e queda na taxa de empregos. O real era a crise financeira global que chegava. Mesmo com o presidente Lula afirmando ser uma "marolinha", a mídia só falava da crise.

Como de hábito, o clima aparecia como um problema abstrato e distante. A ideia de um cataclismo com milhões de mortos, cidades submersas e filhos e netos fugindo de tempestades e secas nunca provocava a ação esperada: a evidente necessidade de se reduzir drasticamente as emissões dos gases responsáveis pelo efeito estufa (GEE). Ao contrário, provocava a clássica reação fundamentada em uma característica demasiado humana, aquela que nos impede de agir coletivamente diante de ameaças remotas.

Agora, Xico decidia que era hora de voltar à carga. Em especial, porque havia uma oportunidade: a imposição internacional dos estados possuírem uma lei estadual de mudanças climáticas. Já existiam duas propostas na Assembleia Legislativa – uma do deputado Adriano Diogo (PT) e outra do deputado Campos Machado (PTB) – mas ambas pouco ambiciosas. Estimulavam o crédito de carbono, estratégia que não havia trazido retorno até então. Lucon e Feldmann decidiram estudar as legislações da Califórnia e da União Europeia, buscando extrair o que elas tinham de melhor.

A questão óbvia era o que um governo estadual, mesmo o mais abastado do país, poderia fazer a respeito. A indústria representava menos de 1/3 da emissão de carbono, enquanto que o restante competia principalmente ao governo federal. Para este, mexer no transporte – ferrovias e portos – era impensável. Estimular energias renováveis através do BNDES nem era discutido. Tudo ia na contramão disso, pois o governo havia acabado de oferecer isenção de IPI na aquisição de automóveis como maneira de reagir à crise econômica. Muito menos desestimular o uso de gases poluentes, da alçada do Conama – Conselho Nacional do Meio Ambiente –, pois ninguém ousaria falar em aumentar um imposto federal, como o Cide, com essa proposta.

Tais impossibilidades residiam no fato de que a disposição do governo federal rumava na direção contrária. A descoberta do Pré-Sal criara um espírito ufanista bastante semelhante ao dos anos 1930 e 1950, aquele do país do futuro. Por ela, o governo petista deixara de lado a identidade com as políticas sociais e de direitos humanos e se tornava seduzido pela perspectiva do crescimento econômico a qualquer custo. O presidente Lula falava entusiasmado sobre o "Brasil-Potência", parecendo determinado a reforçar o imaginário e a autoestima do brasileiro. Ninguém tinha a menor intenção de reduzir nada.

Para Xico, sobrava regular a indústria. Até porque ele sabia que não bastava esta ou aquela esfera reduzir as emissões. Salvar o mundo da catástrofe do clima exigia que todos fizessem sua parte. Com o tempo, ele foi se empolgando com a expectativa de levar algo de peso para Copenhague. Em parte, porque pressentia o consenso internacional que havia na época sobre a questão, uma quase unanimidade que criava a convicção de que a próxima COP finalmente daria certo. Que dessa vez seria diferente, depois de duas décadas de negociações, de acordos quebrados, de praticamente nenhum progresso, agora tudo mudaria. Os Estados Unidos de Obama fariam uma grande pressão sobre os outros países, todos adotariam a perspectiva eurocêntrica de que algo precisava ser feito e tudo seria resolvido na Dinamarca, sem necessidade de passar por um burocrático processo na ONU. Podia parecer ingenuidade, mas grande parte dos especialistas acreditava nisso.

Durante as discussões na Secretaria do Meio Ambiente, três campos distintos surgiram.

Goldemberg participava de algumas, nas quais dizia:

– A proposta precisa ser seca e curta.

Feldmann retrucava:

– É nossa oportunidade de lançar uma proposta ampla.

Entre os dois, Xico ressuscitava seu espírito professoral e insistia em uma proposta clara e pedagógica.

Além da questão da redução das emissões, a proposta acabou sendo ampla, mas livre de polêmicas. O que realmente importava era a redução. Lucon entregou uma minuta bastante detalhada, deixando de fora o que ele sabia ser um ponto para discussão: impor ou não uma meta para a redução.

Ele, Feldmann e Goldemberg eram da opinião de que a lei deveria incluir uma meta e que esta deveria ser ambiciosa. Mas essa certamente não era somente uma questão técnica. De pouco adiantaria uma meta se não existisse força política para fazer com que ela funcionasse. Portanto, a decisão seria de Xico.

Enfim, ele verbalizou o essencial da questão:

– Lei sem meta seria como um remédio sem princípio ativo.

Estava decidido.

Em seguida, deviam decidir qual seria a meta.

Goldemberg propôs igualar a meta da Califórnia: reduzir as emissões em 80% até 2050. Feldmann e Lucon prefeririam a europeia: 20% até 2020. A primeira parecia mais ambiciosa, mas estabelecia um período longo demais, o que a tornaria inócua. E muito mais fácil de ser ignorada pelos governos seguintes. Todos também sabiam que tanto uma quanto a outra não seriam suficientes para impedir que a temperatura aumentasse 2°C, o que já traria efeitos catastróficos para o mundo. Infelizmente, qualquer proposta acima disso seria tratada como radicalismo e prontamente ignorada.

Optaram pela proposta europeia: 20% de redução até 2020. O anúncio foi feito em um evento da Sabesp. Logo depois, começaram a receber comitivas do empresariado. A mensagem era clara: o Brasil não pode ter meta. Chegaram a ouvir o apelo de um consultor que já havia sido presidente de uma ONG do meio ambiente. Gente dentro do próprio governo de São Paulo mandava recado pedindo para amenizarem a meta.

Xico começou a se sentir isolado dentro do próprio governo. "Talvez fosse uma batalha perdida", pensou. Nas reuniões, decidiu responder que não era mais com ele. A melhor maneira de passar por aquilo seria jogar para cima do governador. Xico havia feito a parte dele.

Na semana seguinte, um encontro mudaria o cenário. Edward Miliband, ministro de Energia e Mudança Climática do Reino Unido, veio ao Brasil cumprir uma agenda preparatória para Copenhague. Sem alarde na imprensa, uma reunião foi agendada com Serra. Quando chegou ao Palácio dos Bandeirantes, Xico foi chamado para a reunião. Lá também estavam os juristas Celso Lafer e Rubens Ricupero.

Foi uma surpresa encontrar um jovem de 34 anos diante dele. Miliband prometia ser uma grande liderança em seu país e acabava de emergir do último escândalo político britânico como um "santo", como chegou a ser chamado.

Depois de alguns minutos, o londrino perguntou para Serra:

– O que acha da Amazônia? Do aquecimento global? Enfim, da questão do meio ambiente – concluiu, com rosto sério para sua relativa pouca idade.

Sem precisar refletir, Serra começou a fazer uma arguta análise política.

– É um tema que interessa à classe média e a alguns setores da academia. Mas os segmentos de alta e baixa renda não são tão sensíveis.

Não estava errado. A primeira não se importa, enquanto que a segunda tem outras questões de sobrevivência imediata para se preocupar. Ou seja, era uma questão invisível, muito mais dissimulada e imperceptível que os lixões do interior.

Miliband sorriu, e as palavras seguintes demonstraram que ele certamente conhecia bem os desejos do governador.

– Vou refazer a pergunta. O que você acha disso como presidente do país?

Dessa vez, Serra pareceu refletir. Desde que Marina Silva saíra do governo federal, a questão do meio ambiente era considerada como definitivamente abandonada pelo PT. As negociações entre ela o Partido Verde ainda eram desconhecidas, mesmo no meio político, e Serra chegara a considerar a ex-ministra como uma possível vice na chapa dele.

Depois daquela conversa, tudo mudou. Serra começou a devorar o assunto e a apostar no sucesso da conferência de Copenhague. Não era uma perspectiva absurda. O próprio mercado financeiro demonstrava estar consciente do problema, considerando que o preço dos derivativos climáticos havia quase quintuplicado de valor entre 2005 e 2006, passando de 9,7 bilhões para 45,2 bilhões de dólares.

A partir daí, Xico passou a ter firme apoio do governador na defesa da meta. Enquanto isso, o cenário nacional ia em uma direção diferente. Em outubro, uma reunião em Brasília foi feita para decidir se o país levaria uma meta para Copenhague. Estavam nela o ex-presidente Lula, a presidente Dilma Rousseff e mais sete ministros, entre eles Reinhold Stephanes, da Agricultura. Ao final, foi decidido que Luiz Pinguelli Rosa, secretário executivo do Fórum Brasileiro de Mudanças Climáticas recomendaria que o Brasil não deveria levar uma meta de redução de emissões. Mais uma vez, o meio ambiente demonstrava ser politicamente distante e intangível.

Em 9 de novembro de 2009, Serra mandou projeto de lei para a Assembleia Legislativa, articulou com a base do governo no Legislativo, e todos ficaram esperando a reação. E ela foi melhor do que esperavam. Quatorze emendas, nenhuma delas contrária à meta de 20%. O peso político de Serra havia dado frutos.

Quatro dias depois, o governo federal anunciou que também teria uma meta de redução das emissões para apresentar em Copenhague: entre 36,1% e 38,9% até 2020. Na época, o compromisso parecia viável porque o desmatamento na Amazônia – principal fonte de emissões no Brasil – havia caído desde 2004. Entretanto, não há nada mais difícil na política do que fazer promessas de longo prazo, como de hábito no invisível da política. Isso seria um tema para o futuro. O Brasil – tanto em nível federal como em seu estado mais rico – estava pronto para fazer bonito no encontro que se propunha a salvar o mundo.

CAPÍTULO 13

Transição democrática

Com Maurício Brusadin

De agora em diante, Maurício queria que as pessoas mudassem a opinião que tinham dele. Era uma pessoa paciente e ninguém mais podia discordar. Afinal, cinco meses haviam se passado desde a eleição. Meses de espera. Ele repetia a si mesmo que um acordo havia sido feito e, independentemente do resultado, aproximava-se o momento de a Executiva do PV cumprir o prometido.

Em cada encontro, procurava esconder a ansiedade. Contrabalançava o sentimento com a felicidade remanescente das eleições. Haviam sido quase 20 milhões de votos. Quase 20% do eleitorado. Uma votação inédita e histórica para os verdes no mundo inteiro, mais numerosa mesmo do que qualquer votação na Alemanha, país onde o partido era mais forte.

Para o irrequieto presidente estadual, era evidente que aquele seria um grande marco, o momento do crescimento, da renovação, da explosão de novas energias democráticas. E ele aguardava o cumprimento das promessas: eleições para os conselhos municipais, mandato do presidente nacional limitado a dois anos e a esperada convenção nacional o mais rápido possível.

Em um segundo momento, buscariam corrigir as famosas distorções regionais, as alianças com oligarquias. Fariam rodadas de seminários sobre estrutura partidária e o trabalho programático durante a campanha, incluindo a Agenda Verde do segundo turno. Queriam aproveitar as novas tecnologias, usar a internet e as redes sociais. Pensavam mesmo em criar uma rede social própria para se relacionar com os filiados. Em vez de portas fechadas, o processo de decisão passaria por elas. Em vez de meia dúzia de caciques, milhares. Quem sabe um dia até milhões. O conhecimento poderia ser construído coletivamente.

Maurício esperava que todo aquele longo processo começasse naquela primeira reunião da Executiva Nacional.

Entretanto, marcar a dita reunião não estava sendo tão trivial. Penna descartou a possibilidade de fazer ainda em 2010.

– Vamos esperar – disse. – Faremos em 2011.

Não havia opção senão aceitar.

Em janeiro, Penna argumentou ser melhor conversar no fim do mês. Em fevereiro, alegou que chegava o Carnaval, melhor fazer logo após. Tudo no país só começa mesmo depois disso. A reunião parecia um doce que uma criança persegue e lhe tiram do alcance no último momento.

Enquanto isso, os velhos dirigentes diziam nos bastidores que o "efeito Marina" não havia realmente beneficiado o PV. Os candidatos ao Legislativo não teriam recebido votos na mesma proporção que ela. Para o partido, o efeito havia sido nulo.

A esses, Maurício respondia o que ele dizia a si mesmo em voz baixa:

– É preciso ter paciência, isso virá nas próximas eleições.

Nessas horas, ele respirava lentamente para evitar perder sua já quase finda serenidade. Talvez alguém devesse cumprimentá-lo nesses momentos. Afinal, a convenção ficou para depois do Carnaval. Marcaram para 17 de março.

E chegou o grande dia, a Executiva Nacional foi reunida. Maurício desembarcou naquela quinta-feira em Brasília e era só sorrisos, acenando para todos, Marina Silva, Alfredo Sirkis, Fernando Gabeira, o grupo inteiro presente. Passou por Ricardo Young, a quem cumprimentou com entusiasmo, pois o empresário e antigo militante do empreendedorismo social havia obtido a segunda maior votação da história do Partido Verde, mais de quatro milhões de votos. Só tinha ficado atrás de Marina. Mesmo sem ter sido eleito, era, sem dúvida, nenhuma uma nova força política no Brasil.

Boa parte daquele grupo não se encontrava desde o segundo turno das eleições. O que Maurício desconhecia era que o mesmo não acontecera com o real poder dentro do partido.

Quinze minutos antes da assembleia começar, alguém o puxou de lado e disse:
– Se liga, o Zequinha fez um acordo com o Penna.

O sussurro foi dito e a pessoa se afastou. O largo sorriso se transformou em um traço curto na face. Zequinha, o deputado José Sarney Filho, era um tradicional adversário de Penna. Juntos, representavam as velhas oligarquias dentro da organização verde.

Foi quando Maurício compreendeu. Penna não estava apenas protelando todos aqueles meses, esperando passar o impacto dos 20 milhões de votos de Marina. Ele estava articulando. Conversando com cada membro da Executiva de 58 nomes. E com cada membro do Conselho – em um total de 120 pessoas – sobre o qual tinha influência. Era fácil, todos tinham sido indicados com o beneplácito do presidente.

Barganhas foram feitas, assegurando ainda mais o controle do PV nos estados, onde assumiram quadros fracos, sem representatividade social e totalmente submissos à presidência. O exercício do poder havia sido hábil. E eles tinham medo de Penna, deviam seu cargo e sua carreira política ao presidente nacional do Partido Verde. Afinal, a monarquia tinha ficado clara. Penna ordenara e os súditos haviam obedecido.

Em transe, ele subiu até a mesa onde estavam os dirigentes. Como uma voz distante, ouviu Alfredo Sirkis tranquilamente analisar o cenário eleitoral, as perspectivas futuras e a transição democrática de que o partido tanto necessitava. O velho militante verde tinha plena consciência das conversas de bastidores, das articulações, da resistência contra o novo grupo. Mas saberia do acordo feito pela velha oligarquia?

Sirkis continuou com seu discurso falando em modernizar o PV, em se abrir para uma maior interação com os filiados, permitir que eles participassem dos processos de decisão. Propôs um calendário detalhado para executar aquela transição. Todos pareceram concordar. Depois de Sirkis, outros dirigentes tomaram a palavra, como Marco Mroz e Sérgio Xavier.

Quando Xavier terminou, Maurício pegou o microfone, ainda indeciso se deveria mencionar – ainda que de maneira velada – o acordo do qual ainda não tinha detalhes. Decidiu não falar. Manteve o mesmo tom dos outros, como se ainda acreditasse que o poder de uma ideia poderosa pudesse suplantar velhas artimanhas.

Terminou e evitou olhar para Marina, que seria a próxima a se manifestar. Em vez disso, procurou nos olhos de Penna e de Zequinha o indício da traição.

Eles sorriam. Voltou-se na direção de Marina e fez força para acompanhar o que ela dizia, o que parecia hipnotizar todos na sala. A mulher que havia colocado o PV no centro da esperança política do país, que havia trazido consigo uma juventude pronta para resgatá-los daquela gerontocracia. Uma força nova, poderosa, que parecia restabelecer a ideia de que a História possui um rumo e de que estavam na direção correta.

Enquanto ela falava, percebeu que alguém cochichava para dois outros dirigentes na plateia as mesmas palavras que fizeram seu rosto mudar. A notícia parecia se espalhar.

Quando Marina terminou, Zequinha pediu para falar. Após algumas palavras protocolares, propôs uma prorrogação do mandato da Executiva. Um ano. Penna permaneceria presidente pelo décimo segundo ano. Nada de eleições. Nada de democracia interna. Nada de renovação.

Àquela altura, a informação sobre a articulação da oligarquia não devia ser mais surpresa para o grupo, mas ainda assim a surpresa insistiu em tomar a face de todos. Sirkis gritou algo que Maurício não entendeu. Marina parecia relativamente perplexa, como se imaginasse algo daquele calibre, mas não de maneira tão aberta e desaforada.

Sem recorrer ao óbvio de argumentar a quebra do acordo prévio, Sirkis procurou apelar para a sensatez: adiar significaria realizar a convenção de eleição em ano de eleições municipais. Com o risco evidente de dividir o partido justamente em ano de disputa. Sua fala acelerada traía a irritação.

Maurício e outro o apoiaram. Ao que os oligarcas responderam: "Ora, então vamos prorrogar dois anos". Ele se recusou a acreditar. Penna impunha nitidamente o desejo de ser monarca vitalício dos verdes. Qualquer benefício que a popularidade e os votos de Marina haviam trazido não eram suficientes para desestabilizar o *status quo* e a ordem estabelecida.

A proposta de Zequinha foi votada. E a articulação de Penna se mostrou eficaz. Foram 29 votos a favor e 16 contra.

Oficialmente, a renovação havia sido aprovada. Mas não agora. Depois. Mero detalhe da data. Em vez de uma convenção em julho de 2011, ficava marcada para março de 2012. Entre outras coisas, deslocava a mudança para depois do prazo fatal de filiação, a ocorrer no final de setembro de 2011. E os novatos, mesmo fazendo parte do núcleo de 20 dirigentes, não tinham poder algum para mudar aquilo.

Talvez os antigos dirigentes não compreendessem a completa extensão do movimento que realizavam. Queriam apenas manter as coisas como eram, mesmo que significasse colocar em risco o capital político dos 20 milhões de votos obtidos. Mas Maurício rejeitava essa ideia. O caminho iniciado interditava a marcha à ré. Buscar manter a imobilidade significaria um rompimento com o setor mais histórico e ideológico dos verdes, aqueles que haviam insistido em trazer a renovação.

Atordoado, o grupo se retirou. Todos sabiam que a história não acabaria ali. Sem muitas palavras, foram embora decididos a lutar. Maurício ficou ruminando as palavras ditas no evento durante alguns dias.

Na semana seguinte, encontraram-se na casa de Sirkis, no Rio de Janeiro. O efeito da reunião havia reforçado em todos a extrema urgência de se produzir uma democracia partidária que fosse o exato antídoto daquela concentração de poder. Que atuasse para contrapor as consequências aparentemente inevitáveis da Lei de Ferro da Oligarquia.

Ali decidiram não se resignar. Fariam pressão. Sirkis chamou o movimento de "Transição Democrática", um esforço para conscientizar os verdes de todo o país sobre a importância de refundarem o partido. Marcaram uma reunião para a semana seguinte em São Paulo, quando os verdes novos e os históricos se encontraram com aqueles que tinham cargo eletivo. Portanto, além de Marina, Gabeira, Fabio Feldmann, Aspásia Camargo, Sérgio Xavier, Sirkis e o próprio Brusadin, estavam quase todos os deputados federais, os estaduais de São Paulo, vereadores do Rio de Janeiro, prefeitos e até a Juventude Verde. Também estavam os dirigentes de vários estados, até dos mais distantes, como o Acre.

Começariam por São Paulo e, por isso, Maurício foi escolhido para liderar o processo. Não como presidente do diretório estadual, portanto não poderia usar nenhum recurso partidário, mas como um mentor. Também precisavam andar na linha tênue do barulho interno que não provocasse tanta marola externa para não parecer que o partido estava rachado. Caminhavam na corda bamba do equilibrista.

Decidiram fazer um encontro inaugural da Transição. O melhor lugar seria a Assembleia Legislativa, mas Penna se opôs. Decerto imaginou que chamariam muita atenção lá. Vencidos, acabaram fazendo em um local privado, no bairro paulistano de Pinheiros.

Maurício partiu daí para Bauru, onde começou a caravana. Em um pequeno auditório e diante de algumas poucas dezenas de pessoas, explicou pela primeira vez o que era a Transição Democrática, como funcionaria e as enormes possibilidades que se abriam para o partido e seus membros. Não fez críticas explícitas. Não estava ali para iniciar uma guerra.

Ao terminar, abriu para a plateia.

– Como vai funcionar isso de eleição? – foi a primeira pergunta.

Ele explicou.

– Qual o posicionamento de Marina? – foi a segunda pergunta.

As duas questões deixavam claras as prioridades bastante pragmáticas dos membros. Queriam saber como poderiam influenciar diretamente nas decisões e, quem sabe, se candidatar. E queriam entender como aquela nova liderança dentro do PV se posicionava na disputa.

De Bauru seguiu para Ribeirão, depois Rio Preto, Campinas e foi indo na viagem.

Apesar de não falar especificamente das oligarquias, a mensagem estava nas entrelinhas. As eleições internas forneciam um caminho para a ascensão real de lideranças, um meio dos filiados chegarem à Executiva Nacional que não fosse pela indicação dos velhos dirigentes. Era a tentativa de quebrar a Lei de Ferro da Oligarquia.

Queriam mudar para preservar as origens, voltar ao ideário inicial do PV, um movimento de cidadãos alarmados com o futuro da humanidade.

No total, passou por dez cidades. Ainda fez mais cinco eventos na capital paulista. Enquanto isso, preparavam um segundo lançamento, dessa vez nacional. Seria no Rio de Janeiro, em 1º de maio, uma cidade que os receberia de forma relativamente tranquila, pois teria lá o apoio de Gabeira, Sirkis e outros fundadores históricos.

Alguém poderia ficar tentado a comparar a transição a uma viagem, partindo da oligarquia e chegando à democracia. Mas, apesar de poder encontrar velhos amigos pelo interior paulista, não havia para Maurício grande prazer ou aprendizado no trajeto. Tudo que ele queria era chegar ao destino. Era como mudar de casa. Deu trabalho carregar a mobília e estava impaciente no caminho. E ele não via a hora de chegar à casa nova.

CAPÍTULO 14

Armados de flores

Com Zé Gustavo

Zé Gustavo desembarcou no aeroporto de Santiago de Compostela procurando pelo rosto da namorada. Fazia quase seis meses que não a via. Quando ele foi para o intercâmbio de quatro meses no Canadá, Kamila já tinha feito a graduação de engenharia florestal na Espanha. Terminado o intercâmbio, voltou ao Brasil, ficou pouco menos de dois meses com a família e agora vinha encontrá-la. Estava aliviado por ter passado pela alfândega, sabendo que pelo menos doze brasileiros haviam sido barrados no último mês por não terem comprovação de renda, assim como ele.

Era muito mais fácil para ela encontrá-lo, 1,83 m, magro e loiro no meio das pessoas desembarcando. Quando ela o viu, parou. Estava diferente, ainda mais magro do que da última vez que o vira. De fato, quando chegou ao Brasil vindo do Canadá, ele tinha perdido 14 quilos. Kamila achava que a essa altura ele já tinha recuperado o peso, mas não.

Zé Gustavo tinha passado dificuldades. A bolsa de estudos pagava o curso, mas não comida e moradia. Decidiu ir mesmo assim e acabou ficando sem comer, dormindo em um porão sem aquecimento. De volta ao Brasil, ainda sentia um frio na cabeça que não o abandonaria.

Kamila correu e o abraçou. Depois, mãos ainda presas, afastaram-se a um palmo de distância, o suficiente para os olhos se reconectarem. Ele olhando para o sorriso acentuado que formava um losango, ela olhando para o rosto muito branco e quadrado.

Passaram quase dois meses juntos na cidade. Ela falava do quanto se interessava pelas ideias do comércio justo, que inclui certificação de produtos, melhores condições de troca e a garantia dos direitos para produtores e trabalhadores. As peças do desenvolvimento sustentável ainda estavam se juntando na mente dos namorados.

Quando faltava uma semana para Zé Gustavo ir embora, Kamila o levou para um dos lugares de que mais tinha gostado: uma praça da tranquila Santiago de Compostela. Aproveitavam que a proximidade do verão esquentava os dias espanhóis, uma sensação cara a Zé Gustavo depois dos meses no frio canadense. Sentaram para descansar, quando viram um grande grupo de jovens. Um rapaz se aproximou dos dois e lhes estendeu flores, dizendo:

– Estas são nossas armas.

Soube que se tratava de um movimento de estudantes reclamando dos ajustes feitos para conter a crise, dos lucros dos bancos e dos cortes sociais do governo. Também diziam não gostar de políticos. Como era estudante do terceiro ano de Administração Pública da Unesp em Araraquara, ficou interessado. A Espanha parecia fortemente afetada pelo despertar político que àquela altura florescia na Primavera Árabe.

Alguns dias depois ele voltou para o Brasil, deixando Kamila em Madri. Quando se falaram pela internet na semana seguinte, ela lhe contou sobre um movimento que acabara de explodir por lá: os Indignados. Ou 15M, pois tinha ocorrido em 15 de maio. Vinte mil pessoas marcharam da Praça de Cibeles até a famosa Porta do Sol. Uns gritavam: "Exigimos uma democracia real já!". Outros cobravam: "Aceite sua responsabilidade!". E ainda: "Seja parte da mudança necessária para um mundo que será como você decidir que seja".

Em parte, o que tinha tornado possível aquela explosão cívica era a tecnologia. As novas redes sociais quebravam não só as barreiras geográficas, mas também as de classe, poder, riqueza e *status*. Surgia um desejo renovado de colaboração e transparência. E, fundamental, de revolta. Como escreveria Manuel Castells alguns meses depois: "O desgosto tomou conta da rede".

Em breve, aquele sentimento se espalharia pelo mundo, como na Praça Syntagma em Atenas, na Praça Tahrir no Cairo, na Praça Zuccotti em Manhattan e no Parque Taksim Gezi em Istambul.

Zé Gustavo ainda não havia encontrado Oded Grajew, mas já ouvira falar bastante do Fórum Social Mundial. Não pôde deixar de pensar que aqueles garotos espanhóis também desejavam uma sociedade melhor, acreditavam que um outro mundo era possível. Mas que tipo de mundo? Um com cidadãos preparados para enxergar as questões aparentemente invisíveis para a população? Que desse mais ênfase à educação, como Cristovam Buarque dizia? Que entendesse a urgência de se defender o meio ambiente, como Marina Silva pregava? Zé Gustavo ainda não tinha intimidade com nenhum desses personagens e ficou pensando sobre quais seriam os valores desses jovens e quais deveriam ser os seus. Pensava no mundo que queria e em como poderia chegar lá.

Na maior parte das referências que recebia, a chamada ideologia de esquerda se destacava: justiça social, valorização do coletivo e rejeição ao individualismo. Por outro lado, as liberdades individuais eram parte da promessa da direita e uma visão mais libertária. No meio disso tudo, a defesa do meio ambiente não parecia ter aceitação completa nem do primeiro, nem do segundo grupo. O individualismo não combinava com a preocupação coletivista dos recursos comuns. E a esquerda não parecia dar a atenção necessária ao tema, imbuída de um desenvolvimentismo destrutivo e imediatista.

Zé Gustavo passava os dias pensando nisso. Como só retornaria à faculdade em Araraquara no semestre seguinte, resolveu voltar para sua cidade natal, São Carlos, onde começou a comparar os partidos políticos brasileiros. Pensou em PV, PT, PMDB, PDT e PSDB. Avaliou cada um deles, suas passagens pelo Executivo e pelo Legislativo, alianças, bandeiras que defendiam e as acusações que pesavam sobre cada um deles. Algumas ideias do PSDB lhe pareciam modernas, algumas do PT pareciam socialmente sensíveis, o tamanho do PMDB impressionava. Todos os questionamentos que tivera no Canadá e na Espanha vieram à mente.

Enquanto estava fora, tinha acompanhado a eleição e ficado interessado nas propostas e no movimento em torno da candidatura de Marina Silva. Parecia que algo de novo acontecia no Partido Verde.

Procurou na internet o contato do escritório do PV na região e descobriu um telefone celular. Ligou. Uma voz tranquila atendeu do outro lado. Era Walcinyr Bragatto, duas vezes vereador em São Carlos, entre 1993 e 2000. Depois de ouvir Zé Gustavo, decidiu que aquela era uma conversa para se ter pessoalmente. Bragatto procurava ter disponibilidade para visitas e as fazia quando sentia que a pessoa tinha potencial e princípios. Disse a Zé Gustavo que o visitaria em casa.

No dia seguinte, Bragatto chegava à casa do rapaz. De imediato, percebeu que o olho de Zé Gustavo brilhava quando falava de política. Havia expectativa ali. E, portanto, promessa. Fizera bem em vir falar com ele.

– Não é que eu não tenha receios. Só ouvimos falar de corrupção – disse o jovem, que aprendia na faculdade a teoria da Administração Pública e pressentia a distância entre o que ouvia dos professores e o que ocorria nos bastidores. Agora, olhava para a face de um político profissional – os olhos pequenos e o sorriso largo de Bragatto – e tentava conciliar isso com o que a população pensava de seus representantes. Ele lhe pareceu sereno e seguro, suas mãos fazendo pequenos círculos no ar enquanto falava. A liberdade que sentiu naquele momento de conversa o incentivou a colocar em pauta a questão da ética.

Para Bragatto, era o temor mais comum, a desconfiança com o desonesto, o duvidoso e o escuso. Ouvira a mesma inquietação centenas de vezes.

– Não vou mentir. Gente íntegra costuma se chocar com o que encontra na política, você também vai encontrar barreiras e experimentar dissabores.

Enquanto Bragatto falava, a mente do ex-vereador ia bem além da pergunta de Zé Gustavo. A corrupção era apenas a primeira camada que o político tinha que passar para não se deixar emaranhar. Além das maquinações escusas, havia a armadilha da concentração do poder, amarras que podiam não ser ilegais, mas certamente não eram éticas e entravavam e estorvavam o progresso tanto quanto a corrupção.

Ele mesmo trocara de partido por causa disso. Tinha passado a maior parte da carreira no PSDB, onde se ressentira da dificuldade de avançar propostas. As decisões sempre vinham de cima para baixo, figuras de prestígio interferiam e desfaziam o que o partido decidia na base. Foi quando decidiu migrar para o PV. Talvez em um partido menor pudesse sobrepujar aquele constrangimento.

O que o político havia vivenciado, Zé Gustavo entendia na teoria, pois havia estudado a chamada "Lei de Ferro da Oligarquia" na Unesp. Ainda não sabia quanto aquele conhecimento abstrato o ajudaria a lidar com um problema tão arraigado.

Conversaram durante quase três horas, bem mais do que ambos haviam planejado. Bragatto o convidou para ir às reuniões mensais, onde o apresentaria à juventude do PV. Tinha convicção de que o rapaz poderia se destacar com o grupo.

As reuniões eram mensais e ocorriam na sede do partido em São Carlos. Logo na primeira vez que foi, Zé Gustavo se filiou. Não era um processo complicado. Havia uma entrevista e essa parte havia sido cumprida com Bragatto. Havia a necessidade de alguém do partido abonar a ficha do novato, e o ex-vereador também cuidou disso.

Quando avisou que tudo estava certo com a filiação, Bragatto mencionou que o presidente do PV em São Paulo daria uma palestra em Bauru, a 150 quilômetros de São Carlos. Zé Gustavo decidiu ir assistir.

Ao ouvir Maurício Brusadin falar, não se deu conta do racha pelo qual passava o PV. Em nenhum momento foi mencionado o nome do presidente nacional, José Luiz Penna. Brusadin não falava abertamente da guerra àquela altura; a mensagem era toda focada na paz e na possibilidade de uma democracia interna.

A tal Transição Democrática encantou o jovem filiado. Quando voltou para São Carlos, Bragatto pediu para Zé Gustavo fazer parte da coordenação da Executiva e organizar a juventude do partido. Quem sabe aquela não seria a transformação que ele desejava ver na política?

CAPÍTULO 15

Poder que faz diferença

Com Maurício Brusadin

Ninguém imaginava que o Ceará seria um problema. Era nisso que Maurício pensava enquanto observava Marina Silva tentar cruzar as pernas naquele voo comercial apertado. Ele virou o rosto, incomodado pelo desconforto da amiga. Mesmo não sendo alta, ela também tinha dificuldade de encontrar uma posição confortável na poltrona do avião. Sem poder gastar dinheiro do partido e sem ter para quem pedir apoio financeiro, eram obrigados a viajar de econômica na companhia aérea mais barata. Olhou pela janela, satisfeito de ver o rio Ceará e seus mangues.

O aperto no avião era uma bobagem, pensou, tentando cruzar as próprias pernas. Marina, ele e todos os outros do grupo já haviam voado várias vezes de econômica. Provavelmente estava ansioso pela próxima etapa da transição. Vinha enfrentando embates internos e pairava no ar a ameaça de uma guerra. A própria mídia sinalizava isso. Os dirigentes negavam e, de fato, nenhuma rusga mais grave tinha acontecido até agora.

Até então, as desavenças se davam no subsolo da hierarquia, fora do campo da política partidária oficial. Por exemplo, nas redes sociais, onde a esposa de Penna havia lançado um movimento pela saída de Marina. Como parte dessa ação, vinha todo tipo de hostilidade, inclusive lápides funerárias com os nomes dos membros da Transição Democrática, de Marina ao próprio Maurício. Membros da Transição Democrática ficaram isolados e alguns reclamavam de perseguição.

Maurício tentou refrear as reações do grupo que desejava a mudança. Mas não conseguiu deixar de sorrir quando lhe mostraram uma montagem brincalhona de Penna vestido como Khadafi. A analogia com a Primavera Árabe era evidente. De certa forma, o espírito de um novo tempo que Zé Gustavo havia presenciado na Espanha também estivesse ali. O grupo de Brusadin se sentia participando de uma Primavera, senão a brasileira, ao menos a verde. No PV, Penna representava o autoritarismo contra o qual a renovação lutava.

O avião estacionou de frente para o aeroporto Pinto Martins e todos se levantaram. Maurício olhou para Marina, que ainda estava sentada lendo um livro. Parecia serena.

Tinha bons motivos. Até agora, os eventos fora de São Paulo haviam sido tranquilos. Penna não se opusera, provavelmente para não enfrentar os pesos pesados do partido, especialmente no Rio de Janeiro, onde estavam Sirkis e Gabeira.

Afinal, começaram relativamente bem no Rio de Janeiro semanas antes, no 1º de maio. Apesar de chegarem atrasados, o evento foi um sucesso, e mais de 500 pessoas apareceram. A presença e a paz do evento se deveram em parte à influência de Sirkis. Além dos verdes históricos, vieram filiados com cargo político da capital e do interior. Todos apoiavam a ideia da democracia. Todos se sensibilizaram, teve gente tomada pela emoção, pela expectativa de uma renovação. Depois disso, ocorreram bons eventos no Espírito Santo e em Minas Gerais, onde Marina recebera boa votação. Mais emoção, mais apoios. Por isso ninguém imaginava que o Ceará seria um problema.

O grupo saiu do avião e foi pegar as malas. Maurício olhou em volta, pensando se o presidente estadual do PV viria encontrá-los. Não por ele, mas talvez por Marina. Não o viu. Temia isso.

Alguns dias antes, Marcelo Silva havia dado uma entrevista ao jornal local falando mal de Marina. E afirmara que não haveria evento nenhum. Não era exatamente uma surpresa. O dirigente estava há 12 anos no poder no Ceará e, se nada fosse feito, poderia bem ficar mais 12.

Maurício ficou surpreso. Marcelo costumava ter boa relação com Sirkis, e todos acreditavam que o estado seria mais um sucesso da Transição Democrática.

Talvez estressado pela guerra subterrânea, Maurício finalmente perdeu a paciência. Mandou recado geral, via todos os canais possíveis, que Marcelo Silva não tinha autoridade para dizer isso. E continuou em frente, evento marcado.

Uma voz conhecida lhe tirou do devaneio.

– Brusadin?

Ele se voltou e precisou olhar para cima, pois era um rapaz muito alto que sorria para ele. Paulo Sombra, 25 anos incompletos e secretário de Juventude do PV cearense viera recebê-los. Sorriu de volta quando o viu. Apesar de jovem, Sombra era um dos grandes apoiadores da Transição Democrática. Ainda era conselheiro nacional do PV e conselheiro estadual de Juventude do Ceará. Era ele quem tinha organizado o evento em Fortaleza.

Depois de se cumprimentarem e seguirem para o local onde estava o carro, Sombra começou a contar entusiasmado:

– Estão confirmados todos os vereadores – dizia, agitando as mãos para a frente, o que o fazia parecer maior ainda.

Maurício sorriu e colocou o braço em volta das costas de Sombra, em aprovação.

– Os vice-prefeitos e os prefeitos do PV daqui do estado também virão.

Maurício experimentou uma certa tranquilidade, pois queria acreditar que aquele evento seria um sucesso como havia sido nas outras capitais.

Começaria às 14 horas, na Câmara Municipal de Fortaleza. Tinham tempo de almoçar, mas nada mais do que isso. Sombra continuou contando sobre como viriam até os dois deputados estaduais, nenhum detentor de cargo eletivo faltaria.

Ele não errou nesse aspecto. Todos esses políticos realmente foram, além de quase mil outros presentes. Isso no auditório Ademar Arruda, com capacidade oficial para 220 pessoas. A multidão ficou de pé, apertada, com gente saindo pela porta, tentando ouvir o que estava sendo dito. A considerar a multidão, seria o maior sucesso até agora.

O resultado prático não foi tão positivo. O desgaste com Marcelo fez transbordar o conflito que ocorria nas redes. Em vez de aproximar o Ceará, jogou o estado direto no colo de Penna. Depois que eles foram embora, o diretório estadual começou uma campanha contra o movimento. E Sombra, que tanto lutara pela Transição Democrática, sofreu os piores ataques.

Maurício ficou triste de pensar no amigo, com aquela alegria avantajada, sendo perseguido e encurralado em seu estado.

Depois disso, o grupo ainda fez um evento no Rio Grande Sul. Mas o momento tinha passado. A imprensa intensificou as notícias de que havia dentro do PV uma disputa interna de poder. Para quem olhava de fora, nada de novo na política brasileira. Gente insatisfeita reclamando e a possibilidade de um racha que possivelmente produziria uma evasão na direção de outra organização. Ou ainda um novo partido. Este era um aspecto não observado por Robert Michels na Lei de Ferro da Oligarquia, quando ele descreveu a inevitável concentração de poder dentro de uma organização. Ela também podia rachar.

Pouca gente conseguiu enxergar os reais objetivos daquele embate. As eleições internas, a necessidade de eliminar o comportamento fisiológico em vários estados, a ideia de limitar o mandato do presidente e tudo que aquele grupo considerava fundamental. Era bem mais do que uma troca de poder.

Quem estava de fora não percebia isso e criticava Marina por entrar em uma briga que parecia pequena e mesquinha, uma disputa de poder interna do partido. Muito pouco para quem havia recebido 20 milhões de votos.

A situação deprimiu a todos. Mesmo Sirkis, tão otimista, que havia definido como data limite para a convenção quase dois anos depois, em março de 2013. O desânimo consumiu a paciência do grupo. Penna nunca sairia mesmo da Executiva do PV. Conscientizar as pessoas de nada adiantaria, não quando ele conseguia manobrar os diretórios, que por sua vez influenciavam suas regiões. O poder que realmente importava, que fazia a diferença dentro daquela organização oligárquica, era o de Penna.

Ninguém criticou Maurício explicitamente, mas ficou evidente que não havia ganho em continuar. Mesmo com toda aquela emoção nos eventos, todas aquelas lágrimas, Maurício sentiu que era hora de pisar no freio. Estava sem forças e decepcionado com a política.

Sabia que havia muito a ser feito. Só não sabia se era para ele. Com o decorrer das semanas, a energia parecia voltar ao grupo. Ainda desejavam construir um novo Brasil.

Uns falavam de migrar para outros partidos, e aí a divergência era definir qual deles. Outros, como Maurício, mostraram-se desiludidos com as organizações partidárias, meros gestores de dinheiro de campanha e ferramentas para preservar o poder. Falavam de continuar o trabalho fora delas. Algo poderia ser feito em ONGs ou em movimentos suprapartidários. Talvez assim pudessem escapar da Lei de Ferro da Oligarquia, da inevitável concentração. Talvez fosse a única forma de enfrentar os temas evitados pelo PT, como a demarcação de terras indígenas, a proteção do meio ambiente, o combate à desigualdade, a ênfase à educação e a salvaguarda da ética. Talvez os partidos não fossem mesmo os instrumentos para construir uma economia sustentável e superar os conflitos ideológicos do século XX.

Maurício ainda queria tudo aquilo, só não sabia se teria forças para começar tudo de novo. Todos os caminhos lhe pareciam utópicos.

CAPÍTULO 16

Ter os deuses dentro de si

Com Zé Gustavo

– Mas quem?

A pergunta era dirigida a Zé Gustavo. Apesar de ainda não ter retornado às aulas, resolveu retomar o contato com os amigos em Araraquara, que nessa época planejavam o próximo Encontro Nacional dos Estudantes de Administração Pública (Eneap). E chegou logo sugerindo que convidassem nomes conhecidos para o evento.

– Mas quem? – os amigos repetiam a pergunta.

– Bresser-Pereira, Marina Silva, Lula, FHC. Nomes que chamem atenção para o evento e possam falar da máquina pública.

Os amigos se entreolharam. Era uma sugestão impraticável, inatingível, utópica até. Evidente, os nomes combinavam com o tema, grandioso e instigante: "Brasil: Subsídios para a Construção de uma Agenda Nacional da Administração Pública".

Mas convidar logo gente de renome nacional?

– Esse pessoal tem uma agenda cheia – disse um deles.

– Então vamos fazer parte dessa agenda.

– Mas ninguém vai parar para falar com a gente.
– O primeiro passo é a gente pedir.
– Não sabemos nem como fazer o primeiro contato.
– Vamos atrás!

Acabaram concordando. Durante semanas, procuraram intermediários, ligaram para secretárias, enviaram e-mails para assessores. FHC e Lula tinham estruturas de apoio, foi mais fácil encontrar o contato. Bresser-Pereira trabalhava quase sem equipe, foi um pouco mais difícil. No caso de Marina, também começaram mandando e-mails pedindo agenda. Como Zé Gustavo tinha uma relação com o Partido Verde, decidiu tentar simultaneamente uma abordagem pessoal e ao vivo.

Por meio de Bragatto, o ex-vereador de São Carlos, descobriu que haveria um evento em São Paulo em um local chamado Crisantempo. Marina estaria presente, portanto o jovem estudante resolveu que seria uma ótima chance para fazer o convite. Além de ser uma oportunidade de encontrar o grupo de que Brusadin tanto falava, aquele que carregava a promessa de democracia interna e de renovação da política. Também seria interessante se aproximar um pouco mais da política, de entender melhor o Partido Verde. Estava empolgado com as possibilidades. Quem sabe não seria sua chance de acompanhar a Primavera Brasileira?

No dia do evento, chegou ao local sem conhecer ninguém. O plano era entregar em mãos o convite do X Eneap para Marina Silva. O lugar estava cheio, e Zé Gustavo acabou junto a uma parede, onde se via a inscrição:

"No espaço curvo nasce um Crisantempo".

A frase era de um poema de Haroldo de Campos. Ali bem podia ser o tempo e o lugar do florescimento de uma nova política. Decidiu puxar papo e foi quando descobriu – empolgado com sua entrada recente no partido – que acontecia ali uma desfiliação coletiva. Aquele grupo não era mais do Partido Verde. Ele chegava, mas todos estavam de saída.

O clima não parecia pesado, diria mesmo que todos olhavam para o futuro. Ele se sentou em uma das cadeiras na plateia, enquanto aqueles que estavam na mesa principal começaram a falar. Ouviu a voz de Marina Silva, que discorria sobre mudar as práticas tradicionais. Sobre como identificar as barreiras invisíveis da política, o fisiologismo, as estruturas partidárias ultrapassadas, tudo aquilo que haviam encontrado recentemente no próprio Partido Verde. A Transição Democrática havia falhado, e agora vislumbravam a construção de um movimento novo, estimulado pelas esperanças que tomavam conta das praças em todo o mundo.

Marcaram o lançamento do movimento para outubro.

Quando as falas terminaram, ele olhou em volta e procurou alguém que pudesse ajudá-lo a abordar Marina. Apesar de não conhecer ninguém, Zé Gustavo havia mapeado várias pessoas que poderiam dar uma força nessa aproximação. Uma delas era o próprio Maurício Brusadin, que também tinha sido estudante na Unesp de Araraquara e militante de movimento estudantil. Melhor ainda, tinha sido aluno do diretor da Faculdade de Ciências e Letras, uma das pessoas que convidaram Zé Gustavo para ajudar na organização do X ENEAP.

Finalmente encontrou Maurício, a quem explicou a situação. Ele apontou uma outra pessoa. Zé Gustavo sorriu e disse: "Também está na minha lista". Era o ex-secretário de Finanças de sua cidade natal, São Carlos, Bazileu Margarido. Ele se apresentou e explicou tudo.

Bazileu apontou um homem calvo e que falava com alguém gesticulando bastante. Era Pedro Ivo, que não estava no mapeamento de Zé Gustavo.

– Olá, tudo bem? Eu sou estudante e gostaria de conversar com a Marina para lhe fazer um convite.

O homem olhou para cima – era bem mais baixo que Zé Gustavo – e sorriu.

– Ué, ela está ali. Vai lá.

Ele foi.

Parou ao lado dela e explicou o que era o Eneap, como seria o evento, quem eles tinham convidado e a razão de ele estar ali.

Ela sorriu de um jeito despreocupado. Pediu que enviasse um e-mail, precisaria verificar, pois teria uma viagem um pouco antes do evento. Chamou duas pessoas, Maurício Brusadin e mais um, pedindo que o ajudassem a intermediar.

Zé Gustavo agradeceu efusivamente, pois tinha a impressão de que tinha conseguido. Conversaram mais um pouco, e foi ela agora a lhe fazer um convite:

– Por que você não vai ao nosso evento de outubro?

– Sou estudante, sabe? – respondeu sem graça e sorrindo. – Totalmente sem dinheiro.

Ela apontou novamente as pessoas que tinha indicado, dizendo para falar com elas sobre isso também. Arrumariam uma carona para ele, alguma forma de ele poder ir. Ele começava a tomar contato com uma das bases do pensamento daquele grupo, a solidariedade.

Não que tenha sido tão fácil. Vários outros e-mails foram enviados para Marina, que em decorrência da viagem citada teria dificuldade em participar do Eneap. Pela persistência dos estudantes, ela acabou indo, fez sucesso no evento e Zé Gustavo acabaria sentando-se à mesa da organização ao lado dela como gratidão pela conquista.

Mas quando saiu da Crisantempo, Zé Gustavo não pensava só no Eneap. Havia conseguido o que tinha ido buscar e mesmo assim não era o que preenchia seu espírito. Tampouco a decepção com o PV. O que realmente o empolgara era que sentira naquele lugar o mesmo entusiasmo daquela praça espanhola, onde lhe entregaram as flores. "Entusiasmo" – como Galeano disse em uma praça da Espanha, que vem do grego e significa "ter os deuses dentro de si". Assim Zé Gustavo se sentia naquele momento.

CAPÍTULO 17

Roda de conversa

Com Marina Silva

Aquela euforia fazia contraste com os fatos. Não parecia uma tarde de domingo. Não parecia que aquele grupo havia saído da frustrante tentativa de democratizar o Partido Verde. Não parecia que viviam na descrença.

Marina olhou ao redor da sala. Estavam apertados em um pequeno escritório em Brasília. Havia cerca de 30 pessoas, ainda espalhadas; um grupo conversando na mesa, outro junto da janela, um terceiro mais perto da porta. Não eram líderes ou o núcleo de alguma organização, apenas pessoas que estavam interessadas em mudar a política. Cada um tinha um perfil completamente diferente do outro, seja idade, etnia, renda e até mesmo ideologia ou conhecimento das engrenagens partidárias. O que os unia era o sentimento de urgência. Começava naquele mês de novembro de 2011 o Movimento pela Nova Política.

A reunião ainda não havia começado, esperavam a chegada de mais algumas pessoas. Enquanto isso, as conversas prosseguiam animadas.

Até que alguém exclamou:

– Estamos perdendo tempo.

Como Marina, todos ali estavam ansiosos para mudar o Brasil, reduzir as desigualdades, interromper a destruição do meio ambiente. Mas havia algo mais que os unia. Era a ideia de uma transformação política, o desejo de fazer diferente. Não apenas de corrigir o sistema, mas de transformá-lo mesmo em sua essência. Esses sentimentos eram compartilhados por todos.

O que os separava era o que fazer a respeito.

– Não é perda de tempo. É ganhar, pois não perderemos depois – disse uma mulher de cabelo curto e cinza, que todos sabiam ainda ter dúvidas sobre a criação de um partido.

Nos meses seguintes, as pessoas daquela sala e milhares de outras em todo o Brasil realizariam um profundo debate sobre o sistema partidário. Um processo que se aprofundava naquele ano, mas que se estenderia por muito tempo. Ninguém tinha certeza de seu sucesso. Mas estavam dispostos a mudar tudo.

De certa forma, revisitavam a discussão que ocorrera no Fórum Social Mundial, somente em uma versão mais moderna. A maioria das pessoas ali não participara do evento idealizado por Oded Grajew e por outros visionários, mas o tema estava novamente em pauta: em todos os grupos, discutiam se valia ou não a pena construir uma organização como aquela.

Para os mais experientes, com ampla vivência partidária, a transformação passava necessariamente pela via tradicional.

– Se queremos transformações, precisamos de um partido.

Alguns acreditavam mesmo ser possível participar das eleições de 2012. Outros achavam prematuro, pois já estavam no final do segundo semestre de 2011, e não acreditavam que a criação de um partido deveria ser feita de maneira apressada. Em parte, porque sabiam que a burocracia seria demorada para quem não estava disposto a se utilizar dos atalhos ilegais de que os partidos tradicionais geralmente lançam mão para se registrar. E também porque acreditavam ser importante discutir exatamente como esse novo partido, se viesse a existir, deveria se organizar.

Independentemente da pressa, a maioria já considerava seriamente a possibilidade. Somente por meio de uma organização tradicional poderiam influenciar o debate político, eventualmente ganhando eleições e mostrando a força de uma ideia, até o ponto de outros partidos também se interessarem por aquela força.

Dias depois, várias pessoas do grupo e muitas outras que não tinham estado na reunião anterior chegaram a um pequeno auditório na Asa Sul de Brasília. Entre as várias falas, estava Cristovam Buarque comentando sobre a política tradicional e as dificuldades que tinham encontrado.

Não era a primeira vez que políticos com mandato ou de outros partidos participavam das conversas. Alessandro Molon, então no PT, já havia participado várias vezes. Outros que mantinham contato constante: Eduardo Suplicy (PT), Alfredo Sirkis (ainda no PV), José Reguffe (ainda no PDT) e Heloísa Helena (que havia deixado a presidência do PSOL em protesto ao apoio à Dilma Rousseff, mas que se mantinha no partido). Em maior ou menor grau, estes e vários outros se mostravam interessados no debate que ocorria. Havia uma expectativa de que alguns deles depois acabariam se filiando, caso uma organização realmente fosse criada.

Naquele dia, o tema do diálogo estava na pauta.

Nesse aspecto, havia uma sutil diferença de abordagem entre os que vivenciaram mais os partidos e os que ainda se sentiam estranhos dentro de uma organização tradicional.

Para os primeiros, não era uma novidade. Fazia parte essencial do modelo defendido nos últimos 200 anos, aquele que deveria produzir um governo estável e o bem-estar social. A partir do Iluminismo francês, diversidade de opinião e pluralismo se tornaram as pedras fundamentais do mundo moderno. É a visão de que a diferença de opinião é inevitável e até desejável.

– Cada grupo defende um interesse – disse um dos participantes, que tinha ampla vivência partidária. – E isso é bom.

– Mesmo se ele não for legítimo? – perguntou um rapaz de camiseta bem colorida.

– O que demonstra se é ou não legítimo é o confronto de ideias, quando feito de forma racional e civilizada.

– Mas precisamos de um partido para isso? – uma jovem bem-humorada perguntou. – Para mim, partido é coisa do passado.

Na roda, burburinho. Cochichos. Para alguns, o questionamento era perda de tempo. Somente por meio de um partido poderiam influenciar o debate político e transformar a sociedade. Porém, parte do grupo realmente considerava os partidos atuais um ambiente inadequado para o diálogo. Uma barreira, considerando que – para todos os participantes daquele movimento – o diálogo deveria se tornar a base fundamental da nova organização.

– Só estou insistindo porque parece que os partidos sempre acabam reféns do jogo.

A jovem representava o pensamento de muitos, que prefeririam ser um movimento social, apartidário, tentando influenciar todos os partidos. Queriam ser um instrumento do bem comum, apoiar as reformas fundamentais, estimular a boa formação de lideranças. Temiam se tornar mais um partido absorvido pelos jogos de poder.

– A gente pode fazer diferente – disse o rapaz de camiseta colorida. – A gente vai ser diferente.

Como de hábito em qualquer movimento, havia um sentimento de pureza, a sensação de que bastava querer para tudo se transformar.

Marina resolveu comentar:

– Todos eles prometeram isso. O PCB, o PSD, o PMDB, o PT, o PSOL, o PSTU. Não dá para ser mais um.

Uma mulher de cabelos grisalhos e encaracolados, que estava ao lado de Marina, fez um gesto como se quisesse complementar:

– De certa forma, esse pensamento de que somos melhores é uma espécie de messianismo. Nós temos boas intenções, nós somos virtuosos, então na nossa vez vai dar certo.

Quem resistia à ideia de criar um partido imediatamente concordou e inúmeros comentários se seguiram. A mulher de cabelos grisalhos levantou a mão de novo:

– Não estou dizendo que sou contra a ideia de criar o partido. Só digo que se vamos mesmo fazer isso, não basta querer ser diferente. Até porque o próprio mecanismo do partido está ultrapassado, corrompido na essência mesmo. Nós precisamos de uma estrutura institucional diferente.

Portanto, precisavam de uma mudança radical. Não bastava prometer que não haveria corrupção, que não cederiam seus valores. Não funcionava. O problema era que os partidos continuavam operando dentro do mesmo modelo, seguindo as mesmas regras e jogando o mesmo jogo.

Dessa vez, foi Marina quem comentou:

– Não vale a pena se for para ser somente mais um partido de esquerda que promete ser a salvação.

Parte do problema havia ficado evidente com a experiência do Partido Verde, pela qual quase todos ali haviam passado em 2010. Não eram só os dirigentes, era a própria estrutura que concentrava o poder, como dizia a Lei de Ferro da Oligarquia. Se o mecanismo central dos partidos atrapalhava, então o obstáculo estava na própria essência da política.

Mas esse era só o aspecto interno.

Os partidos também roubavam da sociedade sua potência, seu poder de transformar. O cidadão se sentia livre de decidir ao terceirizar sua responsabilidade uma vez a cada dois anos.

Por sua vez, quem se apropriava do poder não tinha interesse em mudar nada. Nem partidos, nem as grandes empresas, nem qualquer um que se beneficiasse dos privilégios do modelo atual. Não lhes interessava mudar a essência da política, pois ela os havia colocado lá.

As imperfeições se traduziam de forma palpável na representação. Homens. Brancos. Com mais de 50 anos.

Naquele momento, a Câmara dos Deputados tinha 274 homens entre 45 e 49 anos. Eles dominavam 91,2% dos mandatos. Considerando somente a declaração pessoal, um terço dos deputados era milionário. Em contraponto, somente 45 mulheres. Dez negros. Três pessoas com deficiência. Um gay assumido. Nenhum índio.

Nos dias seguintes, os encontros do grupo em busca de uma nova política continuaram. Continuaram vindo pessoas de diversos perfis e posicionamentos ideológicos. No fim de novembro, outro encontro. Dessa vez estavam presentes Ricardo Young e Oded Grajew.

Então, 2012 começou, acelerando as conversas sobre as eleições municipais, mas quase ninguém acreditava na perspectiva de melhora. Para muitos, a representatividade política havia fracassado. A disputa estruturada de interesses isolados havia criado um sistema que concentrava o poder, uma supremacia invisível que impedia qualquer mudança. A política era ocupada pelo poder econômico e pelos interesses individuais, que sequestravam o comando da nação, formando um novo estado dentro do primeiro e apropriando-se do aparato público.

– O poder visível das instituições é somente simbólico – concluiu Marina, fazendo referência à incapacidade da sociedade de promover mudanças reais.

Nesse momento, um homem de pouco mais de 50 anos levantou o braço e discordou:

– Talvez isso seja um pouco injusto. Há bons partidos.

Como o comentário foi feito depois da afirmação de Marina, o esperado era que ela respondesse. Entretanto, a ideia era que todos tivessem voz, então ela olhou em volta. Uma mulher, que aparentava pouco mais de 30 anos, pediu para falar:

– Eu acredito que o problema não seja pontual, mas estrutural. Os líderes partidários sentem dificuldade de envolver a população no debate.

Uma outra mão se levantou, dessa vez um rapaz de vinte e poucos anos:

– Talvez a questão seja outra. Os políticos fazem propostas, mas nem sempre conseguem levar adiante.

Ele continuou falando, enquanto todos ouviam.

Quando terminou, outra mulher, pouco menos de 50 anos, de óculos e jeito de professora, pediu para falar. Apontando para o rapaz, disse:
– De certa forma, você tocou no ponto central do pensamento partidário, o argumento que permite que eles continuem crescendo indefinidamente.
Todos olharam, curiosos.
– Em todo partido, a quantidade de poder obtida nunca é suficiente.
Pequena pausa.
– Se conseguem um cargo no Parlamento, dizem que precisam de maioria. Se têm maioria, dizem que precisam do Executivo. Se têm o Executivo, dizem que precisam do Estado ou do governo federal.
O mesmo rapaz interrompeu.
– Mas quando chegam lá não têm desculpa.
– Dizem que a culpa é do Judiciário. Ou então de outros países. Ou do sistema global.
Talvez sem saber, ela reproduzia um argumento da filósofa francesa Simone Weil, em um ensaio publicado em 1940.
Uma voz que vinha do auditório exclamou:
– Mas buscar o poder dessa forma é totalitarismo.
Silêncio.
Quando a reunião acabou, Marina ouviu alguém dizendo: "O partido é isso, meus amigos". Ela também tinha dúvidas. Depois da reunião, voltou para casa refletindo sobre o que havia sido dito. Era lugar-comum dizer que os partidos buscam o poder. Lutam para conquistar, depois para manter. Se queriam mesmo mudar o sistema, precisavam construir uma organização que operasse em bases diferentes.
No dia seguinte, leu no jornal que Lula havia convidado o aliado do tucano José Serra e então prefeito de São Paulo, Gilberto Kassab, para o aniversário de 32 anos do PT. A estratégia tinha objetivo duplo: reduzir a força do adversário PSDB e a dependência do aliado PMDB. A militância petista rejeitaria a aliança, mas Lula insistiria e, mais tarde, Kassab acabaria fazendo parte do governo de Dilma Rousseff. Era mais um exemplo de que programas de governo e valores ideológicos pouco importavam na disputa partidária. A conquista e manutenção do poder era mesmo o único valor. A política se reafirmava como a arte de puxar o centro de um lado para o outro, independentemente dos objetivos.
"Como sempre, fazem o que for necessário", pensou Marina. "É por

isso que precisamos de um projeto de nação. Não de um projeto de poder."

Na roda de conversa seguinte, também em São Paulo, ouviu alguém comentar espantado que a militância petista acabara se calando sobre a aliança com Kassab. Era a comprovação de que eles aceitavam que a busca do poder se tornara a única luta. A razão para qualquer concessão, fosse sobre uma aliança inesperada, um corte nos programas sociais ou a destruição do meio ambiente.

Um senhor magro e de cabelos totalmente brancos, decepcionado com seu antigo partido, reclamou:

– Conquistar e manter o poder. Só isso importa.

Um estudante de sociologia que estava do outro lado da roda foi quem respondeu:

– Há uma explicação para a flexibilidade em aceitar tudo. Não é totalmente culpa deles.

O senhor magro não pareceu convencido. O rapaz continuou:

– A política muitas vezes é árida. Para contornar isso, os partidos se transformam em fábricas de produzir paixão coletiva.

O senhor e outros pareceram interessados.

– As pessoas são movidas pela emoção. É o que faz com que elas apoiem uma causa. E isso é bom. Mas também dificulta a crítica racional, a autocrítica mesmo.

– Partidos parecem mesmo ser instituições horríveis – alguém comentou ao lado do rapaz.

– Mais ou menos. É uma expressão da condição humana. Depois de nos engajarmos em um tema, temos dificuldade de voltar atrás. E por ser uma construção emocional, raramente o fazemos sozinhos. Então, voltar atrás também significa ir contra os amigos. Ser crítico às vezes implica em uma severa punição emocional.

De qualquer maneira, a instituição partidária parecia potencializar aquela deficiência. Ser crítico tinha um preço. Não só um eventual cargo. Mas a admiração do grupo, o respeito do público ou dos amigos mais próximos, dependendo do nível de popularidade do indivíduo. Enquanto isso, abandonar a verdade podia não ter preço algum.

– Isso explica a razão de tanta gente insistir na cegueira.

Entre alguns integrantes da roda, a conversa teve o efeito de reforçar a resistência contra os partidos. Afinal, eram mecanismos que poderiam servir para falsear a percepção da realidade. Podiam impor uma visão de mundo específica, respostas prontas e mesmo uma linguagem própria. E era com essas lentes que se enxergava a realidade. Ou, de um modo mais cruel, nas palavras de Simone Weil: "Nada é mais fácil do que não pensar".

Em dado momento, Marina fez uma afirmação que parecia mover o debate daquele espírito analítico de volta para a construção de um novo modelo:

– Precisamos atualizar a política para que ela possa lidar com as crises que enfrentamos – disse. – Na essência mesmo, não só da maneira como ela é feita.

Ela se referia ao fato – do qual as pessoas do grupo tinham consciência – de que o mundo passava por um conjunto de problemas, uma crise civilizatória.

Uma crise política. Ambiental. Social. E também uma crise de valores. A política representativa parecia incapaz de resolver o problema.

– A gente pode fazer diferente – disse um rapaz muito novo, magro e de voz fina.

Marina tinha os dedos das duas mãos entrelaçados.

– Se for para montar um, precisamos que ele seja aberto para entender a realidade, um que seja capaz de fazer uma síntese.

Levantou a mão esquerda, com a palma para cima.

– Que tenha o melhor do humanismo e do socialismo de um lado – parou como se verificasse se a acompanhavam e levantou a outra mão.

– Mas também sem ter uma política de terra arrasada, que negue totalmente a realidade.

Não podiam começar do zero. Caso contrário, seriam mais um grupo de radicais sem relevância. O caminho precisava ser o do processo democrático, não uma revolução.

Ao lado dela estava um antigo companheiro, Pedro Ivo Batista, conhecido de Marina desde a época da fundação do PT. Trabalhou com ela no Ministério do Meio Ambiente e juntos foram para o PV.

Foi Pedro quem disse:

– Precisamos de uma proposta universalista, especialmente depois da crise ambiental.

Fez uma pequena pausa. Ele tentava expressar em palavras o sentimento de que a política precisa encampar um interesse difuso, não restrito a grupos específicos. Com os anos, o ativista político passara a se interessar pela teoria da complexidade, que revolucionara o pensamento do século XX. Do ponto de vista da ciência, essa teoria estava mais bem equipada para analisar as contradições tão presentes na realidade. Pedro acreditava que essa visão complexa poderia ser útil para superar o modelo atual, tão fragmentado e corporativista. Para ele, a política ainda estava parada no século XIX.

As rodas de conversa prosseguiram nos meses seguintes. Uma profusão de desejos e ideias, projetos incríveis e barreiras intransponíveis. Em meados de 2012, Marina participou de mais uma roda. Novamente na Crisantempo, o espaço que Zé Gustavo conheceu na primeira vez que encontrou o grupo e que pertencia a uma das participantes, a ativista cultural Gisela Moreau. Naquele dia, o lugar estava cheio. Não só a frente, que servia de palco, estava ocupada com cadeiras e pessoas, mas também boa parte do espaço do auditório.

Marina caminhou observando a diversidade que preenchia o local. Múltiplos perfis e pensamentos.

Havia nomes famosos e muitos anônimos.

Alguns preocupados com o meio ambiente e outros com a desigualdade social. E muitos deles com ambos, embora um e outro predominassem no discurso.

Gente de alta renda e gente chegando de ônibus da periferia.

Novos e velhos.

Cultos e de fala simples.

Uns cheios de experiência e outros ignorando tudo.

Em dado momento, um homem de quarenta e poucos anos, barba feita e dicção perfeita, fez uma declaração muito definitiva:

– Não é possível avançar se não discutirmos a reforma tributária e a reforma política.

Um rapaz de 25 anos, de óculos e barba, respondeu:

– Não é possível fazer nada se as minorias não forem defendidas, se o cidadão não tiver dignidade.

Uma mulher igualmente jovem disse:

– Não é possível mudar nada se o modelo não mudar.

O que os unia era o cansaço com o modelo atual, baseado no conflito de interesses isolados e nos jogos de poder dos partidos. Um após o outro, falaram o que desejavam. Pedro Ivo preferiu reforçar:

– O desafio é abandonar esse modelo antigo e encontrar um que represente essa realidade complexa, com tantas pautas importantes.

Alguém levantou a mão:

– Ok. Questão prática. Continuamos o debate para definir o modelo ou criamos o partido e aí construímos? Uma coisa de cada vez ou tudo ao mesmo tempo?

Nesse momento, o olhar de Marina recaiu em Lucas Brandão, um dos tantos jovens que haviam trabalhado intensamente na campanha em 2010. Ele ajudara a organizar as Casas de Marina, os comitês informais que se espalharam pelo país durante a eleição. Sem nenhuma estrutura tradicional ou apoio financeiro, o apoio espontâneo se traduziu em um grupo gigante, que chegou a envolver 30 mil voluntários. Era gente que nunca tinha tido vinculação partidária, nem tinha o desejo de entrar na política dessa forma. Se montassem um partido, como se relacionariam com essas pessoas? Como explicar a proposta daquele movimento, uma inovação, algo tão complexo que nem eles mesmos que estavam ali sabiam exatamente como iria funcionar? Como envolver a todos?

Além deles, havia os que preferiam permanecer na sociedade civil e lutar pela transformação sem se filiar a uma organização e escolher um lado. Quando criassem um partido, essas pessoas poderiam se afastar.

Ainda havia os jovens, que temiam perder espaço quando a organização fosse estruturada e que cada vez mais o grupo entendia como essencial. O grupo com mais experiência partidária poderia acabar assumindo a liderança. Como garantir a presença dos jovens?

Para além de todos aqueles grupos estavam a sociedade, os excluídos, as minorias. Mulheres. Pobres. Negros. Gays. Índios.

Se eles não participassem, dificilmente haveria solução. E se a política não servir para mudar o mundo, de nada serve. Até então, ela tinha perdido o poder de transformar.

Ela está impotente.

Pode fazer o que quiser, menos mudar o sistema.

"A política é a chave", Marina pensou. "Ela tinha o poder de condensar tudo, de mover as pessoas para trabalhar no tecido social."

A resposta estava nas pessoas. Queriam um partido em rede.

A rede daria a resposta.

CAPÍTULO 18

Menos oikos, mais eudaimonia

Com Zé Gustavo

Nos meses seguintes à reunião da Crisantempo, Zé Gustavo voltava a São Paulo sempre que tinha chance. Participava das rodas de conversa, ouvia pontos de vista diferentes, tomava contato com ideias como as do partido em rede. Embora já conhecesse vários dos conceitos, como consenso progressivo e horizontalidade, pela primeira vez colocava em prática um debate político "real", discutindo problemas nacionais com personagens que viviam a política profissional.

De semana em semana, chegou o dia do Eneap, na primeira quinzena de agosto, quando FHC, Lula e Bresser-Pereira de fato compareceram, ainda que por meio de vídeos gravados para o evento. O projeto "impraticável" de Zé Gustavo havia dado certo. Melhor ainda, Marina fora pessoalmente dar a palestra. E os estudantes ouviram todos aqueles nomes famosos falarem sobre a construção de uma agenda nacional para a administração pública brasileira.

Quando o evento terminou, Zé Gustavo habitava um território impossível. Seu projeto universitário havia concluído, deixando o vácuo da inatividade. Simultaneamente, sentia-se cheio de energia para mudar o país, consertar e concertar a gestão pública nacional. Estava entusiasmado para fazer política.

Mas nada fez. Ainda era um estudante, e o semestre apenas começava. Tinha que se conformar a voltar para as aulas, seguindo a rotina universitária comum. Não chegava a ser um sacrifício, pois era bom aluno e gostava de estudar. Entretanto, a ideia de participar de maneira direta o havia contaminado. Passou os meses seguintes planejando o que poderia fazer para participar, influenciar, ajudar de fato a mudar o Brasil. Sempre que podia, rumava para São Paulo, onde participava das reuniões em que se falava de como podiam tentar aproximar a política das pessoas.

Quando o semestre terminou, Zé Gustavo começou a planejar sua pequena revolução. Ela começaria pela cidade de Dois Córregos, a 120 quilômetros de São Carlos, onde tinha nascido. Com 25 mil habitantes, seria um excelente laboratório para outro projeto impossível: o lançamento do movimento da nova política, com a ambição de dar o pontapé em uma pequena revolução.

Ligou para um amigo da faculdade, José Francisco Mangili, que ainda morava em Dois Córregos e certamente toparia participar. E chamou outro, Eduardo Seino, que conhecera na Unesp. Não eram da mesma classe, tanto Francisco quanto Eduardo estudavam Ciências Sociais.

Chegaram à cidade na última quinzena de janeiro, um domingo. Francisco foi para a casa dos pais, enquanto Zé Gustavo dormiria na casa dos avós, que moravam em Dois Córregos. Chamou Eduardo para ficar com ele. Na segunda-feira, logo de manhã, foram até uma rádio local onde haviam conseguido espaço para falar sobre o movimento da nova política. Convidara a população, incluindo as autoridades locais, para participar de um encontro que aconteceria na noite seguinte. Seria apenas o primeiro. A partir daquele momento, contavam os dias para o lançamento oficial do movimento, que se daria três dias depois, na noite de quinta-feira.

No dia seguinte, terça-feira, começaram de verdade. Mais do que chamar no rádio, foram para a rua onde pretendiam atrair as pessoas para o encontro noturno. O ponto de partida escolhido foi a praça no centro, local onde gira a vida das pequenas cidades. Olharam em volta. Aquela era a vida real, longe das articulações do Congresso. Se desejavam mudar a política nacional, a mudança teria que acontecer em locais como aquele. Talvez o espaço curvo do poema de Haroldo de Campos passasse por uma infinidade de praças.

Sentiam que o local era adequado para se instalar. Foi em uma espécie de praça – a Ágora – que a democracia começou na Grécia Antiga. Era em praças que ela renascia na Primavera Árabe e na Europa naquele exato momento, como Zé Gustavo pudera presenciar. Seria em uma praça que ele começaria.

Estava quente, então decidiram instalar uma tenda de praia embaixo de uma árvore. Em uma mesa, colocaram frutas, como maçã, manga e banana. Queriam dar aos passantes a ideia de que algo estava acontecendo ali. Algo diferente. Três jovens vestindo camiseta e bermuda debaixo de uma tenda azul.

A seu favor, o ritmo tranquilo das pequenas cidades do interior. As pessoas passavam e eles as abordavam.

– Você teria um momento para falar sobre política?

A pergunta era esquisita. Se o passante fosse um dos participantes do Fórum Social de Oded, a reação poderia ser positiva. Poderia responder com esperança.

Se o passante fosse um dos participantes da política que Marina e Cristovam encontravam em Brasília ou Xico em São Paulo, a reação poderia ser fria, embora polida e protocolar.

Ali não, quem passava normalmente reagia com estranhamento e confusão, vez ou outra com um ligeiro toque de resistência. Naquela praça estavam os cidadãos comuns, para quem a política era algo negativo e distante. Ao ouvir a pergunta dos três jovens, as pessoas balançavam a cabeça e seguiam em frente.

Um dos consensos nacionais é que a política é podre. São esquemas, conchavos, manipulação, negociatas. Mas não se trata de uma postura exclusivamente brasileira, nem mesmo um mal da modernidade. O desinteresse pela política parece ser inerente à democracia. Já na Grécia Antiga, Platão alertava que, detentor do poder na democracia, o cidadão comum não desejava fazer parte dela. Preferia cuidar dos seus afazeres individuais, domésticos e particulares. De onde vem a palavra economia, *oikos* (casa) e *nomos* (gerir, administrar). Ou administração da casa. Nos dias de hoje, é a preferência que todos têm por cuidar da carreira, juntar dinheiro para comprar um carro ou fazer uma viagem com a família.

Parte fundamental da mudança que Cristovam Buarque vislumbrava com sua mania pela educação era transformar o brasileiro em um cidadão consciente. As políticas sociais tinham tido sucesso em converter alguns milhões de brasileiros em consumidores, mas não em cidadãos interessados e capazes de fazer política.

Assim, quase sem perceber, Zé Gustavo e os amigos passavam a integrar o grupo de Cristovam, Oded e outros personagens dessa narrativa na sua tentativa de metamorfosear politicamente a população. Como argumento, a ideia de Aristóteles, de que o ser humano só pode ser feliz fazendo política. E que somente por meio da interação com a comunidade se pode explorar ao máximo as habilidades e ser plenamente humano, ir além desse individualismo redutor de viver restrito ao *oikos*. Para exprimir essa ideia tão particular, os gregos davam o nome de eudaimonia. Era o que eles entendiam na época por felicidade.

Os três amigos passaram o dia ora se protegendo do sol, ora debaixo dele abordando as pessoas que evitavam o centro da praça. A abordagem ia além de uma conversa abstrata sobre política. Ao conseguir a atenção de um jovem, diziam:

– Nós vamos nos reunir hoje à noite com quem tiver interesse em conversar sobre política.

As pessoas olhavam ainda mais intrigadas.

– Hoje?

– Sim! Acreditamos que muita gente estará lá – complementavam com um sorriso largo e confiante. – Vamos falar de uma nova forma de fazer política, é o Movimento por uma Nova Política.

A pessoa já se afastava.

– Você gostaria de ir?

Outra pessoa se aproximava.

– Oi, tudo bem? Nós representamos um movimento suprapartidário...

– ...?

– A ideia é aprofundar a democracia, falar de sustentabilidade...

Naquele primeiro dia, não obtiveram mais do que meia dúzia de pessoas vagamente interessadas, mais outro tanto de "talvez". Não esmoreceram.

À noite, rumaram para um centro de idosos da pequena cidade, local onde a presença daqueles jovens havia sido solicitada. Era um chamado específico, queriam atrair os mais novos por serem mais abertos à possibilidade de um mundo melhor. Por serem menos amargos. Por terem a capacidade de habitar outra morada e enxergar a utopia, de desconstruir a realidade e dar importância para o que é invisível para os outros. Enfim, de questionar e repensar o sistema político vigente.

Todos se sentaram em uma roda, e Zé Gustavo explicou rapidamente a nova política. A proposta: aumentar a participação dos cidadãos. O meio: estabelecer reuniões periódicas, com debates e discussões. Se possível, com a participação das autoridades locais, mas sem ser pautado por elas. A meta: uma política mais ética, com mais valores. Queriam mais pessoas boas na política, queriam que os jovens se interessassem.

Ninguém pareceu compreender completamente o objetivo do que faziam ali, todo o potencial existente para mudar a vida cotidiana, mas em breve entenderiam na prática. A seguir, perguntou sobre qual era a expectativa que tinham sobre o encontro. E então entrou no tema central:

– Para vocês, quais são os principais problemas da cidade? Essa era a essência do encontro. Ouvir.

Desenvolver a capacidade de concentração e compreensão é um dos grandes desafios para a melhoria da qualidade do debate público. O problema já existia no berço da democracia, na Grécia Antiga, quando o poder público pagava aos cidadãos para ficarem sentados o dia inteiro ouvindo os discursos dos políticos. Mais do que isso, pagavam para ficarem três dias assistindo às tragédias gregas, de modo a desenvolver a capacidade de compreensão do discurso.

O equivalente a isso nos dias de hoje seriam as TVs educativas, que infelizmente não têm grande audiência. Por isso, aquela iniciativa era surpreendente. Duas dezenas de pessoas agora estavam ouvindo sobre os problemas da cidade. Depois de meia hora de conversa, conclusões e ponderações, uma lista dos problemas apresentados foi repetida para todos os presentes, questões fundamentais em que as clássicas noções de esquerda e direita faziam muito menos sentido. Era o primeiro passo.

Se queriam mudar a política, todos tinham que fazer parte disso. Das pequenas cidades às grandes capitais, todos tinham que fazer parte dessa história.

Ao final, Zé Gustavo convidou a todos para um filme que seria passado na praça na noite do dia seguinte, quarta-feira. E para um encontro final no outro dia, na noite de quinta-feira.

Passaram a quarta-feira entregando mais panfletos na praça. À noite, o filme. Na quinta-feira, grande dia, passaram a manhã planejando e, à tarde, de novo abordando as pessoas na rua. Demonstravam uma alegria missionária, embora a palavra oferecida aqui fosse laica. Mas – de certa forma – era uma palavra de fé. Enquanto as pessoas iam para a igreja ao lado da praça, eles as abordavam. Na saída, novamente. Talvez o espírito religioso ajudasse.

Enfim, a noite notável, o momento fundamental. Chegaram ao local e dispuseram as cadeiras em círculos concêntricos, deixando cinco no centro. Enquanto faziam isso, soaram as seis horas da tarde. Ninguém havia chegado ainda, talvez porque lá fora chovesse torrencialmente. Tiveram medo de que viesse ainda menos gente do que na primeira noite, logo agora que lançariam o movimento.

Afinal, chegou um senhor de cerca de 50 anos. Ele se apresentou dizendo que era vereador. Se alguém estava falando de política na cidade, ele queria falar também. Chegaram mais algumas pessoas. Já eram quase 18h30 e os três decidiram que era melhor começar. Zé Gustavo pediu que todos se sentassem nas cadeiras colocadas ao redor do centro. Uma jovem estava sentada em uma das cadeiras do centro, e um dos amigos perguntou se era melhor pedir para ela sair. Um dos amigos respondeu que não, depois explicariam como ia funcionar.

Primeiro, Zé Gustavo começou a falar mais uma vez sobre o que era o projeto e o que haviam feito nos últimos dias. Então, antes de pedirem para as pessoas se manifestarem, os jovens explicaram como ia funcionar. Usariam uma forma de conversação conhecida como aquário, que tinha como principal objetivo a participação e opinião de todos. Ninguém ficaria excluído.

– Estão vendo essas cinco cadeiras em círculo no centro?

Todos olharam.

– Este é o aquário.

Uns sorriram, outros fizeram cara de confusos.

– Na hora de falar, a pessoa vai se sentar ali. Quem não estiver ali, não fala. Tem de esperar a vez. É simples, mas talvez seja melhor começar e a gente vai entendendo enquanto faz. Quem quer começar?

Um homem levantou a mão, e Zé Gustavo apontou a cadeira do meio. Ele sentou, explicou que também era vereador e seria candidato a prefeito dali a alguns meses. Enquanto falava, as pessoas compreendiam o mecanismo do aquário e sua linguagem corporal demonstrava que elas também queriam ocupar o centro. Parte delas não estava ouvindo, só queria falar. Mas a maioria ouvia com atenção, em um tipo de interação estranha ao cidadão comum, quase considerada uma extravagância. Muito se fala de política por meio das relações virtuais na internet, mas o que se faz por lá guarda pouca relação com o debate real. Nas redes, os indivíduos se desumanizam e facilmente se agridem. Naquele dia em Dois Córregos, as pessoas olhavam as faces umas das outras e se conectavam.

O francês Emmanuel Levinas estabelece a relação cara a cara como o fundamento de toda a ética e mesmo da filosofia. A face nos lembra que interagimos com um ser humano, oferece a possibilidade de perceber o outro não mais como um obstáculo ou um inimigo. É a revelação da própria humanidade.

Quando o primeiro terminou, o vereador que havia chegado primeiro se dirigiu para a cadeira. Sentou e falou um pouco sobre o trabalho que fazia, como defendia a educação. Passava dos três minutos do início da fala quando uma jovem mulher, menos de 30 anos, levantou o braço pedindo para falar também. Zé Gustavo fez um sinal para o vereador de que o tempo havia acabado.

Portando um sorriso que não contrastava com a rigidez do rosto, o político saiu do aquário, obviamente contrariado. Não tinha compreendido a questão do limite de tempo. Sentou atrás de todos, com os braços cruzados. Ficou observando sentar em seu lugar uma mulher. Estava acostumado a ocupar um púlpito e agora presenciava uma cidadã comum usar o mesmo lugar em que ele tinha discursado. Prontamente ela sentou na cadeira ainda quente e começou a criticar a fala do homem. Após 30 segundos, o vereador – lá de onde estava sentado mesmo – disse:

– Na verdade, nossa política...

Zé Gustavo se adiantou, pedindo ao vereador que deixasse a mulher continuar. A regra tinha de ser seguida. O político se calou e a nova política continuou.

Os três amigos observavam fascinados os políticos profissionais inquietos e colocados em uma situação que lhes era inédita. Outros dois vereadores, também candidatos a prefeito, falaram, mas se descobriram minoria dentro do grupo dos habitantes de Dois Córregos presentes. Fora da política velha e dentro da nova, os cidadãos se descobriam ouvidos. E, fala após fala, eles se olhavam, concordavam e discordavam. Havia pontos de vista diferentes, mas ao menos eles estavam saindo de si e ouvindo o outro. Habitavam uma outra morada, praticando o que Oded Grajew tinha por ideal.

De certa forma, preenchiam temporariamente uma enorme lacuna na democracia brasileira, a ausência de uma cultura do debate público local. No século XIX, o francês Alexis de Tocqueville escreveu que uma das bases da democracia americana era a prática de se reunir em associações de bairro e de classe, o que educava o cidadão para o debate, fazendo refinar o discurso e desenvolver a tolerância de ouvir o outro.

Naquela política local, da praça, do buraco na rua, de reclamar do barulho indevido nas altas horas, estava a ressurreição da ágora grega. Não seriam atacados por cidades vizinhas, mas podiam fazer da comunidade um lugar melhor e interagir com o outro, desenvolver a tolerância e a eudaimonia grega.

Quando o evento terminou, todos os participantes vieram apertar a mão dos três amigos. Nunca tinham vivido nada parecido com aquilo. De alguma forma, os cidadãos de Dois Córregos haviam revivido o que Aristóteles escrevera quase 2.400 anos antes.

No dia seguinte, foram chamada de capa no jornal local: "Projeto Nova Política".

Zé Gustavo havia plantado uma pequena flor.

CAPÍTULO 19

Vozes em conflito

Com Marina Silva

– Chamado "Existe amor em São Paulo".
A frase do rapaz chamou a atenção da menina.
– Você foi no sábado? – ela perguntou.
A conversa vinha de um grupo do outro lado da roda. Marina havia acompanhado a eleição, impressionada pela movimentação quase suprapartidária que movimentou as ruas. Para ela, era um exemplo do novo ativismo político que se tornava cada vez mais forte, uma energia diferente, de pessoas descrentes em relação à política institucional. Várias pessoas do grupo haviam participado e apoiado o "Existe amor em São Paulo".

A dúvida era se essa energia podia ser transportada para um partido político. Naquele movimento, o grupo do qual ela fazia parte estava imerso em um profundo debate sobre como produzir esse elemento absolutamente novo na política institucional, que não tinha muita permeabilidade às manifestações. E era um debate que ocorria no mundo inteiro, dos parques do *Occupy* em Nova York às praças espanholas e gregas. Na semana anterior, o Partido do Homem Comum havia sido fundado na Índia. Alguns daqueles movimentos também acabariam gerando partidos; uns acabariam por aderir a práticas antigas, outros se converteriam em novas entidades ideologicamente dogmáticas.

Um homem magro e baixo disse:
— Nosso principal desafio é evitar essa degradação, a tendência de todo grupo de se acomodar, de concentrar poder, de aderir à velha forma de fazer política. Ou de simplesmente se desmontar ou rachar.
Um rapaz de camiseta e calça rasgada interveio:
— Concordo. E mesmo a mídia não ajuda muito, ela dificulta as práticas inovadoras.
"De fato", pensou Marina. A mídia e a opinião pública mais tradicional enxergavam a política por meio de lentes antigas. Antes de vir para a roda de conversa, ela tinha lido no jornal um articulista comentando que aquele grupo que tinha se espalhado pelo país durante as eleições de 2010 agora se organizava para criar um partido. Era verdade. O problema era o enfoque. O texto dava a entender que era o "partido da Marina". E que não era novidade, que fazia parte da tradição brasileira uma liderança se desvincular de um partido e criar um novo. "Nenhuma menção às ideias novas, à horizontalidade, à tentativa de renovar a política", pensou. "Se a mídia não compreende e não aponta essa diferença, como explicar para a população?".
Ao mesmo tempo, agrupamentos horizontais e suprapartidários eram menosprezados pela mídia tradicional. Por exemplo, o Movimento pelo Passe Livre (MPL), fundado em 2005 no Fórum Social Mundial. De lá para cá, tinham realizado manifestações em todo o país, diversas vezes conseguindo evitar o aumento nas tarifas. No ano anterior, tinham conquistado o passe livre estudantil no Distrito Federal. Eles também eram uma prova desse novo ativismo. E eram repetidamente desprezados pela mídia.
Para muitos no grupo de Marina, era fundamental se conectar com esses movimentos e outros núcleos vivos. Lideranças indígenas de Roraima, ambientalistas do Sudeste, socialistas do Nordeste, socialdemocratas do Sul. Movimento feminista, ativismo negro, além do movimento estudantil – mesmo que naquele momento ele parecesse inerte ou cooptado por partidos.
Um homem muito alto e com alguns poucos cabelos muito brancos achou por bem esclarecer.
— Conversar com todo mundo não significa aceitar todas as posições – ele sorria de um jeito acolhedor e tranquilo. – Significa estar aberto ao diálogo. Política é isso, negociar e conversar com quem pensa diferente de você.
Nesse momento, uma jovem de cabelos curtos aumentou a voz em uma conversa paralela, onde falava sobre como era difícil trazer a população para a política:

– Porque a política precisa ser mais do que a decisão sobre o nome dos governantes. Precisa ser a real participação.

Era exatamente isso.

Fazer parte da história.

Ocupar a política.

A questão era como fazer, não só conectar os grupos ativos, mas também envolver a população na política. Havia muitas barreiras além da falta de interesse que Zé Gustavo enfrentara em Dois Córregos. A começar pela maneira de chegar até as pessoas, o que exigia algum tipo de organização. No início da década de 1980, o PT havia feito uma revolução na política. Era um momento similar, de abertura, de possibilidades e esperança. Mas só conseguiram fazer isso porque contavam com canais de comunicação e agregação.

– O que realmente mudou é a maneira de se encontrar, de chegar nos ativistas – disse um dos participantes, que havia presenciado a fundação do PT.

– Como?

– Eles tinham os sindicatos e as comunidades de base.

De fato, dali surgiram boa parte dos militantes, que se encontravam presencialmente e iam para as ruas em época de eleição fazer o corpo a corpo.

Agora, tudo era diferente. Estavam lidando – e querendo se relacionar – com uma base de interessados muito mais difusa. Ao mesmo tempo, as antigas estruturas haviam sido instrumentalizadas e se provado limitadas em seu interesse restrito. Não poderiam seguir pelo mesmo caminho nem se quisessem. Por isso, em vez das estruturas sindicais, usavam a tecnologia para ampliar o alcance do diálogo e alcançar os públicos mais variados.

Depois das longas rodas de conversa nos fins de semana, iam para casa e continuavam o debate nos fóruns virtuais. Quem podia, pegava avião, carro ou ônibus para se encontrar nas capitais – Brasília, São Paulo, Rio de Janeiro ou em várias outras. Quem não podia, acompanhava pela internet as reuniões em longas transmissões virtuais. Ainda faziam ligações telefônicas, mas também mandavam e-mails e trocavam mensagens escritas no celular. Se aquela movimentação realmente resultasse em um partido, seria o primeiro a ter sido organizado utilizando as novas tecnologias de comunicação.

Na reunião seguinte, estavam para começar quando um rapaz muito simpático, de cabelo bem fino e óculos quase transparentes, disse:

– Podemos esperar mais 15 minutos? Tem um grupo grande vindo do interior e eles acabaram de mandar uma mensagem dizendo que estão chegando.

As pessoas, algumas ainda dispersas pela sala, deram respostas esparsas. Esperariam.

A pergunta simples encerrava uma série de considerações fundamentais quando se trata de um grupo verdadeiramente horizontal. Alguns membros vinham da periferia ou de outras cidades e não conseguiriam chegar tão cedo. Era uma questão prática e trivial que colocava a mobilidade urbana como fundamental para a participação política. Boa parte da população passava quatro horas por dia no transporte público. Como encontrar tempo para participar da política? Para cada reunião. Para ler propostas. Para estudar conceitos.

Democracia toma tempo. Quem quer participar precisa se dedicar. A maioria da população considera a política complicada ou simplesmente tediosa.

Mesmo para os interessados havia o desafio. Quem não fosse profissional e vivesse de outra atividade precisaria sacrificar seu tempo livre para tratar de política. Ali no grupo, a esmagadora maioria não era político profissional. Tinham que ganhar a vida e seguir a vida. Queriam a eudaimonia, mas cuidar do *oikos* se impunha.

Quem tem tempo? Uma tinha que assistir ao jogo do filho. Outro tinha que cuidar da mãe doente. Outra, que terminar um projeto do trabalho. Outro, aproveitar uma oportunidade de viagem. A política ficava para o intervalo da vida.

Na camada seguinte, vinha o conhecimento especializado, tanto das pautas como do próprio sistema partidário. Quem detém essa vantagem acaba influenciando mais. É a atração do antigo que é eficaz, mas que mantém seus vícios.

Alguém dizia:

– Mas não é assim que se faz, eu sei como funciona.

E alguém respondia:

– Sabe como funciona na velha política.

Uma voz grave e rouca interferiu:

– E quem define a diferença entre o que funciona e vai continuar funcionando e o que tem que ser mudado?

– O processo do diálogo fabrica o novo e o torna legítimo – respondeu o rapaz de cabelo bem fino e óculos. – Pode ser lento e caótico, mas vai ser mais rico que a produção individual, por melhor e mais capacitada que esta seja.

Era a ideia de uma construção coletiva, em que o resultado é maior do que a simples soma das partes. É na interação entre todos – os que sabem e os que não sabem – que a mágica se produz. Que se abandonam as verdades absolutas e os dogmas.

A voz rouca insistiu:

– Mas política exige rapidez, não? É importante conseguir resultados.

O rapaz de cabelos finos deu uma pausa. E continuou, com sua costumeira fala rápida:

– Sem dúvida. Mas há aí duas considerações importantes. Primeiro, nem sempre a decisão tomada mais rapidamente é a melhor decisão. Segundo, as pessoas se reconhecem melhor na decisão quando ela é tomada por meio de um consenso progressivo. É mais longo, desgastante, mas pode ser mais sólido e verdadeiro.

No centro, o debate sobre a velocidade na tomada de decisões. Toda organização iguala eficiência com estrutura deliberativa rápida. Entretanto, o desafio fundamental não era obter velocidade. Caso contrário, seria realmente mais um partido. Nesse ponto, o jovem que havia atuado intensamente nas Casas de Marina – Lucas Brandão – interrompeu.

– Eu concordo. E acho fundamental um consenso formado de maneira progressiva e coletiva, em um debate horizontal. A questão é como conciliar uma estrutura vertical com a horizontalidade – disse.

– Eu acredito que um "partido movimento" terá que ser um híbrido entre o modelo vertical e o horizontal – opinou Pedro Ivo.

Não era a primeira vez que alguém manifestava aquela opinião. Quase tudo que estava sendo dito nas rodas de conversa já tinha sido mencionado em algum outro momento, outra roda, em um fórum virtual ou conversas de pequenos grupos. E seria comentado novamente, até quem sabe virar realidade.

A conversa continuou até pouco depois das 18 horas, quando a maioria percebeu que já estava atrasada para seus outros compromissos. Marina se despediu e foi para casa refletir sobre o que havia sido dito. O debate fora profundo e abrira espaço para questões importantes. Entre elas, a de que abrir espaço para a voz do coletivo era insuficiente. Algumas das piores ações da humanidade foram realizadas por grupos plenamente alinhados em seus objetivos: da morte de Sócrates na Grécia Antiga à Noite dos Cristais na Alemanha, da condenação de Jesus aos crimes da Ku Klux Klan. Não bastava o consenso, era necessário ter método racional orientado por valores éticos muito claros.

Até porque – se realmente queriam construir algo diferente –, deviam estar preparados para não cair no caminho fácil de propor uma identidade simples, de cair na tentação populista de empobrecer questões complexas. Deviam estar prontos para se deixar pautar pelos movimentos sociais e pela sociedade civil, sempre dentro de um debate informado. A linha era tênue.

Com tantas armadilhas pelo caminho, pareciam estar andando em cordas bambas. Corriam o risco de cair no populismo de um lado ou no imobilismo que não desagrada ninguém de outro. Também podiam se quebrar em grupos internos. Ou suprimir as divergências e provocar o fim do debate. Todos esses riscos eram reais.

A questão dos valores voltou à pauta algumas semanas depois. Dessa vez, a roda de conversa fazia uma meia-lua, com todos virados para uma pequena mesa, onde alguns convidados iniciaram o encontro com falas curtas. Uma mulher de cabelos grisalhos e encaracolados concluiu a apresentação e abriraram para perguntas.

Um rapaz que nunca tinha se manifestado nas rodas ergueu a mão:

– A senhora falou uma expressão que eu já ouvi antes. Imperativo...

A mulher sorriu e tirou os óculos para limpar, como se quisesse enxergar melhor o rapaz. O gesto a fez parecer ainda mais uma professora.

– ... categórico.

– Isso – o rapaz sorriu.

– Ok. Esse é um termo de um filósofo alemão chamado Kant. Mas antes de eu explicar, quero que pensem no seguinte: vocês acham que tudo pode ser discutido em um coletivo?

Fez uma pausa pequena, mas retomou rápido porque a pergunta parecia retórica.

– Ou seja, há limites? Há opções que nunca devemos colocar em questão? Por exemplo, se o coletivo achar razoável defender a pena de morte, isso é válido? Ou se todo o coletivo for favorável a um linchamento?

Várias vozes se ouviram, as pessoas queriam responder.

Ela retomou, pois queria responder a dúvida específica do rapaz. Explicou que, para Kant, um ato seria ético caso pudesse ser seguido por todos os seres humanos sem tornar a sociedade inviável.

– Não estou dizendo que todos esses exemplos sejam interditos. Ou que não são. É para reflexão.

Fez uma pausa muito curta, quase o tempo de uma respiração, e continuou:
– Imaginem uma sociedade onde todos mentem. O tempo todo.
Outra fração de pausa.
– Não funciona, certo? Sem um mínimo de confiança não há civilização. Ou uma sociedade em que todos roubam. Vira o caos.
O rapaz levantou a mão de novo. Parecia mesmo tímido.
– Então é isso o imperativo? Coisas que não podemos fazer mesmo que todo mundo aqui queira?
– Imperativo categórico. Sim. É uma linha que não se pode ultrapassar. Mas, além dos imperativos óbvios, nós precisamos decidir que linhas são essas para esse grupo. Decidir quais são nossos valores.
– Alguns são fáceis. Lutar pela igualdade social. A defesa do meio ambiente. Uma remuneração melhor para os professores.

Dessa vez várias vozes foram ouvidas, parecia que o grupo queria decidir ali mesmo quais eram os valores fundamentais. Durante alguns minutos, várias pessoas falaram, cada uma dando uma definição de como aquilo deveria ser elaborado, quais seriam os princípios e a visão do partido que desejavam criar. Não era a primeira vez que discutiam aquilo e certamente não seria a última.

Um homem muito magro se esticou todo na cadeira como se quisesse aumentar o tamanho de seu argumento. Uma mulher de cabelos pretos se levantou, pois queria ser ouvida. Até o rapaz tímido entrou novamente na conversa, querendo reforçar seus pontos. Apesar da empolgação, havia ali mais afinidades do que discordâncias. Talvez porque boa parte dos membros viesse do ativismo social. Assim, eram enfáticos na necessidade de reduzir a desigualdade, em combater o preconceito e em defender o direito das minorias.

Uma outra grande parte vinha dos movimentos ambientalistas, então eram enérgicos ao insistir na urgência de uma economia sustentável. Naquele momento, uma quantidade considerável compartilhava dos dois valores. Principalmente pela consciência de que ambos estão relacionados, e quem sofre primeiro quando o meio ambiente é prejudicado são justamente os mais vulneráveis.

Esses dois valores se interligavam profundamente, pois não poderia haver justiça social sem um modelo sustentável.

Por sua própria essência, a sustentabilidade leva em consideração o coletivo, a comunidade, os recursos que devem ser compartilhados por todos. Não só hoje, mas para garantir a sobrevivência das gerações futuras. Essa conexão explicava bem os valores do grupo e tornava mais fácil de entender o tipo de organização que se construía, uma que refletisse o cuidado de pensar no outro. E que exigia um sistema de decisões que levasse em conta o grupo.

Na reunião seguinte, entrou na pauta um desafio para as intenções pacíficas e gregárias daquela organização que se formava. O grupo chegou, todos sentaram e a conversa começou. A primeira fala foi de Marcela, que havia ido trabalhar no Instituto Democracia e Sustentabilidade (IDS). Ela defendia a criação de uma plataforma de propostas, um espaço para pessoas de diversas localidades poderem contribuir com o debate. Não era um movimento novo, pois desde a campanha de 2010 aquele grupo discutia propostas. O que se queria agora era manter a conversa viva, para que o partido nascesse com um projeto de nação. Um caminho para alcançar um Brasil sustentável.

Quando se trata de discutir uma organização inovadora na teoria, a tarefa é complexa – e talvez inalcançável –, mas menos propensa a causar conflitos graves. A teoria não fere. É na hora de usar palavras como livre mercado ou regulação estatal que surgem as desavenças.

Em geral, uma discussão padrão sobre o assunto inclui frases como:
– O estado é um fracasso, nunca vai gerenciar melhor do que...
– Ah, então você acha que o deus-mercado realmente pode resolver tudo e...
– Não, só que o socialismo já se provou uma tragédia...
– E o capitalismo é uma maravilha, claro, com toda essa...

Diante de palavras que soam como ofensas, o sarcasmo surge como ferramenta aceitável. Nessa hora, é difícil usar conceitos como "diálogo" ou "troca de ideias" para qualificar essas batalhas verbais.

No caso do Movimento pela Nova Política, o debate era facilitado pelo perfil dos participantes mais assíduos, que raramente defendiam extremos. Muitos também se inspiravam em sociedades antigas, como o bem viver dos povos guarani, que seguiam uma vida coletiva em harmonia não só com a natureza, mas também entre si. Essa filosofia estimulava a convivência e o diálogo tranquilo.

Marina decidiu fazer um aparte, reforçando que era importante atrair as pessoas para a construção coletiva. Era o cerne do que todos ali desejavam, a essência do que era a nova política. Contribuir. Fazer parte.

No fim, alguém perguntou:

– Todo mundo pode participar?

Ainda havia uma certa dúvida com relação ao processo de construção coletiva. No princípio, a ideia de que todos devem ter voz. Mas – sentimento humano – algumas pessoas sentiam que não tinham tanto espaço dentro do debate.

– É justo que uns apareçam mais do que outros?

"Sempre os mesmos", era o sentimento de quem queria participar e não se sentia acolhido. Uma cena que ocorria eventualmente, senão ali, pelo menos em algum coletivo pelo Brasil. "Por que eu não estou sendo ouvido da mesma forma?".

Não era maioria, mas acontecia. Aqui e ali, um ou outro participante se ressentia de ter um espaço menor do que desejava, ancorado na ideia da horizontalidade. Mas não há organização absolutamente horizontal, pois é impossível evitar que alguns se manifestem mais e melhor. O grupo sempre se esforçava em criar mecanismos para mais pessoas participarem e serem ouvidas.

Havia um equilíbrio a ser atingido, nada óbvio, e que não poderia ser facilmente solucionado pelo embate, competição e disputa. Precisavam garantir a cidadania de todos, mas aceitar o fato de que – em alguns casos e temas – haveria *hubs* naquela rede. Na tecnologia, o *hub* (que significa "pivô" em inglês) é um equipamento que conecta os computadores uns aos outros. Ou seja, para existir, a rede precisa de pontos especiais, com funções diferentes dos outros pontos.

Mas há uma linha tênue aí: quando o *hub* se torna um líder carismático? Um líder que impõe suas opiniões para o coletivo, pela simples influência sobre as mentes. Quando o *hub* reforçava a concentração de poder descrita na Lei de Ferro da Oligarquia? Para evitar esse tipo de efeito, na maioria das vezes Marina preferia abrir a discussão sem declarar qual era sua posição.

Mesmo com todo o cuidado e processos igualitários, fatores como renda, tempo, conhecimento e formação acabavam se reforçando entre si e concentrando o poder. Quem não tinha, se tornava menos cidadão. Volta e meia, a questão pairava nas mentes, acumulando energias que não beneficiavam o processo de decisão.

Como já era tarde, a reunião foi encerrada. Quando Marina chegou em casa, abriu o jornal e deu de cara com uma reportagem falando do "partido de Marina". Apesar de ser comum, a caracterização ainda incomodava. "Só quem não participa dos encontros pode achar que este é mais um partido com um dono", pensou. Sem dúvida, ela ocupava uma indiscutível posição de liderança nacional dentro do grupo. Quem observava de fora nem sempre enxergava um movimento inovador na política. Muitos jornais falavam do "grupo político de Marina Silva". Aí residia uma ambiguidade fundamental: a força política que se fundamentava na horizontalidade dispunha de um dos maiores quadros políticos do país, só superada pelo ex-presidente Lula.

Entre os membros mais imbuídos do desejo de criar um "partido em rede", ficava a pergunta: como construir algo novo inspirado por uma figura carismática como Marina, tão fundamental para inspirar as pessoas, sem cair no personalismo? Como utilizar a força de uma liderança com imagem nacional sem que observadores externos digam que é o "partido da Marina"? Sem que ignorem o mais importante, a tentativa de criar um partido horizontal?

Ela estava ciente disso, já havia tentado se afastar da liderança, dando espaço para outras candidaturas surgirem. E faria o mesmo de novo no futuro. Entretanto, o grupo político sempre voltava a olhar na direção dela, nela depositando suas esperanças. Uns pela crença no seu compasso ético, outros pelo histórico na defesa do meio ambiente, outros por confiarem em uma nova visão política e outros simplesmente por não verem alternativa melhor.

A questão óbvia era em qual momento essa admiração seria substituída por uma nova identidade partidária. A partir de qual marco a crença em um líder seria sobreposta por uma cultura horizontal sólida, capaz de dirigir o movimento e realmente se conectar com a sociedade civil. É possível – e até provável – que a inspiração de líderes carismáticos nunca deixasse de ser fundamental. O ser humano carrega essa necessidade de buscar referências. Tanto técnicas, por não possuir todo o conhecimento em todas as áreas, como morais. Todos buscam compassos éticos, modelos de comportamento, visões de mundo com as quais se identificam e a partir daí passam a confiar, muitas vezes cegamente e sem precisar refletir.

Para uns é Lenin, para outros Ronald Reagan. Pode ser Barack Obama, Fernando Henrique Cardoso, Luiz Inácio Lula da Silva ou qualquer outro líder político. Pode ser um cantor da MPB, um jogador de futebol, ator de novela ou alguém que publica vídeos no YouTube. Pode ser seu pai.

No caso dos políticos, primeiro vem a crença e a confiança. Com o tempo, cria-se um vínculo emocional. Tão agradável quanto torcer para o mocinho e detestar o bandido. Tudo que conforta e exime de pensar. De novo Simone Weil: "Nada é mais fácil do que não pensar".

A questão era não deixar esses modelos imporem suas vontades ao grupo, o que qualquer líder tradicional faz naturalmente, acreditando lutar pelo que é melhor. Como equilibrar essas necessidades?

Uma referência possível era o pensamento do antropólogo francês Pierre Clastres, expressado em seu livro *Sociedade contra o estado*, no qual ele mostra que na tribo indígena guayaki o líder tem muito prestígio, mas pouco poder. Sua função seria lembrar a tradição. O desafio seria atualizar essa construção, o que significa desenvolver uma tradição aberta ao novo, sem que isso fosse uma contradição em termos. Porque os valores a serem respeitados seriam somente a empatia, o diálogo e a compaixão como ferramentas de construção. E a ética e a justiça social como objetivos.

Como utopia, era um projeto encantador. Restava saber se era viável.

CAPÍTULO 20

Existe amor em São Paulo

Com Wesley Silvestre

Wesley jogou metade do corpo comprido fora da janela da casa em que morava, de onde podia ver a Escola Estadual Francisco Alves Mourão. Fez um sinal para o amigo, que o esperava impaciente lá embaixo. Estavam atrasados para a manifestação, iam para a Marcha da Maconha.

O jovem de 25 anos se convencera nos últimos anos de que valia a pena lutar pelo fim da guerra às drogas. Como em outras regiões da cidade, o tráfico sustentava o crime na Cidade Ademar. E cooptava a juventude, sendo que o bairro liderava entre os que mais enviavam jovens para a Fundação Casa, antiga Febem. Todos os dias, centenas de jovens eram mortos em todo o país em decorrência do tráfico. Quase todos negros e pobres como Wesley.

Ali não era diferente. Tiroteios entre policiais e traficantes ou entre as próprias gangues eram comuns. Bem como apreensões de drogas, que nada faziam para reduzir o crime e a violência. Prisões de nada adiantavam, pois as lideranças eram substituídas rapidamente. Não fazia sentido continuar apostando na repressão se ela não reduzia o problema. Só causava mais mortes.

– Peraí, tô descendo.

Wesley se sentia vivo. A militância política se tornara fundamental para ele, que vivia como os gregos antigos, exercendo sua humanidade por inteiro ao interagir com sua comunidade. O Jardim Apurá era sua *pólis*. O problema era que a ágora, o local político onde podia influenciar o destino de sua comunidade não era ali, demoraria cerca de 2h30 para chegar.

A periferia não era somente geográfica, era uma periferia política, onde estavam excluídos de cidadania, de serviços e da participação no debate público. Tudo acontecia no centro expandido: as passeatas, os debates e a própria confecção das leis, fosse na Câmara dos Vereadores, fosse na prefeitura.

O aspecto geográfico potencializava tudo isso. Wesley e o amigo estavam atrasados para a passeata. Deveriam estar na Avenida Paulista às 15h e já eram quase 14h. Saindo dali, do Jardim Apurá, extremo sul de São Paulo, não chegariam à região central da cidade a tempo. Lembrando disso, enfiou na boca o restante do pão do café da manhã atrasado e pulou pela janela, que ficava a 2,5 metros do chão. Com seu corpo esguio e 25 anos de juventude, o salto não assustava Wesley.

Caiu quase esbarrando no amigo, que pulou de lado com um berro. Ignorando a reclamação, deu-lhe um abraço apertado.

– Bora? Tamo atrasado, rapá!

Saiu na frente sorrindo, no passo acelerado de quem sabe que tem um longo trajeto pela frente. À volta, uma das muitas comunidades esquecidas pelo sistema. No fim do caminho, a Avenida Paulista, o outro extremo, a representação da riqueza brasileira. Onde as pessoas vivem bem, têm carro, plano de saúde e os filhos vão para escola particular.

A resposta usual do sistema para a distância entre um ponto e outro era apenas a força de vontade individual. Sob esse ponto de vista, a culpa de não ter acesso à dignidade era dos moradores da periferia. Ônibus lotado, fila de hospital, falta de emprego e um dos piores índices de cobertura de esgoto da Grande São Paulo, menos da metade das casas. Esquecido pelo poder público, com exceção da época de eleições, quando homens como Milton Leite e a família Tatto batiam nas portas para pedir votos.

Mais do que a baixa renda, era a situação de exclusão que aproximava a todos que viviam ali. Quem conseguia ganhar mais, fugia para um bairro melhor atendido pelo poder público. Os poucos que conseguiam justificavam o julgamento de quem não conhece a realidade da periferia: viver ali é opcional, portanto responsabilidade do indivíduo. Não bastava a injustiça da condição de vida; o sistema ainda conferia culpa à vítima.

Em passo acelerado, Wesley e o amigo passaram pela escola, a única do Jardim Apurá. Era bem possível que o privilégio de morar em frente da escola tenha influenciado positivamente a vida dele. O drama do restante da população era ter uma só escola para 90 mil habitantes, o total do bairro. Para piorar, não havia mais nada o que fazer por ali. Mais da metade dos espaços culturais da cidade estava concentrada na região da Sé. As outras 32 subprefeituras dividiam o restante. E a Cidade Ademar, onde estava o Jardim Apurá, não tinha absolutamente nada. Alguns moradores já haviam pressionado a prefeitura e vereadores conhecidos para tentar construir um posto de saúde ou uma creche em algum ponto do imenso espaço verde disponível, mas a proposta foi rejeitada. "É área de manancial", respondeu mais de uma vez a prefeitura. Com o tempo, os moradores aceitaram a restrição, embora não deixassem de cobrar por mais apoio do poder público.

Esse vácuo constituía uma das causas para o crescimento do tráfico de drogas na periferia, preenchendo a rotina de alguns habitantes e se tornando o combustível do crime. Principalmente ali na Cidade Ademar, distrito da zona sul onde ficava o Jardim Apurá e morada de uma das grandes populações jovens do município paulistano.

Wesley puxou o celular para checar a hora, refletindo em silêncio se o ônibus demoraria ou não a passar. Só existia um caminho para sair dali, a Estrada do Alvarenga, pois o bairro era quase que totalmente cercado pela Represa Billings. Cinco linhas de ônibus entravam no Jardim Apurá, sendo que podiam pegar duas delas para ir até a manifestação.

O ônibus chegou, eles subiram, e Wesley resolveu ficar de pé, pois sabia que logo adiante poderia enxergar acima dos muros a única riqueza da região: o Parque dos Búfalos, que, apesar do nome, ainda não era oficialmente um parque municipal.

Sem equipamentos públicos de entretenimento e cultura, a população defendia o parque como seu último refúgio.

Durante alguns minutos, o ônibus avançou pela estrada e os amigos ainda conseguiam enxergar o parque verde. Sentiam-se afortunados. São Paulo era uma cidade de concreto, com 2,6 metros de verde por habitante.

E a maior parte desse verde dentro do perímetro urbano estava nos bairros ricos, com parques e praças. A periferia só via cinza. Mas, ali no Jardim Apurá, o Parque dos Búfalos era uma dádiva.

Melhor ainda, hoje acreditavam que todo aquele verde seria preservado. Ao lembrar disso, Wesley não pôde deixar de sorrir, ato raro quando pensava em política. Dois meses antes, a prefeitura havia decretado a área como de utilidade pública. A determinação valia por cinco anos, período no qual todos acreditavam que seria possível reconhecer o Búfalos de fato como um parque. Havia sido uma grande vitória, pois toda a Cidade Ademar valorizava aquele verde, único lugar para onde podiam ir.

Por um instante, Wesley lamentou não estar de volta ao Jardim Apurá no fim da tarde. Sem dúvida, aquele dia daria aos moradores uma belíssima visão, como incontáveis que ele havia testemunhado na nascente do pôr do sol. Sempre dizia que era o mais bonito entardecer de São Paulo.

Nos finais de semana, as famílias saíam de casa e se espalhavam por entre as árvores. Era o seu parque do Ibirapuera. Assistiam encantados aos pilotos de paramotores e parapentes decolarem do alto do morro. Ali todos tinham lazer e cultura e faziam esporte. As crianças corriam, andavam de bicicleta e se reuniam com risos rasgados no pátio de pipas. Balançavam em gangorras penduradas em árvores e desciam por escorregadores improvisados com madeiras tiradas de fundos de guarda-roupas. Todos amavam a felicidade imediata. A maioria até ignorava as 19 nascentes que abasteciam a Represa Billings, sendo fonte de água potável e vida para toda a Grande São Paulo.

Wesley se esticou no banco para apreciar melhor a área verde. Sentiu uma paz quase religiosa. O parque emanava uma força sagrada, não só para ele, mas para muita gente. Um local ecumênico, onde muitos moradores buscavam uma espiritualidade impossível de encontrar em outro ponto da região. Mais adiante havia um ponto que os evangélicos chamavam de Monte de Oração. À esquerda, grupos de candomblé costumavam se encontrar. Wesley passara a frequentar um desses grupos depois que abandonou a igreja evangélica.

De repente, o ônibus virou bruscamente e Wesley conseguiu ver a Pedra da Macumba, um dos pontos de que mais gostava de ir quando tinha tempo. Lamentou mais uma vez o fato de perder o pôr do sol. Voltaria tarde para casa.

O ônibus seguiu sacolejando até o fim da Estrada do Alvarenga, e mais de uma hora depois eles chegavam ao metrô Jabaquara. Um trajeto rotineiro para Wesley, que mesmo assim continuava querendo morar no bairro. Agora com 25 anos, vivia no Jardim Apurá desde os sete. Nascera na Mooca, dentro do chamado centro expandido de São Paulo, mas era no Jardim Apurá que estavam os amigos e boa parte da família. Que era bem grande, só de tios tinha dezesseis.

Quando afinal chegaram à Avenida Paulista, ficaram contentes ao constatar que a Marcha ainda não havia começado. Puderam conversar mais de uma hora, pois as 2 mil pessoas só saíram de lá às 16h30. Duas horas depois, quando chegaram à Praça da República, no centro de São Paulo, já eram quase 10 mil. Ao contrário da última passeata, foi tudo tranquilo. Nada de confronto com a Polícia Militar.

Ao voltar sacolejando no ônibus para casa, ficou pensando em uma discussão entre os manifestantes. Falavam sobre a eleição para a prefeitura daquele ano. Alguns apoiavam o candidato do PT, Fernando Haddad, enquanto outros preferiam Soninha Francine, do PPS. Mas ambos tinham pouco apelo na periferia até aquele momento, onde reinava o cantor Netinho de Paula (PCdoB).

Fundamental recordar que naquele momento o PT não era atacado como no período pós-junho de 2013. O Partido dos Trabalhadores vinha de um período de paz com a imprensa e a opinião pública. O que incluía o governo federal de Dilma Rousseff, que recebera editoriais extremamente elogiosos da *Veja*, da *Folha de S. Paulo* e do *Estadão*, e até edições especiais de revistas como *Época* e *IstoÉ*. A *Veja* chegou a fazer uma capa, onde se lia: "O choque de capitalismo de Dilma". Com tudo isso, Fernando Haddad tinha esperança de decolar.

Wesley havia lido entrevistas dos três candidatos, e Soninha tinha lhe chamado a atenção pelas propostas. Ela dizia que era necessário tirar o "monopólio das drogas do crime". Parecia entender exatamente qual era o problema.

Mas o candidato que liderava a preferência dos eleitores dentro e fora da periferia não era nenhum desses. Era a celebridade televisiva Celso Russomanno, emergindo dos escombros da guerra entre PT e PSDB. Extremamente populista e sem propostas, ele tinha iniciado na política ao lado de Paulo Maluf e construído sua popularidade a partir da atuação sensacionalista na TV e do apoio da Igreja Universal do Reino de Deus. A ascensão do consumo na última década, em detrimento da formação de cidadãos como havia alertado Cristovam Buarque, só ajudara figuras como Russomanno. Ele defendia os direitos do consumidor, apelando para os instintos individualistas e se opondo à política e à preocupação com o bem comum e com a coletividade.

Dois dias depois, foi a vez do jornalista de TV Celso Russomanno ser entrevistado pela mídia. Ele argumentou o contrário de Soninha. Disse que era preciso atacar o fornecimento, que era caso de polícia. Wesley percebeu imediatamente qual candidato deveria combater.

Algumas semanas depois, ele soube que Russomanno publicara suas propostas de governo. Precoce no interesse pela gestão pública, Wesley começou a participar dos movimentos sociais aos 13 anos, acompanhando o pai. Foi nessa época que resolveu deixar a religião evangélica, o que lhe permitiu redirecionar a energia para outras atividades. Até ali, a vida dele era na Igreja Cristã Renovo, parte da denominação pentecostal Assembleia de Deus. Lá trabalhava como secretário, dirigia o grupo de teatro, liderava o grupo de louvor.

Deixou a religião para trás e o ativismo se tornou sua nova paixão, enquanto decidia o que queria fazer da vida. Aos 14 anos, idade em que se descobriu gay, foi emancipado para trabalhar. Aos 17, foi morar sozinho, buscando a liberdade que todo adolescente anseia.

Em 2011, aos 24 anos, imaginou que poderia descobrir o mundo trabalhando como comissário de bordo. Por sorte, conseguiu um bom salário como vendedor de perfumes de luxo no Shopping Morumbi, o que lhe permitiu pagar o curso caro exigido pela Anac. Com comissões, chegou a ganhar R$ 2.500,00. Durante um semestre, estudou 16 matérias. Em abril de 2012, foi aprovado no exame da Anac.

Agora percorria companhias aéreas entregando currículo e esperando a vida lhe sorrir. O silêncio das oportunidades negadas subtraía sua esperança, uma fração a cada dia. Nenhuma resposta, nenhum contato, talvez por ser negro, talvez por ser pobre. Cada semana sem uma boa notícia dava a Wesley a sensação de derrota na antiga batalha entre fé e frustração.

Foi quando decidiu investir no ativismo que tanto amava. Descobriu um curso técnico de gestão pública e se inscreveu. O sonho de viajar pelo mundo poderia ficar para depois. Por ora, permaneceria no Jardim Apurá, perto da família. Faria da defesa da comunidade em que vivia sua profissão.

Por tudo isso, pela falta de dinheiro, pela consciência do quanto era errado não investir nos serviços públicos, é que Wesley estava indignado com os candidatos à prefeitura. Ao ler a entrevista de Russomanno, se levantou imediatamente e chamou um amigo pela rede social:

– Para tudo: o Russomanno tá dizendo que precisa cobrar mais caro de quem usa mais o ônibus.

A proposta ia contra tudo o que Wesley acreditava no que se refere à mobilidade urbana. Ele acompanhava a luta do Movimento Passe Livre (MPL), que ganhou esse nome no Fórum Social Mundial de 2005. Um tema fundamental para São Paulo, onde a tarifa era uma das mais caras do Brasil, e a mobilidade, uma das questões mais importantes para o bem-estar da população, principalmente a de baixa renda.

Mas Russomanno defendia aumentar a tarifa justamente dos que percorriam distâncias mais longas. Toda a periferia, que encarava horas de coletivo para chegar ao trabalho ou fazer qualquer coisa no centro expandido, sofreria um golpe pesado no orçamento. Mesmo quem recebia vale-transporte ia sofrer, pois aumentaria o custo dos patrões, que por sua vez contratariam menos. Principalmente gente que morasse longe, tornando mais difícil para o morador da periferia arrumar emprego.

Havia dezenas de outros argumentos contra Russomanno, como o fato de ele ter votado contra a Lei da Ficha Limpa. Mas o que realmente importava era que ele não parecia se preocupar com a "perifa", apesar do interesse que provocava nos moradores da região.

Até aquele momento, a preocupação com os candidatos ainda era algo distante. Entretanto, Wesley ficou alarmado quando uma pesquisa de intenção de votos colocou Russomanno na liderança junto com Serra. Estavam tecnicamente empatados, com cerca de 25% das intenções. Uma segunda, pesquisa no mesmo mês confirmou o empate.

Talvez por isso ele tenha dado pouca importância quando Haddad – que tinha somente 6% das intenções – lançou seu programa de governo em agosto. Falava de "arco do futuro" e replanejamento urbanístico e, como os outros candidatos, sugeria ampliar os corredores de ônibus. Apesar de serem propostas interessantes, o candidato petista não demonstrava relação próxima com a periferia. Em outra situação, talvez fosse o caso de tentar estabelecer uma comunicação com o candidato, firmar um apoio a partir de bases mais claras e seguras.

Mas tudo isso se tornou irrelevante em 31 de agosto, quando o Ibope colocou Russomanno com 31% das intenções de voto, muito adiante de Serra, que agora tinha 20%. Em todos os lugares, da Vila Madalena à Cidade Ademar, do PT ao PSDB, todos se levantaram contra o apresentador de TV populista.

Nada parecia adiantar. A pesquisa seguinte mostrou uma diferença ainda maior: Serra com 19% e Russomanno com 35%. Alguns militantes conhecidos de Wesley apontaram que agora Haddad tinha 15%, com chances evidentes de ir ao segundo turno. Entretanto, todas as pesquisas mostravam que Russomanno venceria qualquer um no embate direto, fosse Serra ou Haddad.

Um certo terror tomou os movimentos ativistas de São Paulo, incluindo aqueles com os quais Wesley interagia na Marcha da Maconha. Em especial, os coletivos culturais, pequenos grupos que se formavam espontaneamente em torno de uma causa. Não tinham hierarquia ou cargos, acreditavam na organização horizontal. De certa forma, estavam vacinados contra a Lei de Ferro da Oligarquia. Bebia no mesmo espírito voluntário do crescente movimento indígena, mas mais urbanos, como o próprio MPL, que vinha ganhando força.

Wesley participava de alguns desses coletivos na Cidade Ademar. Nesses grupos, havia o entendimento de que São Paulo se tornara uma cidade agressiva, individualista e cara. Uma tendência perfeitamente alinhada com a filosofia do governo federal de promover o consumo. Como Cristovam Buarque alertara, haviam falhado em formar cidadãos; criaram somente consumidores. E a ênfase egoísta no consumismo de Russomanno se aproveitava de tudo isso.

Era urgente impedir que aquele candidato se tornasse prefeito. Decidiram fazer uma grande manifestação na semana seguinte na Praça Roosevelt, tradicional local de encontros e eventos dos coletivos culturais. Não pediam o voto neste ou naquele partido. Entre os entusiastas do movimento estava o cofundador da trupe teatral Satyros e diretor da Escola SP de Teatro, Ivan Cabral, eleitor do candidato tucano, José Serra. Seria apartidário.

Então, alguém lembrou que o movimento poderia se amparar na ideia do amor. Aquele grafite que Ricardo Young tinha visto em um muro dois anos antes – "Mais amor, por favor" – tinha se transformado em uma preocupação duradoura no meio cultural. O rapper Criolo compôs uma canção chamada "Não existe amor em SP". Nela, reclamava: "Os bares estão cheios de almas tão vazias. A ganância vibra, a vaidade excita".

Falava de uma São Paulo em que os semblantes estavam fechados e pesados, que as pessoas passavam pelas outras sem dar bom-dia. São Paulo era um buquê de flores mortas. E onde os habitantes colocavam Russomanno em primeiro lugar na corrida para a prefeitura.

Portanto, os coletivos lutavam por uma São Paulo mais amorosa. E chamaram a manifestação de "Festival Amor Sim, Russomanno Não". Para fazer o contraste com o egoísmo de todo aquele individualismo, foi solicitado que as pessoas vestissem uma peça de roupa da cor rosa-choque, uma cor que não representava nenhum partido.

Uma semana depois, em uma sexta-feira, Wesley deixava o Jardim Apurá para mais uma vez fazer política no centro. Chegou ao Masp, onde a organização distribuiu panfletos com as razões para não votar em Russomanno. Partiram em marcha dali para a Praça Roosevelt, região central, e no caminho foram sorrindo e entregando os panfletos. Quando chegaram ao seu destino, quase mil pessoas preenchiam de rosa a praça.

A mensagem por uma cidade mais amorosa não parou naquele dia. Durante toda a semana, a cidade se encheu de uma cor diferente. Veio o dia da eleição e é difícil precisar quanto o movimento pelo amor influenciou a escolha dos candidatos. O fato é que Russomano, antes líder nas pesquisas, ficou fora do segundo turno. José Serra e Fernando Haddad passaram, respectivamente, com 30,80% e 28,99%.

A batalha havia sido ganha. Entretanto, ninguém queria parar. O entusiasmo de Eduardo Galeano, o "sentir um deus dentro de si", fazia-se sentir em todos. Queriam continuar influenciando o futuro da cidade, continuar disseminando uma mensagem a favor do amor e contra o individualismo.

Parte considerável dos coletivos queria apoiar Haddad explicitamente. Sugeriram mudar o nome do evento para "FaçaAmorNãoFaçaSerra", o que inevitavelmente o tornaria menor. Acabou prevalecendo a ideia de que era melhor manter o aspecto apartidário. Caso contrário, muita gente se afastaria e poderia até se sentir usada pela campanha petista. Nesse momento, a inspiração da música de Criolo foi explicitada. Só que, em vez de uma negativa, resolveram afirmar ostensivamente o amor. E o evento se transformou em *Existe Amor em SP*.

Ato contínuo, críticas foram feitas à ideia de ser neutro. Em um movimento de esquerda e, como havia ficado claro mais de dez anos antes no Fórum Social Mundial, nunca há concordância. Mas o *Existe Amor em SP* se manteve apartidário.

Mesmo assim, Wesley agora precisava considerar Haddad seriamente. Isso o fazia pensar no namorado, o ex-petista frustrado com a política, que sempre o alertava para não se envolver. Mas essa não era uma opção, não para alguém que tinha passado mais da metade da vida envolvido com protestos e o desejo de um mundo melhor.

De qualquer modo, naqueles dias não se falava de outra coisa. Em 15 de outubro, todos foram para a Praça Roosevelt discutir se deveriam votar em um, em outro ou simplesmente anular o voto. Por lá, quase todos pareciam seguir o raciocínio de Wesley. Ninguém parecia disposto a votar em Serra, que representava a ideia da segurança agressiva, individualista e militarizada do governador Geraldo Alckmin. Mesmo os dois tucanos sendo adversários, era indiscutível que tinham filosofias próximas. Além disso, a campanha de Serra batia insistentemente na tecla da corrupção e do Mensalão, e a população parecia não se importar muito com o tema.

O dia do *Existe Amor em SP* chegou e Wesley saiu cedo de casa. Tendo na memória a ocupação anterior da praça, queria muito fazer parte desse novo momento da política paulistana. Quando chegou, ficou surpreso. Dessa vez, não eram as quase mil pessoas que participaram da outra manifestação. Não, Wesley tinha diante de si dezenas de milhares que estavam lá para dançar, cantar e pedir por uma cidade com mais amor.

De vez em quando, alguém comentava sobre em quem votaria, considerando que Russomanno não poderia ser uma opção. Para boa parte dos presentes, a opção era o candidato do PT, Fernando Haddad.

– Votar no homem que abraçou o Maluf – ironizou um amigo, fazendo referência à aliança marcada com uma foto divulgada na imprensa seis meses antes, em que apareciam Haddad, Lula e Maluf. – Tá lembrado?

– Mas agora é ele ou o Serra.

– ...

– Né? Fazer o quê?

– Tá, mas nunca vi ele se preocupar ou falar da periferia – dessa vez era Wesley falando.

– Mas os movimentos sociais têm muita influência do PT. E têm projetos bacanas, como investir nos corredores de ônibus.

– Isso pode ser legal.

Depois de um instante de silêncio, alguém lembrou:

– E o Serra vai ser só higienismo social, porrada e especulação imobiliária. Garanto que vai ter obra grande.

Apesar de se importar com aqueles temas, Wesley não deu especial importância ao último comentário. Naquele momento, ninguém imaginou que o Parque dos Búfalos estava em perigo. O decreto de utilidade pública parecia ter colocado a área em segurança. Quanto ao candidato petista, ninguém poderia supor que ele se envolveria com a especulação imobiliária. Uma candidatura identificada com a esquerda não assumiria esse tipo de conduta.

Naquela mesma noite, Haddad anunciou que buscaria aliança com Russomanno. Pouca gente soube. Nenhum dos coletivos culturais comentou aquela incoerência. Acabaram sendo salvos pelo próprio Russomanno, que dois dias depois declarou que ficaria neutro. A campanha dos coletivos a favor de Haddad continuou. Parecia a única escolha a ser feita.

E Wesley sonhou que aquele prefeito seria quem finalmente transformaria o Parque dos Búfalos em um parque.

CAPÍTULO 21

Partido no gerúndio

Com Marina Silva

– Amanhã vai ter uma passeata do MPL. Acho que eu vou.

Quem falava era um rapaz com jeito de estudioso. O MPL – em sua luta pela mobilidade – se mantinha apartidário desde seu surgimento e era um exemplo do novo sujeito político que surgia no Brasil e no mundo. Uma ação sem objetivos eleitorais, propondo mudanças na sociedade a partir de um embasamento técnico. Independentemente do mérito da proposta, era o exato modelo de grupo com o qual o partido movimento deveria manter um diálogo.

– É preciso manter a relação com os núcleos vivos da sociedade – disse Marina.

Ela exprimia o pensamento do grupo. Para todos, perder a conexão com a sociedade havia sido um dos erros fundamentais do governo do PT. O antigo partido de esquerda – cheio de promessas progressistas – havia desperdiçado potencial criativo ao concentrar decisões e retirar a autonomia dos coletivos. Acabaram como os outros partidos, que haviam sequestrado o poder da sociedade.

– Precisamos fazer o contrário disso – disse o rapaz estudioso. – Criar um partido aberto, que nunca deixe de conversar com os movimentos. A mudança não pode vir de cima para baixo.

No limite, desejavam que o direcionamento viesse dos desejos progressistas e sustentáveis da sociedade civil. Ou seja, tinham o desafio de organizar esses posicionamentos, que a mudança destinada a produzir uma sociedade melhor viesse dela mesma. A dificuldade seria estruturar um partido aberto o suficiente para que isso se tornasse realidade.

Para isso, tinham de alcançar os grandes centros urbanos e as cidades do interior. Os pampas gaúchos e as tribos indígenas. As salas dos empresários e a periferia. Os ambientalistas e os agricultores. Em vez do caminho do conflito, a abertura para o diálogo.

Isso tudo significava a aceitação daquele novo sujeito político dentro do sistema partidário brasileiro. E também exigia aumentar a participação real e efetiva da sociedade na política. Durante diversas reuniões, vários participantes insistiam em mecanismos consolidados para garantir que o partido fosse diferente. Seriam os métodos que tornariam possível a real construção coletiva.

– Precisamos fazer com que a sociedade ocupe a política – disse um rapaz magro e alto, com voz tranquila.

Uma mulher de pouco menos de 50 anos questionou:

– Mas como um partido pode manter esse vínculo com movimentos que são apartidários ou suprapartidários na essência? Não é um contrassenso?

Nesse momento, era evidente que muita gente queria responder ao questionamento da mulher. A questão não era nova. Já tinha sido colocada muitas vezes e muitas vezes respondida. Mas um traço das rodas de conversa era que antigas questões costumavam retornar.

Foi o rapaz de cabelo muito fino e óculos quem respondeu:

– Há algumas formas de fazer isso. Uma delas é criar um conselho fora do partido, como se fosse um *ombudsman*, trazendo uma visão de fora.

O rapaz alto mal deixou o outro completar, menos tranquilo do que o normal.

– Boa, é isso aí. Pode até ter algumas pessoas do grupo, mas a maioria tinha que ser de fora mesmo.

A conversa se animou e vieram ideias de todos os lados. O rapaz de óculos acrescentou que podiam estar abertos mesmo a alianças com outros partidos, mas de uma forma diferente da usual. Falou com cuidado, com as duas mãos espalmadas e bem para a frente, como se quisesse tranquilizar a audiência. Alianças partidárias sempre seriam um tema delicado. Como os partidos são focados em provocar paixões coletivas, acabam se tornando símbolos de amor e ódio.

Antes que a primeira voz de protesto se erguesse, resolveu colocar uma ideia que já vinha sendo debatida em um dos grupos de trabalho criados para discutir os temas.

– Gente, o fundamental é que a aliança seja feita em cima de um programa.

O rapaz não viu efeito positivo entre os mais céticos. A palavra programa costumava ter efeito nulo na política, ninguém acreditava ou tinha muita paciência para construir projetos. A situação era bem melhor ali no grupo, mas muitos ainda não prestavam muita atenção ao tema.

Tentou explicar melhor.

– O real problema das alianças é que elas são feitas para ganhar tempo de TV. E em troca negociam cargos.

Ainda reforçou, dando ênfase às palavras.

– Cargos. Tempo de TV. Não há preocupação com gestão, com propostas.

Estava muito convicto porque aquele ponto tinha sido muito discutido no grupo de trabalho encarregado de criar um manifesto programático. Além deste, ainda havia outros grupos de trabalho, como o que preparava o futuro estatuto do partido e o que se encarregaria da coleta de assinaturas. Zé Gustavo fazia parte deste último e acabaria coordenando a coleta em São Paulo.

Mesmo com a ênfase do rapaz, alguns dos presentes ainda reagiram com preocupação.

– Ninguém liga para programas de governo. Ninguém lê. E, depois de eleitos, todos se esquecem dele – disse um senhor de cabelos grisalhos e voz cansada.

Um outro senhor, um pouco mais velho, de (poucos) cabelos muito brancos e bastante alto respondeu com sua voz serena, que sempre tranquilizava a todos:

– Se o programa de governo for construído por um coletivo grande e que realmente tenha participado, esse coletivo vai cobrar – disse.

Várias vozes se elevaram, algumas discordando, outras concordando. Pediram ordem, para que falassem um por vez. Uma moça de olhar sério pediu um aparte.

– Eu acho mais importante mesmo ter candidaturas independentes.

Uma mulher de cerca de 40 anos cortou a conversa, levantando a voz para ser ouvida:

– Gente, gente, só uma coisa, atenção.

Ela não gritava, mas balançava os braços levantados.

– Tem um aspecto que me preocupa muito. Eu sou publicitária e fico pensando como passar tudo isso para a população. Como explicar? Que aliança vale somente se existir programa de verdade. Que a tomada de decisão precisa ser horizontal. Que ética não é uma palavra vazia para a gente. Às vezes, nem a gente que está aqui sempre, conversando, debatendo, olhando no olho, consegue captar e acreditar nisso tudo.

Apesar da resposta firme de alguns, o questionamento fez boa parte do grupo refletir. Evidente que ninguém tinha a resposta. Se nem a estrutura do novo partido estava clara, comunicar o novo seria um passo mais distante ainda.

A conversa paralela sobre a comunicação foi diminuindo e a discussão sobre as diferenças do novo partido continuou, colocando novamente a questão das candidaturas civis independentes na pauta. Uma jovem de cabelos crespos e pequena estatura levantou a mão e disse que queria voltar ao assunto, pois era uma das conclusões de uma análise que haviam feito de estatutos partidários de diversos países.

– Essa a gente pegou da Itália. Não é interessante? – falava rápido agora, o corpo acompanhava a emoção e a cadeira até se mexeu no chão. – A gente quer inovar, não? Então, essa é uma ideia bem diferente, que pode quebrar um pouco o sistema rígido dos partidos.

Marina inadvertidamente sorriu, pois defendia as candidaturas avulsas desde 2010. Ter um candidato livre do partido era exatamente como imaginava trazer o ativismo autoral para dentro das estruturas arcaicas da política. Entretanto, também nesse caso era fundamental que o programa – esse documento tão desprezado – fosse público, construído coletivamente e extensamente divulgado. Assim o candidato avulso podia ser livre do partido, mas declarar alinhamento com o programa.

Para o partido movimento, a vantagem era estarem abertos a todas essas novas formas de participação e outras que aparecessem. E que mesmo organizações externas pudessem influenciar nas decisões sem serem formalmente relacionadas ao partido. Que um conselho da sociedade civil fosse instituído.

Foi quando um senhor careca e gordinho, que até ali não havia se manifestado, disse:

– Independente ou não, o eleito não deveria poder se reeleger no Legislativo mais do que duas vezes. Isso ajuda a evitar que os esquemas se consolidem.

Alguns discordaram, mas a maioria concordou.

Quando a conversa acabou, Marina foi para casa pensando no comentário da publicitária sobre como se comunicar com a sociedade. Claro, ela concordava com todos os mecanismos mencionados, eles aumentavam a abertura do futuro partido para com a sociedade e abriam o grupo para os núcleos vivos. Sem dúvida, era o mais importante daquela conversa. Mas como criar uma narrativa que expressasse a complexidade da nova política? Como disseminar e ampliar aquela mensagem de diálogo e abertura?

Depois de décadas na política, ela conhecia muito bem a necessidade de respostas rápidas, de criar a percepção de direção firme e posicionamentos sólidos. A horizontalidade é frequentemente lenta e caótica. Sabendo da importância do tema, resolveu levantar novamente o ponto no encontro seguinte.

Várias vozes se levantaram, com divergências e convergências.

Um rapaz com camisa de time de futebol insistiu:

– Vai dar certo, só tem que acreditar. Tem um novo momento chegando...

A publicitária que havia comentado no dia anterior não parecia convencida.

– Vamos ser práticos. O partido tradicional fabrica mesmo paixão coletiva. Não porque prefere, mas porque funciona, principalmente quando o objetivo é o poder. Entendo que atingir o objetivo dessa forma o degrada, não é o caso de abrir mão dos nossos valores. Mas o que colocamos no lugar? Como continuamos explicando, atraindo?

Aquela questão fundamental seria objeto de reflexão nos anos seguintes. Um partido movimento, múltiplo, também precisa de uma narrativa que atraia o cidadão. O problema é que este está em busca de certezas, posicionamentos, causas. Quer algo que o oriente.

– Errr, reconheço, não sei como fazer. Não sou publicitário – disse o rapaz de óculos, passando as mãos nos cabelos finos.

Fez uma pausa, breve o suficiente para ninguém conseguir encaixar uma opinião no meio:

– Mas sei que o objetivo final deve ser abrir mão do controle da narrativa.

O grupo ficou em silêncio, sem saber o significado. A perda de controle da narrativa é impensável em uma estrutura tradicional de partido. Pode ocorrer inadvertidamente, mas jamais como objetivo. Entre outros traços fundamentais, um partido tradicional se caracteriza pela busca permanente do domínio do relato.

– Explico. Eu sei que o controle da narrativa é que normalmente se traduz em eficácia e conquista no jogo político.

Nova pausa, dessa vez deixando entrever um vestígio de hesitação:

— Mas, um dia, não vai se tratar de moldar a narrativa e conduzir a sociedade, mas de interagir com ela e construir uma posição por meio do diálogo. E usando todos esses mecanismos que sempre falamos.

A publicitária, que tinha comentado rapidamente sobre os valores, interrompeu:

— Com limites. Com valores. Não?

— Sem dúvida.

Marina achou que era uma boa hora para se manifestar. Começou dizendo:

— A gente não precisa eliminar o sonho e as diferenças para estar junto.

E prosseguiu, dizendo que poderiam fazer alianças pontuais, mas sempre deixando claro que eram diferentes, enfatizando os valores éticos não negociáveis, a necessidade de ser sustentável e a importância de um programa. Ainda assim, a publicitária parecia incerta.

— A gente não corre o risco de ceder demais? De abdicar de fazer a coisa certa?

O rapaz dos cabelos lisos e óculos pediu novamente a palavra:

— Aí é que está, o posicionamento não existe. Ele só passa a existir depois do diálogo, do processo interno.

— Mas aí o problema é outro; às vezes, quem está na direção partidária tem mais visão e já sabe qual é a resposta. Não é ruim esperar o grupo consultar todo mundo?

— Mas essa resposta ainda não é a do coletivo. Ele precisa participar do debate para depois se reconhecer na decisão que for tomada. Ou pelo menos em parte dessa decisão.

— O problema é que o coletivo pode vir com informações erradas.

— Esse é o X da questão. É preciso realizar um debate informando.

— Isso é um longo processo.

Os membros mais experientes do movimento estavam preocupados sobre como fazer para os eleitores compreenderem todas essas possibilidades e a complexidade da política. Sabiam que a novidade causaria um estranhamento, que enfrentaria muita resistência por parte da população e que eles seriam vítimas de ataques populistas e reducionistas dos velhos partidos.

Na semana seguinte, uma reunião foi marcada no espaço da ativista cultural Gisela Moreau, local perfeito para a conversa que se seguiu.

Em dado momento, a mulher de cabelos grisalhos, com óculos servindo de tiara, levantou a mão e começou a falar de maneira muito calma:

— Tudo que está certo tende à repetição; tudo que repete tende à estagnação

– disse. – Por melhor que sejam os mecanismos, precisamos de elementos que impeçam o retrocesso.

A observação continha uma sagacidade sofisticada. De fato, todo sistema – por melhor que seja – tende à desorganização, ou, ao menos, à corrupção de suas configurações originais. O que pode ser bom ou ruim. Frequentemente é ruim. A horizontalidade – como de certa forma a própria democracia – não é natural e há uma tendência a se desfazer, pois rapidamente a situação se verticaliza. É a natureza humana; a cultura verticalizada é mais simples, mais fácil, mais rápida. Por isso a horizontalidade precisa ser construída cotidianamente, a todo momento.

Novamente, é a expressão da Lei de Ferro da Oligarquia, que estimula a concentração de poder em algumas pessoas. Ou a tomada por forças externas. Ou a desorganização. Ou a cisão.

Portanto, além de todos aqueles mecanismos para tentar manter a conexão com a sociedade e seus núcleos vivos, era necessário criar outras formas de manter a tensão interna.

– Tenho ouvido várias ideias interessantes de como se manter aberto à sociedade, como criticar o grupo, como manter o diálogo. Mas como garantir que vamos ter um olhar inovador dentro do partido? – disse uma jovem de vestido amarelo, pouco além dos vinte e poucos anos.

– Os jovens precisam estar nos cargos – respondeu o homem alto e de cabelos brancos e escassos.

Uma mulher negra e de cabelos encaracolados parecia em dúvida:

– Mas vai forçar? Isso não pode ocorrer naturalmente?

– Não, precisa garantir essa presença. O jovem é fundamental, sobretudo porque cria uma necessária e saudável tensão.

Marina ouvia atenta, pois a conversa atingia uma questão crucial. Para ela, os jovens não estavam identificados com a realidade estagnada. Todos sonham, mas eles têm – por natureza – a facilidade de ter menos identificação com o sistema dominante. Enquanto que os mais experientes terminavam por nem perceber que estavam estagnados.

Evidente, havia muitas exceções no grupo. Boa parte dos comentários vinha de gente experiente, que conhecia bem os meandros dos partidos. Como Pedro Ivo, um dos fundadores do PT, que carregava as frustrações do partido como uma experiência essencial, erros que não podiam se repetir. Ou o empresário Ricardo Young, que não tinha grande experiência partidária, mas que havia conquistado mais de 4 milhões de votos quando se candidatara ao Senado em 2010. E que tinha se relacionado com políticos em seu trabalho como empreendedor social, conhecimento suficiente para rejeitar a ideia de criar um partido.

Enquanto isso, os mais novos reagiam satisfeitos por enxergarem ali mudanças importantes, dando vazão à rebeldia natural da juventude, a capacidade inata de lançar um olhar diferente e iconoclasta ao que já existe.

O homem alto continuou:

– O jovem tem um ímpeto renovador, ele está mais propenso a transformar o mundo. Não tem o apego às regras atuais.

– Mas não tem a experiência – respondeu a mulher de cabelos muito encaracolados.

– Por isso nunca podemos abrir mão da contribuição dos mais experientes. Temos que ter os dois, eles se equilibram. O primeiro traz informação sobre o sistema, sobre o que funciona ou não. E o segundo não deixa esse conhecimento se transformar em dogma.

– Faz sentido. Mas isso ainda me preocupa. Acho perigoso esse desejo de tudo eliminar, de acabar com tudo que foi construído, fazer tábula rasa do passado, tão presente nos jovens.

Começou uma discussão de como fazer aquilo na prática. Alguém sugeriu que, em vez de um presidente nacional, estadual ou municipal, elegessem dois. Um jovem e um experiente.

– E um homem e uma mulher – lembrou uma jovem.

Uma voz grave e pausada questionou como seria difícil fazer aquilo, considerando que as próprias cotas criadas para aumentar a participação da mulher na política não tinham funcionado tão bem, com vários partidos selecionando mulheres somente para atender aos requisitos. A mulher de cabelos encaracolados ponderou que era assim mesmo, a ação afirmativa abria o espaço e com o tempo o equilíbrio poderia ser atingido.

Marina resolveu voltar ao ponto sobre a juventude, pois era fundamental para ela:

– São os jovens que vão garantir a presença constante da vontade de mudança, entre os que já são e aqueles que serão.

A frase apontava uma distinção entre os que só conseguiam enxergar o sistema atual e aqueles que teriam condições de visualizar o novo modelo, seja ele qual fosse. Por essa capacidade inata, a presença dos jovens reforçava a condição de um partido em movimento. Que por sua vez era necessário para o momento em que a própria política estava em transição. Havia ali um ciclo da história sendo concluído, mas ainda respirando. E o próximo estava para chegar, mas ainda não era possível enxergar o que seria. Um ainda não morreu, o outro ainda não nasceu.

No fim do encontro, diversas pessoas demonstraram certa inquietação com o que consideravam uma demora do processo. Em geral, eram aqueles com experiência partidária, ansiosos por reaparecer na cena política representando uma nova voz. Mas muitas vezes eram também os mais jovens, ávidos por uma revolução.

Até aquele momento, era essa a principal divergência: começar já ou esperar mais para definir como seria o novo partido. No futuro, viriam outros ardentes e penosos desacordos. Fazer política é abdicar do desejo totalitário, aquele que nos incita a fazer o que achamos melhor de forma unilateral; é refrear esse anseio e ouvir e negociar com o outro.

Aquele dissenso passaria com relativa tranquilidade. Entretanto, todo grupo – em especial os horizontais – sempre corre o risco de cindir em dois, de se quebrar em tendências internas, deixando cristalizar suas opiniões em grupos irreconciliáveis. Se isso acontecesse, o próprio partido movimento poderia acabar rachando frente a decisões polêmicas.

"Não podemos recair na velha disputa interna de crachás ou nos partidos território", pensou Marina, refletindo sobre a tendência dos partidos de só se preocuparem com seu próprio crescimento e luta pelo poder.

No fim da reunião, um rapaz gordinho e de cabelos encaracolados conversava em uma roda, parecendo inconformado:

– NÃO... DÁ... MAIS!

Era sério, mas também engraçado. A voz fina era conhecida.

Ele repetiu:

– É sério, gente. Depois de toda aquela agitação em São Paulo, muito amor e tudo o mais, o Haddad convida o Russomano para uma aliança? Não dá.

No dia seguinte, Marina recebeu uma ligação de Bazileu Margarido, que havia sido seu chefe de gabinete no Ministério do Meio Ambiente. Ele disse que estavam marcando uma grande reunião para 16 de fevereiro de 2013, quando deveriam decidir se queriam ou não criar o partido. Estavam convidados todos que um dia haviam feito parte do movimento.

— Mas é importante dizer que não vamos criar um partido para participar de eleições, só para ter candidatos nossos na próxima eleição — Marina respondeu. — Tem que ser muito mais que isso.

No dia, mais de 1.600 pessoas compareceram. A maioria se encontrava ao vivo pela primeira vez. Vinham de todos os cantos do país, de ônibus, carro e avião. Pagavam suas viagens, investindo seus recursos porque acreditavam que fariam a diferença.

Durante o evento, todos estavam extasiados, ébrios de certeza de que estavam prestes a mudar o Brasil. Falavam do que estava errado na política, das eleições, das ações dos governos e partidos que suspeitavam ou tinham cisma particular. Falavam de como era necessário gente de confiança e tudo aquilo que se dizia e sentia quando um partido estava para nascer. Mas também falavam do que seria diferente neste e de todos os novos mecanismos e conceitos que tinham sido discutidos nos últimos anos.

Também discutiam sobre o nome ideal para aquele partido movimento. Uma jovem sugeriu que retomassem o nome "Rede". A sugestão vinha de um longo debate feito por muitas pessoas do grupo, presentes ou não naquele momento. Entre elas, a ativista Gisela Moreau, o publicitário Ricardo Guimarães e o cineasta Fernando Meirelles. Mas havia sido rejeitado pela possibilidade de ser confundido com emissoras de TV, como Rede Globo ou Rede Record.

Agora, chegaram à conclusão de que era perfeito. Ficaria marcado no próprio nome a ideia de que a horizontalidade era fundamental, de que o coletivo deveria sempre dirigir o partido, um ideal que nunca deveria ser contrariado. Que lutariam sempre para que não fosse dominado pela Lei de Ferro da Oligarquia.

Marina pediu para fazer uma sugestão.

— Acho interessante ter "sustentabilidade" no nome.

A simbologia era evidente. A sustentabilidade significava dizer que o processo decisório não poderia ir em qualquer direção, abraçar qualquer causa. A direção vinha do coletivo, mas havia sempre limites, imperativos categóricos, no dizer do filósofo alemão Immanuel Kant. Havia valores a serem considerados, linhas que nunca poderiam ser ultrapassadas. Deveria lutar para defender a ética, a justiça social, o meio ambiente e a redução da desigualdade. Todos os elementos necessários para que a sociedade

não se exaurisse, não se destruísse. Que fosse um caminho sustentável.
Não sabiam se iam conseguir.
Se a tensão se manteria.
Se aquele partido híbrido se manteria de pé.
– Teremos que nos esforçar para manter o DNA da Rede Sustentabilidade. Mas não é simples. As instituições nascem virtuosas, mas acabam se desvirtuando – disse Pedro Ivo.
Fez uma pausa e continuou:
– Quando o PT surgiu, era ético, lutava pelos trabalhadores. O PSDB era social-democrata.
Para alguns, a saída para evitar isso seria se deixar influenciar pelos movimentos da sociedade. Para outros, deviam ir ainda mais longe e compartilhar o controle da narrativa. Em meio a esse processo dinâmico, precisariam ainda criar e manter uma identidade clara e progressista. Ou sustentabilista, como alguns diziam. Talvez não fosse possível. Alguém sugeriu um prazo. Se desse errado, que fosse extinto. Se a estrutura partidária era realmente um conceito datado, como muitos haviam defendido anos antes, que buscassem outro modelo. Isso precisava ficar claro. Se a Rede Sustentabilidade virasse mais um partido em busca de poder, então que acabasse.
Dez anos.
Depois disso, reavaliariam.
Um senhor de bigode disse:
– Vamos ver se conseguimos hackear o sistema até lá.
– Ou se o sistema já nos hackeou – respondeu uma mulher.
O partido foi fundado, embora faltasse muito para aquele projeto de fato existir.
Ou quase tudo.
Não bastava conseguir as assinaturas e o registro, o que se provaria especialmente difícil, muito mais do que qualquer outro partido até hoje fundado no país. Mesmo quando afinal conseguissem, ainda não seria um partido movimento. Seria somente mais um partido, um grupo tentando criar algo novo. Porque não basta querer ser um partido movimento para de fato o ser.
O novo demora. Um, dois, cinco ou mesmo dez anos.
Até lá, seria um partido.
Um partido no gerúndio.

CAPÍTULO 22

Com palavras e atos

Com Ricardo Young

Diante de Ricardo, uma equipe animada discutia planos e projetos.
– Se queremos uma cidade sustentável...
– Eu concordo, só que é necessário articular com...
– Eu acho fundamental conversar com a população de cada bairro e aí...

Quase todos eram muito jovens e sua excitação produzia um barulho interminável. Quem passava na frente do gabinete estranhava. Cadeiras, mesas e paredes seguiam um padrão, mas a paisagem sonora era bem diferente. Enquanto nos outros pouco se ouvia barulho, aquele escritório no 11º andar da Câmara dos Vereadores de São Paulo ficaria conhecido pelo constante burburinho.

Pensando nisso, Ricardo Young atravessou o recinto até a sala contígua, um pouco mais silenciosa, onde se pôs a refletir sobre a vida diferente que começava. Não tinha frio no estômago ou qualquer sentimento equivalente. Ficou tentando definir a sensação. Aos 56 anos, tinha vivido desafios enormes, dirigido grandes empresas e fundado instituições importantes. Não era a dimensão da tarefa que o fazia refletir. Era a particularidade complexa do trabalho. Young era um dos recém-empossados vereadores de São Paulo.

Do outro lado, percebeu que a conversa da equipe migrou para a atividade do período vespertino. Consultou o relógio e viu que ainda tinha tempo.

Rogério Godinho

A princípio, resistira a aceitar o convite para concorrer. Política, pensava, podia ser feita fora dos cargos públicos. Assim fizera durante toda a vida, pensamento típico dos que atuam como ativistas nos movimentos da sociedade civil. Estava satisfeito com as instituições das quais participava e ajudara a criar, como o PNBE e o Ethos, e em todas as outras atividades de empreendedorismo social. Debatia urbanismo, sustentabilidade, questões sociais, vivia para refletir sobre os caminhos da civilização humana e a sociedade brasileira, sem o ônus da política, suas disputas e picuinhas, ataques pessoais e interesses mesquinhos, manobras e conchavos. Tudo que sempre o afastara dos partidos políticos, pois conhecia bem aquela concentração de poder da Lei de Ferro da Oligarquia.

– Ricardo, estão chamando no Salão Nobre. Vai começar em dez minutos. Quando você voltar, a gente faz a reunião com todos, ok? Vamos fazer na sua sala mesmo, acho que cabe.

Pegou a pasta e caminhou para fora do gabinete. Cedeu à política em 2010, quando foi vencido com o argumento de Marina, que evocou a alemã Hannah Arendt. "Ingressar no domínio público é desejar algo mais permanente que sua vida terrena", tinha dito. Era a mesma busca por uma vida ativa e a possibilidade de realizar algo mais que projetos particulares, como viu Zé Gustavo na sua passagem por Dois Córregos. Ricardo endossava aquela ideia e não podia negar a possibilidade de fazer mais, mesmo que fosse obrigado a sacrificar parte da sua vida pessoal ao entrar no serviço público. Por isso, aceitou o convite. Concorreu para o Senado. Perdeu, porém conquistou 4,1 milhões de votos. Achou que tinha cumprido sua missão e que poderia voltar à vida normal, mas o montante de confiança que lhe foi dado pelo eleitor se tornara um ativo político. Foi novamente convencido, aceitou o convite do Partido Popular Socialista (PPS), que lhe garantiu independência no mandato, e ali estava, vereador da cidade de São Paulo.

Estavam no 11º andar, e o auditório que a secretária mencionou ficava no oitavo. Em vez de usar um dos sete elevadores, resolveu ir pela bela escada espiral que descia em parafuso como que atarraxando o Palácio Anchieta no chão. No corredor, antes mesmo de pensar em pegar um dos elevadores, viu a enorme parede de vidro que servia de janela em todos os 13 andares da Câmara dos Vereadores. Ia até o teto, quase 20 metros de altura, mostrando o lado sudoeste do prédio. Dali, Ricardo enxergava as antenas da Avenida Paulista e prédios até onde a vista alcançava. Pensou nas ruas cheias de carros e ônibus, dentro dos quais se espremiam durante horas os paulistanos e moradores da Grande São Paulo para ir e voltar para casa. Pensou na periferia sempre fora do interesse e do trajeto dos políticos, com exceção do período eleitoral. Pensou na ausência cada vez maior do verde, que sufocava a população do centro e da borda, e enlouquecia o regime de águas da região.

Dali, não parecia que a Câmara estava realmente atarraxada, fincada na cidade. Parecia desconectada, longe. Também a chamavam de Casa do Povo, mas a realidade é que a população era completamente alheia ao que se passava ali. Palácio Anchieta, o nome oficial, lhe parecia muito mais apropriado.

Diante do janelão enorme, São Paulo e seus 12 milhões de moradores pareciam olhar de volta para ele. A sensação, que não era bem um frio no estômago, voltou. O que o cidadão enxerga quando olha para a Câmara? Provavelmente o senso comum: interesses, corrupção. Alheios aos problemas estruturais, eles enxergam somente a visão mais simples e moralista da política.

Desceu um lance de escadas. Os problemas da política não se resumiam aos corruptos óbvios, que procuravam engordar a conta bancária. Era algo mais complexo, representado na disputa de poder; ora individual, pelo prazer de ser poderoso, ora coletivo, pela defesa de uma causa. Em seus gabinetes, vários dos vereadores se empenhavam em disputar a aprovação de grupos, moldar narrativas simplificadas da realidade e vender certezas e paixões coletivas. Muitos acreditavam no que diziam.

Desceu para o nono andar. Não queria fazer política daquela forma, defendendo os interesses de grupos isolados; queria perseguir o ideal de uma cidade funcionando com um organismo vivo, em que uma parte dependia da outra. Tinha ideias próprias de como isso devia ser feito, mas também considerava fundamental atrair a sociedade para o debate. Essas duas forças – o que achava e a necessidade de ouvir – estariam sempre em conflito dentro de Ricardo.

Enfim, chegou ao oitavo andar. Durante o evento, ouviu diversas manifestações. Longos discursos dos vereadores, curtos comentários da população presente, que depois seriam quase todos ignorados, pois os vereadores já tinham suas estratégias traçadas. Olhou os colegas e lembrou que iniciava um mandato isolado e sem bancada, pois era um dos dois únicos vereadores do PPS na Câmara. O outro acabaria trocando de partido no meio do mandato, deixando Ricardo sozinho.

Voltou para o gabinete, mais convicto do que nunca de que precisavam melhorar aquele contato com os núcleos da sociedade. Não queria esperar a Rede Sustentabilidade virar realidade e muito menos ficar fazendo acordos por baixo dos panos para aprovar um ou outro projeto e dizer que era um político que fazia acontecer. Queria tentar ampliar o diálogo ali mesmo, naquele mandato, e criar uma referência de uma nova política. Por isso mesmo, não seria uma voz, uma vontade decidindo tudo, mas começaria a horizontalidade dentro da equipe, que tinha 17 funcionários. Em vez de um vereador, seriam 18 contando com ele próprio.

Quando entrou na sala, a equipe já o esperava para a reunião, espremida no sofá lotado, em cadeiras arrastadas da sala ao lado e de pernas cruzadas no chão. Percebeu que discutiam as demandas que já começavam a chegar ao gabinete e os procedimentos que seriam adotados para responder.

– Já começou a chegar gente batendo na porta.

– Todo tipo de pedido, né? Emprego, dinheiro, buraco na rua, ajuda para passar na frente na fila do SUS para um parente poder ser operado.

– É, tem muito pedido individual, mas também tem muita demanda de qualidade, que a gente precisa dar atenção – disse uma mulher de óculos que organizava a reunião.

– Opa, se tem – interrompeu rapidamente um homem negro, para em seguida continuar com uma fala calma e pausada, como um locutor de rádio que tem bom domínio da voz. – Tem a questão do mercado paralelo dos alvarás dos táxis. Isso vai esquentar – disse, enfatizando o verbo.

Era advogado e falava com conhecimento do assunto.

– Algumas comunidades reclamam de invasão de mananciais – reforçou uma mulher que tinha trabalhado em ONGs do meio ambiente e tinha sido escolhida para ajudar a coordenar o gabinete. – Existe uma consciência ambiental, eles entendem a necessidade de um modelo sustentável.

Ricardo ficou satisfeito ao perceber que a equipe conhecia os problemas. Quis reforçar:

– Ok, é importante a gente identificar o que pode e deve ser corrigido pelo poder público. São aspectos da cidade que parecem estabelecidos, imutáveis, mas que a gente pode questionar, se o objetivo for trazer mais sustentabilidade.

Uma pausa, pois ele iria usar uma palavra que gostava de usar.

– São paradigmas, a gente pode e deve quebrá-los.

A mulher de óculos que organizava tudo interrompeu novamente. Era Mara Prado, chefe de gabinete.

— Sim, isso é ótimo, mas chegam também muitas demandas individuais, gente querendo favor. A gente precisa fazer uma triagem, saber quando atender e quando não atender.

Depois de alguma conversa, decidiram não receber nenhuma demanda que não fosse coletiva, o que deu início a outra discussão.

— Faz todo sentido. Mas isso não pode fazer com que o mandato se torne excessivamente territorialista?

Alguém lembrou que um vereador havia sido eleito com 32 mil votos só em Sapopemba. Era natural que ele desse preferência às necessidades daquele bairro. Em contraponto, outro vereador tinha recebido a mesma quantidade de votos, só que vindo de toda a cidade. Ambos tinham legitimidade, mas a atuação de seus mandatos seria bem diferente.

— Também dá para traçar outro gráfico aí. Como se mede o desempenho? Um vereador que propõe muitos projetos é melhor do que um que propõe poucos? Um que consegue aprovar muitos é melhor do que o que aprova poucos?

Embutida na pergunta havia a consciência de que um vereador precisa de apoio político de seus pares para aprovar projetos. E pode fazer acordos pouco éticos para conseguir esse apoio. Ouvindo a conversa, Ricardo teve a reação imediata de seus tempos de gestor: gostaria de contratar um consultor para ajudar a definir os parâmetros do que seria um bom mandato. Tinha suas utopias e estrelas como referência, lembrando de Oded, mas seria importante ter um planejamento.

Passou o fim de semana refletindo. Quando chegou ao gabinete na semana seguinte, toda a equipe rumou para a sala Tiradentes. Diferente da sala apertada da reunião anterior, essa tinha pouco mais de três vezes o tamanho da anterior, com uma longa mesa destinada às reuniões dos vereadores. Abrindo a conversa, Ricardo começou a explicar para a equipe como funcionaria o mandato. Queria trazer conceitos avançados para a política.

— Por exemplo, vocês já ouviram falar da teoria U?

Alguns poucos ergueram a mão, mas Ricardo viu que era novidade para a maioria.

— É uma forma de gerar inovação. Mas é perfeita para o debate público, porque tem relação com o processo de aprendizado coletivo.

Ainda silêncio.

— Ok. Resumindo. São três fases. Primeiro, sentir. É preciso questionar os nossos modelos mentais, ver a realidade além do que estamos acostumados.

Agora percebeu alguns olhares interessados.

– A segunda fase é presenciar. A gente busca se conectar com uma visão, um propósito, tanto individual como coletivo.

Olhou em volta. Teve a impressão de que estava sendo muito abstrato.

– E a terceira fase, em que se elabora um protótipo para traduzir essas visões em um modelo concreto. Que vai receber *feedback* para que se possam fazer ajustes.

Deu uma pequena pausa e achou que já era suficiente.

– Ok, isso é teoria, a gente vai ver como funciona depois. Eu também estou pensando em trazer um consultor que conhece bem essas teorias para ajudar a estabelecer os objetivos.

A seguir, resolveu passar para uma questão que dizia respeito a todos. Começou a explicar que gostaria de reproduzir o ambiente de livre expressão que tinha nas empresas e organizações de que participara. Queria que cada um atuasse durante o mandato como se eles mesmos fossem vereadores. Naquele momento, não podia ainda imaginar quanto isso seria diferente na política, mas estava curioso em descobrir ele também como tudo aquilo ia funcionar.

Depois de deixar claro que gostaria de ter sempre a opinião de todos, começou a falar de como aquele mesmo conceito seria replicado no relacionamento com a população de São Paulo.

– O senso comum não dá a devida importância ao diálogo.

Olhou em volta para ter certeza de que prestavam atenção, pois considerava aquele ponto como central para o mandato que desejava realizar.

– Não se trata somente de ouvir o cidadão, de oferecer uma oportunidade a mais para a democracia.

Nova pausa.

– Sozinho, o indivíduo tem uma visão limitada da realidade – disse com sua voz grave e levemente anasalada. – Já o coletivo tem condições de construir uma solução mais sólida, rica e que, por ter a participação dos cidadãos, terá um respaldo maior quando for implementada.

Era a maneira de habitar outras moradas e construir a utopia, de detectar o invisível da política. De aumentar a eudaimonia. De se inspirar no que ocorria no resto do mundo, de participar da revolução em curso, como se quisessem armar o cidadão de flores.

A ideia era simples. Quem participa da solução costuma ter mais paciência na hora de implementar. E não cai tão facilmente nas artimanhas da oposição, que começa a procurar problemas tão logo a proposta entre em funcionamento.

Além da questão do apoio, também havia ali uma concepção profunda e sofisticada com relação à produção de conhecimento. Ricardo se referia à ideia de que cada um possui zonas cegas dentro do que é capaz de perceber e captar na realidade em que vive. Para cada um de nós, há aspectos e facetas da realidade que não enxergamos completamente. Ninguém está livre dessa limitação.

O olhar coletivo pode contrapor essa dificuldade. Com várias vozes sendo ouvidas, aumentam o número de ângulos estudados e opções oferecidas. Quebram-se paradigmas, desmontam-se verdades absolutas. Como ele costumava repetir: "A verdade está entre nós". E não isoladamente com um ou outro.

Em contraponto, a construção coletiva tinha mais chances de ter sucesso quando o projeto passasse do abstrato para a dura realidade, onde as dificuldades surgem e nenhum projeto é tão bonito como quando concebido no papel. Mais gente teria que encarar os defeitos do projeto que ajudaram a conceber.

Ao terminar a explicação, ele disse que o mandato estabeleceu como prioridade o estímulo à criação de espaços de debate, onde a construção coletiva poderia – ao menos – começar a ocorrer. Poderiam ser seminários ou audiências públicas, por exemplo. E Ricardo tinha a intenção de abrir um novo espaço, pois achava que a Câmara dos Vereadores era muito pouco utilizada pela população.

A equipe ficou encarregada de definir um nome para aquele novo espaço de debate. Durante a semana, Ricardo repetia para várias pessoas fatos que o haviam espantado ou chocado.

– Você sabia que a Câmara recebe 2% do orçamento da cidade? É dinheiro demais, mais de R$ 800 milhões.

Quando ia a eventos, comentava.

– São mais de dois mil funcionários. A gente precisa usar aquilo de maneira mais produtiva para a cidade, não acha?

Quando recebia alguém no gabinete, repetia:

– A Câmara tem um potencial enorme para a produção de conhecimento. Precisamos atrair o cidadão para cá.

Ricardo acreditava que a população poderia aprender com a Câmara e simultaneamente enriquecer o conhecimento produzido por ela. A ideia de criar um novo espaço de diálogo se tornava cada vez mais importante dentro do projeto do mandato. Na reunião seguinte, Rangel, o jovem de óculos, explicou que deveriam seguir um método para garantir que não se repetissem os defeitos já existentes. Como nas audiências públicas, que são utilizadas como palanques pelos vereadores e nas quais a voz do cidadão é pouco ouvida. Quando é ouvida, quase não há diálogo. Quando há, ele é pouco utilizado para produzir soluções. Uma metodologia garantiria espaço real para todos, o que Rangel chamou de "tecnologia social".

No final da reunião, tiveram um pequeno debate sobre qual seria o nome do novo espaço de diálogo. Depois de algumas ideias, chegaram a uma conclusão: Segundas Paulistanas.

– Ok, agora a gente precisa definir o tema que vai inaugurar a nossa Segunda Paulistana – Ricardo disse.

O rapaz de óculos tinha a resposta pronta:

– E se a gente abrisse falando de governança?

– Não é um assunto pouco atraente? Eu acho fundamental, mas às vezes tenho a impressão de que precisamos tornar a gestão pública mais interessante, mais sexy.

De fato, a população não se interessava pela gestão em si. Quando o assunto política empolgava, era somente para discutir se alguém era corrupto ou para proteger minorias que sofriam preconceito. No geral, gestão era sinônimo de tédio.

O rapaz concordou, parecendo levemente decepcionado.

– Sim, é um risco. Mas acho válido para explicar a necessidade da população participar, de como todos podem colaborar na produção de políticas públicas. Enfim, contribuir para uma governança melhor.

Ao final, a equipe concordou que fazia sentido. E que estava alinhada com o desejo de mostrar que política devia ser isso, não aquela disputa passional e emotiva pelo poder que ocupa as páginas dos jornais.

– Nesse caso, quem nós vamos convidar? – perguntou uma moça alta, que trabalhava como assessora de imprensa.

Dessa vez foi Ricardo quem respondeu:

– É aberto a quem quiser vir, quanto mais gente melhor, qualquer cidadão interessado, de profissionais liberais a estudantes. Mas é importante ter representantes de ONGs, de associações, gente que possa contribuir com conhecimento e informação embasada.

Na semana seguinte, Ricardo participou do lançamento da Rede Sustentabilidade. Estava feliz, parecia que as propostas horizontais avançavam e ganhavam corpo. Na outra semana, veio a Segunda Paulistana. Apesar do tempo ruim, com chuva inundando a cidade e atrapalhando o trânsito já complicado de São Paulo, compareceram 60 pessoas.

Ricardo começou o evento, explicando que desejava abrir a Câmara dos Vereadores para que ela explorasse seu potencial de construção de conhecimento. Em seguida, Rangel mostrou como funcionaria.

– A proposta é garantir espaço para todo mundo que quiser se manifestar. Para isso, a gente vai usar cartões de dois e cinco minutos, que vocês podem pedir e nós vamos entregar para quem quiser vir aqui falar. Se necessário, vocês podem pegar mais de um.

Para mostrar que o vereador não era mais importante que os outros, Ricardo foi se sentar na plateia. Aquele ato de se afastar simbolizava a sua visão do seu papel como vereador, a de que não devia resolver tudo pelos outros, mas agir como um mediador. Por um momento, arrependeu-se de não ter dito isso na abertura. Puxou o celular e anotou, pois não queria deixar de dizer isso na Segunda Paulistana seguinte: "Temos uma visão verticalizada da política. Achamos que um vereador vai resolver". Pronto, na próxima vez não esqueceria.

Voltou a prestar atenção. Talvez fosse mesmo melhor começar com um tema menos polêmico. O diálogo é um processo delicado e certamente seria benéfico ganharem experiência para compreender os mecanismos e como lidar naquele ambiente. Quando terminou o evento, pediu para a equipe colocar o vídeo e um resumo da conversa o mais rápido possível no site do mandato.

No segundo evento, optaram por um tema mais fechado e prático: a Cracolândia, o que resultou na presença de mais de 100 pessoas. Do debate, seria criado um grupo de trabalho que acabaria influenciando o programa *De braços abertos*, proposto para lidar com o problema de maneira humana e oferecer dignidade aos cidadãos em situação de risco.

No terceiro evento, voltaram a escolher um tema amplo: o plano diretor estratégico, instrumento central para a política de desenvolvimento urbano municipal que afetaria a vida de todos em várias dimensões, do transporte à moradia, do saneamento ao meio ambiente.

A cada evento, Ricardo acreditava mais na ideia de recuperar a noção de democracia de Alexis de Tocqueville, em que o cidadão aprende a fazer política participando de debates. Não era ingênuo quanto aos desafios, sabia bem o que estavam enfrentando. Havia a mistura de perfis, com diferentes ideologias, vivências e temperamentos. Havia a vontade suprema de falar e nem sempre de ouvir. Havia a ansiedade de se chegar rapidamente a uma solução, principalmente porque muitos dos participantes se sentiam diretamente afetados pelo tema. Tudo isso, somado à complexidade que enfrentavam, transformava a tarefa de organizar o conteúdo dos encontros em algo quase impossível, como se quisessem sistematizar o caos. Por outro lado, mesmo que conseguissem alcançar um consenso, não havia garantia de que a solução fosse a mais adequada, pois é conhecida a tendência da democracia de optar pelo caminho do curto prazo, deixando de lado o invisível da política.

Mesmo assim, Ricardo preferia apostar na noção dos gregos antigos, que acreditavam na política como um processo feito a partir do diálogo. Qualquer que fosse o caminho escolhido, ainda que longe do ideal, ao menos seria mais legítimo, pois a população poderia se reconhecer nele. Queria mais eudaimonia, queria mais amor em São Paulo. Como dizia Hannah Arendt, uma das autoras de que mais gostava: "É com palavras e atos que nos inserimos no mundo humano".

Mais adiante, o mandato – o que significava não só Ricardo, mas todo o gabinete – elegeu o tema da mobilidade, com o objetivo de pensar como reorganizar os modais de transporte em uma cidade onde o carro é prioridade, uma opção já provada como inviável em uma megalópole. Um tema que depois colocaria o mandato de Ricardo Young no centro de uma polêmica que movimentaria a cidade e todo o Brasil.

CAPÍTULO 23

Cara de vândalo

Com Wesley Silvestre

"Alguém disse que levaria flores", Wesley pensou.
Ainda estava terminando sua última entrevista para o instituto de pesquisas em que trabalhava, mas sua mente já estava na manifestação marcada para a parte da tarde. Agradeceu à mulher com quem conversava e guardou a caneta e os papéis. Tinha pressa.
A passos largos, foi em direção ao restaurante onde encontraria os amigos. Ninguém faltaria à manifestação. Depois de dois anos com o Movimento Passe Livre (MPL), tinha a sensação de que agora finalmente seriam ouvidos pela sociedade. Evidente, tinham restringido sua habitual luta pelo passe livre para uma reivindicação concreta e urgente: impedir que a tarifa, que já era a mais cara do Brasil, aumentasse de novo, dessa vez de R$ 3,00 para R$ 3,20.
O anúncio conjunto do prefeito Fernando Haddad e do governador Geraldo Alckmin, feito em abril, tinha duplo significado para Wesley. Além da questão do passe livre, realmente fazia falta o gasto com a passagem. Pegava ônibus e metrô todos os dias e agora gastava mais de R$ 100,00 por mês para andar na cidade. O trabalho de entrevistador mal dava para cobrir transporte e alimentação, custo que também aumentava em compasso com uma inflação que naquele ano de 2013 seria de 6,59%.
Com o aperto financeiro, o possível aumento da tarifa de ônibus ia fazer

diferença nas contas. Quando chegou ao restaurante, os amigos falavam exatamente naquele assunto. Foi quando ele aproveitou para falar do que tinha visto na internet de manhã antes de sair de casa.

– Gente, sabe que minha mãe pagava R$ 0,80 quando a gente mudou para o Jardim Apurá? Então, acabei de ler que esse valor, corrigido pela inflação, hoje seria pouco mais de R$ 2,50.

Pequena pausa.

– E querem cobrar R$ 3,20.

Deu um leve tapa na mesa. O amigo sorriu pelo gesto, mas parou para pegar o cabelo de Wesley, que agora crescia em um bonito *dreadlock*, estilo popularizado por Bob Marley. Ele retribuiu o sorriso de maneira terna durante alguns segundos. E voltou ao tema:

– Tá caro ou não tá?

Em geral, pequenos aumentos isolados não movimentavam a população. Um aqui, outro ali. Mês a mês, ano a ano, cada aumento passava despercebido. Mas agora realmente incomodava e trazia as pessoas. Justamente quando se aproximava o aniversário de uma década do evento que havia sido a gênese do MPL, a Revolta do Buzu. Em 2003, quando Oded Grajew e Cristovam Buarque viviam suas primeiras decepções com o governo Lula, estudantes baianos se desiludiam com as lideranças tradicionais e bloqueavam as principais vias de Salvador para brigar pela redução da tarifa e o passe livre escolar.

O MPL nasceria dois anos depois, durante o Fórum Social Mundial de 2005, em Porto Alegre. Desde então, conseguiu se consolidar na luta por um transporte coletivo mais inclusivo, mas tinha dificuldades para convencer as pessoas das vantagens do passe livre. Pouca gente entendia os benefícios de um sistema sem exclusão social, que ainda teria o efeito colateral de reduzir o uso do carro e degradar menos o meio ambiente.

A população aceitava o sistema sem questionar, como se fosse eterno e imutável, principalmente quando as empresas sequer aceitavam abrir os custos reais para o debate público. Com o aumento, uma pequena revolta se formava. Tímida, mas estimulada pela certeza de que a mobilidade era um direito, baseado naquela velha promessa iluminista de um mundo melhor, digno e justo. Um direito implícito na Constituição, que falava de educação, saúde e lazer.

Como obter essas coisas sem mobilidade? Wesley pensou que talvez fosse melhor incluir o transporte entre os direitos sociais constitucionais. Talvez assim conseguissem olhar em perspectiva a necessidade de se lutar por algo, mesmo que digam ser irreal, mesmo que digam ser uma impossibilidade técnica ou econômica. Talvez a realidade das ruas sobrepusesse a realidade dos números frios. Tomariam as ruas para conquistar as ruas.

Mas já havia reação.

– Passei a semana ouvindo meu tio reclamar de eu ter participado disso. Jurei que não tinha destruído lixeira nenhuma, mas ele não quis saber – disse um amigo na roda.

Wesley imediatamente pensou em retrucar, dizer que às vezes tinha vontade de colocar fogo em tudo. Especialmente quando lembrava que policiais sempre batiam primeiro. Mas todos riam, a conversa passou para outro assunto e ele desistiu da polêmica.

Apesar do tom de gracejo, o assunto era sério para quem participava das passeatas. Como nas décadas de 1970 e 1980 na Europa e em 1999 em Seattle, alguns manifestantes passaram a cobrir o rosto para não serem reconhecidos. Alguns desses reagiam à violência da polícia para dar aos outros manifestantes tempo de fugir, enquanto outros atacavam símbolos do sistema capitalista que consideravam injusto. Em geral, a mídia destacava essa minoria sem dar nenhum destaque às reivindicações. Quando não havia destruição de propriedade pública ou privada, a imprensa falava em como o movimento atrapalhava o trânsito. Era dessa forma que se ignorava o grito da rua.

Por tudo isso, Wesley não conseguiu acompanhar o riso dos amigos. Há anos discutia com as pessoas a ideia de protestar sem perturbar os outros. Com perturbação ou não, continuavam pagando caro pela tarifa. A única que tinha tentado consertar aquela progressão perniciosa do preço havia sido Luiza Erundina, antes mesmo de Wesley se mudar para o Jardim Apurá. Os prefeitos seguintes mantiveram ou até aprofundaram o problema: Maluf, Pitta, Marta e Kassab. Agora era a vez de Fernando Haddad, que os coletivos culturais haviam apoiado no ano anterior por medo de Celso Russomanno.

Nada parecia funcionar contra aquele sistema. Especialistas explicavam as vantagens de um transporte público mais democrático. Nada. ONGs exigiam que se abrissem as planilhas de custo dos ônibus. Nada. O prefeito de Nova York, Michael Bloomberg, elogiava o conceito do Passe Livre. Nada. A insuspeita revista liberal *The Economist* indicava o Passe Livre como uma proposta interessante. Igualmente nada.

Para o poder público e a mídia, propostas diferentes estavam fora do considerado pragmático e realista. Não eram razoáveis. Ridicularizavam, desdenhavam e apresentavam os números gélidos, como sempre faziam os defensores dos sistemas vigentes quando se opunham à mudança. Como havia sido no Fórum Social Mundial desde o começo.

Em contraste, o crescimento recente das manifestações só fazia aumentar a violência da Polícia Militar. Bombas de efeito moral, dezenas de pessoas feridas, outras tantas levadas para a delegacia sem acusação clara. E tudo isso ainda não era notícia relevante para a imprensa.

Para Wesley, aquele descaso não era novidade.

"Preto e pobre não tem direitos", dizem.

Para Wesley e todos os que vivem na periferia, a limitação da liberdade era muito concreta. Sua expressão mais forte era o autoritarismo do poder público, que tinha sua representação na violência da Polícia Militar.

Um comportamento enraizado na cultura da corporação, herança persistente da ditadura. Foi quando surgiram os tradicionais autos de resistência, termo legal usado pela polícia para justificar a morte de um suspeito. Sob alegação de legítima defesa, o policial tem na prática uma licença para matar sem justificativa.

Para Wesley e família, uma realidade trágica. Três de seus primos haviam sido mortos pela Polícia Militar, um deles com 16 anos.

Para a própria corporação militar, um ambiente nocivo. Relatos dos próprios policiais davam conta de uma cultura da morte, baseada na hipermasculinidade e na autoafirmação. Na qual a execução sumária é um hábito, construído por pressão de seus pares. Matar não é uma escolha; quem não o faz é execrado e excluído pelos colegas. Ao que outros policiais respondem: "O problema não vem de nós. Somos o reflexo de uma sociedade que considera o pobre um inimigo, que deseja uma reação violenta".

Paradoxalmente, parte dessa mesma sociedade rejeita tal comportamento. Ao longo dos anos, pesquisas indicam que entre 60% e 70% das pessoas sentem medo da Polícia Militar. Tudo isso para não obter nem mesmo eficiência, pois a corporação entrega um nível reduzido de esclarecimento e prevenção de delitos. Na cidade de São Paulo, a impunidade atinge 95% dos casos, enquanto que um crime entre 40 é resolvido. É pelo conjunto de problemas que 77% dos policiais, tanto quanto Wesley e os manifestantes, desejam a desmilitarização. Ou seja, transformá-la em uma instituição civil, desvinculada do Exército e com mecanismos de controle mais transparentes e abertos à sociedade. De quebra, obter uma segurança pública que não considere o negro e o pobre como menos do que humano.

Por isso, a violência nas manifestações era uma extensão do que Wesley sempre conhecera na periferia. Ou em qualquer lugar da cidade, pelo simples fato de ser negro. Tinha sido parado pela polícia com o cabelo raspado ou enorme, como usava agora. Sério, pensando na militância, ou rindo, pensando no namorado. Não importava onde estivesse ou como se portasse, podia ser parado pela polícia.

Nesse aspecto, não havia novidade desde que se juntara ao MPL dois anos antes. Não foi nenhum espanto ao ver a polícia bater nos manifestantes na Marcha da Maconha em 2011. Também era razoável que uma cultura da morte confundisse gestão de multidão com repressão.

O que havia de diferente agora era o tamanho das manifestações. Até agora haviam sido pequenas passeatas, de 50 a 300 pessoas. Às vezes na periferia, no M'Boi, Pirituba ou Grajaú. Às vezes dentro do centro expandido paulistano, na Praça Roosevelt, na Dom Pedro, no Jaguaré, na Lapa. Vez ou outra a PM aparecia, impedia que seguissem por uma rua, mandava dispersar. Grosserias e empurrões eram a prática. Vez ou outra, tumulto, tropeções, machucados, gente presa. No máximo, tudo isso merecia uma nota nos jornais. Mas agora isso mudaria, podia sentir. O movimento crescia.

Na semana anterior, as manifestações ocorreram em locais mais centrais, veio gente de toda a cidade, e esses lugares chamavam mais a atenção dos formadores de opinião. Locais em que o trânsito parado fazia diferença. Usavam cada vez mais as redes sociais, uma ferramenta que parecia fazer mais sucesso no Brasil do que em qualquer lugar do mundo. A ponto de, quatro meses antes, o periódico americano *Wall Street Journal* chamar o país de "capital da mídia social do universo". Com elas, organizavam-se de forma rápida, atingindo gente de todas as partes da cidade, em especial os jovens.

Wesley e os amigos andavam pelas ruas entusiasmados. Pelo barulho nas redes sociais, a manifestação seria tão grande ou até maior do que as da semana anterior. O que era fantástico, pois não estavam em época de eleição. E a reivindicação era algo que também poderia ser considerada como parte do invisível da política. Em São Paulo, mais da metade da população já possuía um carro em 2013 (o percentual aumentaria no ano seguinte). Entre os que dependiam exclusivamente do transporte coletivo, a maior parte acabava aceitando os aumentos, sentindo-se impotente para lutar contra um anúncio vindo das duas grandes forças políticas partidárias: PSDB e PT.

A invisibilidade se fazia sentir até mesmo nas pesquisas de opinião pública, em que a população parecia satisfeita com todas as esferas do poder público. Naquele momento, o Partido dos Trabalhadores ainda gozava de boa imagem. Haddad era o novo prefeito e a presidente Dilma Rousseff se mantinha nas boas graças da imprensa, situação que durava desde que assumiu o mandato em 2011. Como prova disso, uma pesquisa de opinião registrou em março de 2013 a popularidade de Dilma em 79%.

– Talvez o Haddad aceite negociar – disse um dos amigos que mais insistira para Wesley votar no PT. Ele argumentava que o partido era de esquerda e atenderia demandas sociais. Achava que bastaria um pouco de pressão para que recuassem.

Esses coletivos se tornavam cada vez mais céticos com relação ao PT, um sentimento compartilhado por Wesley. Depois de fazer campanha contra Russomanno – por isso apoiando Haddad –, esperava que o novo prefeito rapidamente formalizasse o Parque dos Búfalos, processo iniciado com o decreto de Kassab. Logo em janeiro, colocou a questão durante uma reunião com a Secretaria do Verde. Quando iam começar? Responderam que não tinham previsão, que não tinham dinheiro, que a prefeitura estava quebrada. Agora, quase seis meses depois, ainda nenhuma novidade. A área do parque estava demarcada desde 2006 e nada avançava. Entre tantas lutas, ainda considerava o decreto do parque como uma pequena vitória. No entanto, a luta continuava estagnada.

Diante de tudo isso, já não era surpresa para ele que Haddad não tivesse se posicionado a favor dos manifestantes. Que fosse tão responsável pelo que estava acontecendo quanto Alckmin. Ou que a presidente Dilma tivesse criado sua própria força policial dois meses antes, em 12 de março, que usaria dali em diante para reprimir manifestações pelo Brasil.

Mas quando Wesley e os amigos chegaram ao Masp, todos gritaram de admiração e felicidade. A multidão ali reunida parecia ainda maior do que o total da última, de 5 mil pessoas. E eles sabiam que mais gente chegaria. Não havia dúvida de que naquele 11 de junho eles seriam capazes de tomar completamente a Avenida Paulista.

Alguns ali se deram conta de que nunca tinham visto uma manifestação tão grande que não envolvesse o PT, as centrais sindicais e as militâncias partidárias. Afinal, estavam ali não só contra o tucano Geraldo Alckmin, mas também questionando o petista Fernando Haddad. Dessa vez, o tamanho da manifestação rapidamente trouxe um contingente da Polícia Militar, que se espremeu no canto direito da avenida.

Wesley seguiu com a turba em direção ao centro, enquanto mais gente chegava. Ficaram pouco tempo por lá e deram meia-volta, para concluir a passeata na Paulista. Estava quase chegando, quando um conhecido veio correndo de trás, contando que o centro havia se transformado em praça de guerra.

"Mais um tumulto", pensou.

Diante da ausência de reação, o amigo continuou:

– Você não está entendendo. Foi louco.

Fez uma pausa dramática.

– Cara, atacaram um PM.

Agora ele tinha a atenção de Wesley. Contou como um garoto que pichava a parede na Rua 11 de Agosto tinha sido agredido por um policial e a reação da multidão, que jogou pedras e encurralou o homem. Atingido, o sangue cobriu seu rosto e ele sacou a arma para afastar a turma. Vários manifestantes procuraram proteger o encurralado, que conseguiu fugir.

Wesley ficou impressionado, mas como não havia presenciado, acrescentou o relato à sua longa vivência de manifestações. Não deu maior importância.

Na Avenida Paulista, a multidão gritava:

– Vem! Vem! Vem para a rua, vem contra o aumento!

Wesley foi para casa feliz. Não tinha sido preso nem ferido, o que podia considerar uma vitória. Quando acordou no dia seguinte, viu na rede social novos comentários sobre a imprensa. Acessou os jornais, que repetiam a linguagem de sempre.

"Manifestantes danificam patrimônio".

"Manifestantes entram em confronto".

Na manchete da *Folha de S. Paulo*, "manifestantes vandalizam".

Um especialista em linguagem veria claramente o recurso utilizado pela imprensa. Quase nada se falava do aumento, nenhuma reflexão sobre mobilidade ou direitos sociais. Nada que pudesse colocar os leitores dentro da perspectiva dos manifestantes, fazê-los habitar uma outra morada. Talvez os repórteres precisassem aprender com Oded Grajew a arte de ouvir outros pontos de vista.

Wesley e os amigos passaram o dia trocando informações nas redes, criticando a cobertura unilateral e afirmando que não desistiriam. Continuariam a ocupar as ruas. Uma nova manifestação estava marcada para o dia seguinte, uma quinta-feira, 13 de junho. Uma data que ficaria marcada na história do Brasil.

Alheio ao que estava por vir, Wesley sorriu com as notícias, pensando que todo o barulho poderia finalmente provocar uma reação positiva do governador e do prefeito.

Comentou com um amigo, que devolveu:

– Quando voltar de Paris, né? Outro respondeu: – Haddad está lá com Alckmin, sabiam?

Demonstrando tranquilidade com a situação, Alckmin mandou avisar de Paris que não havia possibilidade de reduzir a tarifa. A declaração foi feita pela mídia e não foi direcionada especificamente ao MPL. Um ponto que dificultava a negociação era que o movimento, por ser constituído de coletivos não hierárquicos, não tinha uma liderança evidente. Centenas de manifestantes como Wesley, com presença constante em manifestações, tinham o mesmo peso na hora de tomar decisões. Isso confundia o poder público e a imprensa, sempre buscando centralizar em um personagem, primeiro para poder negociar, segundo para criar uma narrativa mais simples e atraente. Mas o MPL se definia em sua Carta de Princípios como "um movimento horizontal, autônomo, independente e apartidário". Com isso, queriam justamente evitar a Lei de Ferro da Oligarquia e concentração de poder, tão comum nas organizações partidárias. Desejavam a mesma horizontalidade que Oded tentou preservar no Fórum Social Mundial há mais de uma década.

Mais um dia e chegou a quinta-feira. Na capa da *Folha de S. Paulo* estava estampada a imagem do PM em um canto da Paulista, acuado, empunhando um revólver para afastar a massa. Depois de tantos feridos em tantas multidões, os jornais abriam espaço para falar de um incidente isolado. Uma pedra jogada por um manifestante tinha mais importância do que milhares de pessoas pacíficas. Dez pessoas que haviam atacado o PM mereciam mais atenção do que todo o debate sobre mobilidade.

O Estado revertia à variante mais primitiva, a versão mais sombria do contrato social, com o objetivo único de suprimir qualquer risco de caos. A ordem acima de tudo, a estabilidade como bem mais precioso. Nenhum traço do organismo que harmoniza as forças políticas e garante a liberdade e o bem-estar da sociedade; o que havia era o Estado com o objetivo único de submeter e subjugar.

Seguindo esse pressuposto rudimentar, a imprensa errava extraordinariamente o alvo. Em parte, porque se dirigia a um público específico, treinado para receber e consumir as mesmas mensagens. Nunca o debate sobre um novo modelo urbano, somente cenas de confusão e tumulto. Um público que nunca foi a uma manifestação e que não imaginava um mundo diferente da sua própria vivência só podia se sentir ofendido com a multidão nas ruas. Um público que não aceitava uma concepção de poder compartilhado, fora das instituições tradicionais. A mídia produzira o medo e agora dialogava com aquele mesmo medo.

Na mesma *Folha*, um editorial que ficaria para a história.

O título: "Retomar a Paulista".

O texto relacionava até o último centavo de prejuízo causado pela manifestação. Condenava a violência, mas somente a dos manifestantes.

Oito policiais feridos.

Manifestantes: "número desconhecido".

Nenhuma palavra sobre as organizações de direitos humanos que haviam denunciado a violência policial, nenhuma defesa do direito de protesto. O texto ridicularizava o movimento, chamava de "grupelho", dizia que era hora de colocar um ponto final. E deixava claro, dizendo só haver um meio de combater, a "força da lei". O medo seria combatido com mais medo. Mais força. Mais violência.

O recado da imprensa foi recebido pelo poder público, representado principalmente pela Polícia Militar do governo do estado. O que aconteceu em seguida seria uma consequência direta. Uma que Wesley não podia prever, mesmo enquanto preparava a mochila, com receio de esquecer o equipamento. Vinagre, pano para a boca, camiseta para usar de máscara. Sabia que se topasse com a PM na rua depois da manifestação seria parado. Se já era fácil antes por ser negro e pobre, agora ainda mais se fosse reconhecido como manifestante, algo provável considerando sua altura e o tamanho do cabelo. E se a PM já era violenta, esperava um dia ainda pior agora que a própria mídia pedia uma ação forte.

Depois da longa e costumeira viagem de ônibus, baldeando pelo metrô, ele chegou à catraca da estação República pouco depois do meio-dia. Diante dele, um grupo de PMs parava cada jovem e revistava. Ouviu um falando alto para uma menina que ela tinha "cara de vândala".

"Vândalo". Quantas vezes não ouviu o mesmo tipo de comentário dirigido a ele? Deu meia-volta, passou pela catraca do canto e conseguiu evitar a abordagem. Tinha receio de ser parado. Uma centena de vezes abordado pela polícia, uma vida inteira detido por ser negro, por ser pobre, por estar ou vir da periferia. Até sua homossexualidade já havia sido mencionada por um policial em tom de zombaria. Encolhiam sua cidadania, diminuíam sua pessoa. Não importava o que ele dizia, não fazia diferença a força de seus argumentos. Eles sempre fizeram questão de demonstrar como tinham poder absoluto sobre sua existência.

Fora da estação do metrô, ficou espantado com o número de pessoas nas ruas, confirmando os rumores de que aquela seria uma manifestação recorde, pelo menos para os padrões aos quais estava acostumado até ali. Mas se surpreendeu ainda mais com a quantidade de viaturas e pelotões espalhados pelo centro. Depois de tantas manifestações, conhecia bem o roteiro do que estava para acontecer. Se a polícia não estivesse ali, não haveria violência ou confusão. Não haveria nem mesmo dano ao patrimônio. Mas eles estavam. Portanto, não tinha como acabar bem.

Encontrou os amigos diante do Theatro Municipal, onde ouviu mais relatos de abordagens rudes. Ficou sabendo que aquele enorme contingente incluía pelotões de vários bairros. Até de Itaquera, zona leste, tinham vindo policiais.

A cada passo girava o pescoço, olhando para todos os lados. Sentia a tensão, um ambiente de guerra no ar. Um amigo comentou que a Anistia Internacional tinha comprado material de primeiros socorros. Pensou: "Vai ser mais útil do que as flores".

Pela primeira vez em muitos anos, ficou apreensivo. Um pouco por si, um pouco pelos amigos. Era evidente que muita gente acabaria se ferindo naquele dia. Se a sua experiência de manifestações tinha alguma serventia, o movimento seria considerado culpado.

Enfim, saíram caminhando na direção do Edifício Copan entoando "Sem violência! Sem violência!". Wesley percebeu que o ritmo da caminhada diminuiu, parecia existir um aglomerado adiante. Naquele exato momento, sem que Wesley pudesse ver, uma comissão tentava negociar com uma barreira policial posicionada entre a Rua Maria Antônia e a Rua da Consolação. Foi quando alguns PMs gritaram: "Estão jogando pedras". Mas não havia ninguém jogando nada. Por alguns instantes, ninguém entendeu o que estava para acontecer. E então vieram as pedras, de algum lugar atrás da barreira policial. E talvez antes disso, talvez ao mesmo tempo, começou a guerra.

Wesley percebeu que os gritos de "Sem violência" aumentaram antes mesmo de sentir as primeiras bombas de gás lacrimogênio. Uma explosão. Outra. Mais uma. Logo, não era mais possível contar. Ele correu, sem saber para onde tinham ido os amigos. Só então percebeu que havia outro batalhão da PM atrás deles. Gritavam e batiam os escudos.

Estavam cercados.

Voltou o olhar para frente. A rua tinha sido aberta e era possível enxergar mais adiante. Atrás da barreira dos militares dava para ver muita sujeira e lixeiras derrubadas. Parecia que um disco velho e riscado tocava em algum ponto da cabeça de Wesley, uma sequência conhecida e incômoda. Manifestação pacífica. Policiais. Algum argumento para atrapalhar os manifestantes. Acusações de desacato ou vandalismo, antes mesmo de qualquer sinal disso tudo. Pedras, vindas ninguém sabe de onde. Bombas. Violência.

Mais tarde, a mídia registraria somente a violência.

Dos manifestantes.

Wesley percebeu que as pessoas fugiam da Consolação e decidiu fazer o mesmo. Tirou a camiseta e a enrolou na cabeça. Conseguiu se esgueirar para uma rua paralela, onde procurou se recuperar do cheiro forte do gás que fazia arder os olhos e a garganta. Quando conseguiu voltar para a avenida, viu amigos, milhares de manifestantes e mesmo moradores de rua tossindo e com os olhos vermelhos. Uma menina passou mancando e um garoto tinha o rosto sangrando.

Quem podia tirava fotos ou filmava, tentando transmitir em tempo real o flagelo da violência. A polícia perseguia os manifestantes nas ruas paralelas, ora com cavalaria, ora em grupos atirando bombas. Não havia nenhuma intenção de permitir que os manifestantes fossem embora, o que fez com que muitos buscassem refúgio dentro de lojas e bares. Perto da Paulista, viu outro batalhão atirando balas de borracha para todos os lados. Uma delas raspou pela sua cabeça, arrancando um pedaço do *dread*. Ignorando a dor, correu para a calçada tentando escapar das balas e do pelotão. Em cada canto passava gente ferida. Já entrando na Paulista, viu em um canto uma grande quantidade de material de primeiros socorros espalhado, como gaze desenrolada e garrafas de soro abertas escorrendo no chão.

Do outro lado da rua, viu seis PMs entrarem em um bar e saírem puxando um garoto pela camisa. Determinados a não deixar ninguém escapar, arrastavam qualquer um que lembrasse um participante da passeata. Que tivesse cara de vândalo. E a descrição do que era um vândalo havia se alargado tremendamente, enquanto a violência explodia de maneira inédita. Passantes levavam tiros, moradores da região sofriam com o gás lacrimogênio, mulheres levavam socos, crianças se feriam. Mesmo ativistas veteranos relataram jamais ter testemunhado aquele nível de agressão. A ordem era simples: encurralar e ferir. Como se a dor fosse o argumento definitivo para que nenhum manifestante jamais ousasse voltar.

Estavam errados.

Na mente de cada manifestante, o único pensamento era:

– Amanhã vai ser maior.

CAPÍTULO 24

Esfinge em movimento

Com Ricardo Young

O celular tocava alto na sala ao lado.

Eram 20 horas e o gabinete estava cheio. Ninguém queria ir para casa, pois a história acontecia nas ruas. Ricardo e a equipe preparavam um texto, redigido com base nos relatos de violência que chegavam.

Ao perceber que era o seu celular, o vereador correu.

Era um dos líderes do Movimento Passe Livre.

– Ricardo, estou na delegacia aqui do Jardim América. Estamos precisando de ajuda, tem um monte de gente presa aqui.

Preocupado com os abusos daquele dia, Ricardo correu para a delegacia acompanhado de quatro membros do gabinete, entre eles um advogado. Nenhum deles se esqueceria daquela noite. No caminho, acompanharam as notícias, que demonstravam que o poder público ainda não parecia sensibilizado pelo que tinha ocorrido. Alckmin e Haddad reiteraram o aumento da tarifa e diziam não poder fazer nada. O governador paulista ainda falava em punição para os manifestantes. O prefeito negava a legitimidade das manifestações.

Quando chegaram na Rua Estados Unidos, zona oeste, foram recebidos por relatos assustadores.

– Começaram a prender gente antes da manifestação começar – disse um jovem.

– Tem gente ferida aqui, sem nenhum atendimento – afirmou uma mulher.
– Os policiais nem respondem quando a gente pergunta – disse agitando os braços um rapaz muito alto e gordo.

Ricardo entrou na delegacia para se apresentar e as informações finalmente começaram a ser fornecidas. Mais de 40 pessoas estavam presas, incluindo jornalistas. A maioria foi detida sem nenhum motivo. Enquanto falava com o atendente, viu um dos policiais enfiando pedras em uma mochila. Mais tarde, o dono da mochila – um garoto – ficaria abismado ao encontrar o novo recheio.

Virou para um dos membros do gabinete.

– É muito pior do que a gente imaginava. E não tem um jornalista por aqui para contar a história. Precisamos terminar aquele texto e publicar.

Mais tarde, alguns jornalistas chegaram e falaram com Ricardo, que relatou os problemas. "Os jovens estão assustados", disse. Nesse tempo, mais de 150 pessoas foram detidas só naquela delegacia. De lá, saiu para outra, dessa vez no bairro da Liberdade, onde dezenas de manifestantes estavam presos. Eram cinco horas da manhã quando foi para casa. O texto tinha sido feito, aprovado e publicado. Mais de 300 mil pessoas leriam o relato e ficariam sabendo dos abusos, da violência e das prisões.

A publicação de Ricardo foi uma entre centenas de milhares de outras que também viralizaram. E este foi um dos elementos fundamentais da gênese do que se chamou Jornadas de Junho. A incrível explosão do virtual, um fenômeno que criaria o real. Fotos das manifestações. Vídeos com a multidão em coro. Textos, textinhos e textões.

Narrativas infinitas e detalhadas, ora da violência, ora do entusiasmo. Cada uma dessas publicações atingia milhares de pessoas. Que por sua vez também faziam suas pequenas publicações, em um maremoto de manifestações virtuais como nunca se vira no país. E talvez no mundo. Pois se o Brasil era mesmo a capital das mídias sociais, como o jornal americano havia dito, então bem se podia afirmar que aquele furor era inigualável em intensidade e volume.

A violência que se noticiava nas redes não era novidade para uma parte da população de São Paulo ou de qualquer periferia do país, onde pretos e pobres sempre foram perseguidos e violentados. Ou ainda em qualquer lugar invisível para o cidadão urbano, como nas grandes obras no norte do país, em que se massacram as populações indígenas.

Como um homem branco da elite, Ricardo não viveu aquele cotidiano. Mas entendia que a realidade brasileira ainda estava impregnada pela ditadura militar, um período que ele vivera como estudante, fugindo de bombas de gás lacrimogênio e chegando a ser preso em uma noite de 1977. Depois daqueles dias, a maioria da população brasileira fingia que isso não acontecia mais.

Até aquele momento. Agora, a violência havia passado para o primeiro plano. Deixara de ser invisível para a classe média. Havia explodido no centro financeiro do país, atingindo inclusive jornalistas. Quando chegou ao gabinete no dia seguinte, Ricardo finalmente viu a diferença na imprensa. Imagens e vídeos estarrecedores, pois a violência contra o cidadão se transformara em notícia. Ocupava várias páginas dos jornais, o topo dos sites e intermináveis minutos na TV.

Ricardo abriu a *Folha de S. Paulo* na mesa. Em contraste com o editorial de dias antes, a violência policial conquistara a manchete. Na foto principal, um policial atacava um casal em um bar. Não era mais gente com "cara de vândalo", mas cidadãos inocentes. Na mesma capa, o relato de uma das jornalistas da publicação que quase ficara cega, vítima de um policial que atirava em quem queria, simplesmente porque ninguém o ensinara a fazer diferente.

Ricardo decidiu que não podia mais oferecer apoio somente como vereador. Que precisava estar nas ruas, como fizera na juventude e desde então como ativista pelo meio ambiente e pelo social. Na segunda-feira seguinte, 17 de junho, ele foi para o Largo da Batata, na zona oeste de São Paulo. Com ele, dezenas de milhares de outros. Dali saiu a multidão, ocupando completamente a Avenida Brigadeiro Faria Lima. Cada vez mais gente chegava e cada vez mais multidões partiam para todos os lados. São Paulo inteira parecia estar nas ruas.

Quem olhasse pela TV, veria as principais avenidas da capital paulista lotadas. Nenhuma estimativa daquele dia parecia dar conta do que ocorreria. Enquanto outros grandes eventos e passeatas tinham lotado a Paulista ou outros locais, aquele histórico 17 de junho lotou dezenas de avenidas. Mesmo o número de 1 milhão de pessoas parece tímido diante dessa comparação. Nunca ocorreu nada parecido antes ou depois.

Ricardo observava a tudo estupefato, como se de repente voltasse no tempo, até suas passeatas do movimento estudantil na década de 1970. Entretanto, havia uma enorme diferença. Enquanto na juventude as divergências das multidões pareciam desaparecer em um conjunto mais harmonioso, aqui existia uma estridente dissonância.

Tinha o grito contra o governo federal.

Tinha outro sobre o governo estadual.

E os bancos. E a corrupção. E o capitalismo. E, claro, os ônibus e a tarifa.

Acima de tudo, Ricardo ouvia o grito.

– Vem! Vem! Vem pra rua vem!

Todos se sentiam vivos. Entusiasmados, como dissera o escritor uruguaio Eduardo Galeano nas praças da Espanha. Não havia dúvida, o Brasil vivia sua versão daquelas manifestações e da Primavera Árabe. São Paulo era uma grande Praça Tahrir.

Como em outros momentos da História, aquele foi um ponto de ruptura. Como na reação ao massacre de Amritsar na Índia em 1919, considerado por muitos como um passo decisivo para o fim do domínio britânico. Como na marcha saindo da cidade americana de Selma (Alabama), que resultou no Domingo Sangrento em 1965 e provocou apoio nacional aos manifestantes. Como o ataque na manifestação da cavalaria da PM nas ruas da Candelária em 1968, que deu início às grandes manifestações populares daquele ano. Naquele momento, após o 13 de junho de 2013, as pessoas também reagiram à violência indo para as ruas.

E, na segunda-feira seguinte, não encontraram violência.

Mas se ouviu o grito:

– Que coincidência, não tem polícia, não tem violência!

Se ninguém concordava em nada, talvez a bandeira em comum fosse o direito à livre manifestação. Ninguém ali queria levar bomba, porrada e cassetete.

Alguém gritou:

– Não é só pelos vinte centavos!

Claro, também era pelos 20 centavos.

Mas não só.

As ruas foram invadidas por pessoas que nunca participaram de manifestações. Era evidente que a pauta que surgiria daquele turbilhão seria múltipla, difusa, contraditória até. A desmilitarização da polícia e o direito à mobilidade foi apenas o início, o estopim e a faísca. Restava saber qual seria o combustível que alimentaria as ruas dali em diante.

As pautas começaram a se multiplicar, produzindo o enigma que todos tentariam decifrar. Todas as reivindicações e desejos que estavam no Fórum

Social Mundial e outras, espalhadas pelo espectro ideológico. Estavam ali velhas bandeiras, do nacionalismo ao combate à corrupção, da demanda mais específica ao protesto mais genérico. Da legalização da maconha passando pelo combate à homofobia, até o fim do genocídio da juventude negra e a desmilitarização da PM. Havia um sentimento de que a própria democracia estava sendo decidida nas ruas.

Enquanto isso, manifestações similares – senão em tamanho, ao menos em vigor e cor – estouraram em mais de uma dezena de capitais e em outras grandes cidades brasileiras. Na Praça Sete, em Belo Horizonte. Na Avenida João Pessoa, em Porto Alegre. Invadindo o Congresso Nacional, em Brasília. E por todo o Brasil. Em especial, na Avenida Rio Branco, no Rio de Janeiro, com mais de 100 mil pessoas. Ali estava para começar a Copa das Confederações, o que aumentava a tensão.

Sem partido, sem organização. Todos contra a brutalidade policial. Todos contra um sistema que não os representava, por mais que suas opiniões sobre o que estava errado fossem diferentes.

Em toda praça e avenida, gritavam:

– AMANHÃ VAI SER MAIOR!

Ninguém mais podia dizer que ali estavam baderneiros, como a imprensa e o governo de todas as esferas haviam classificado.

Entretanto, a reação do poder público nesse momento se torna um aspecto essencial para compreender o que ocorreria nos anos seguintes. Alckmin e Haddad se mantiveram imóveis, ainda resistindo a condenar o injustificável ou mesmo sinalizar negociação. A reação fazia sentido quando considerava que havia anos o cidadão paulista se tornava cada vez mais individualista, com uma polícia cada vez mais militarizada e repressiva. Líderes políticos refletiam o pensamento médio tradicional da população. E tiveram a reação usual ao se deparar com algo indecifrável e caótico: o repúdio.

Na esfera federal, o mesmo. Naquela noite (17), Dilma enviou a Força Nacional de Segurança para quatro estados (RJ, BA, MG e CE) como precaução contra novas manifestações. A mesma força que no mês anterior havia assassinado um indígena durante uma reintegração de posse no Mato Grosso do Sul. A presidente também ofereceu a força militar para ajudar a conter as manifestações e que dali em diante seria usada de forma recorrente contra indígenas e trabalhadores, resultando em mais mortes.

Na terça-feira (18), Ricardo abriu o jornal e viu que as lideranças políticas queriam ao menos dar a aparência de amaciar sobre as manifestações. Alckmin falou que elas "fortaleciam a democracia". Dilma Rousseff disse que eram "legítimas".

"É pouco. Quando vão perceber o que está acontecendo?", Ricardo pensou.

Enquanto as lideranças não reagiam, resolveu fazer sua parte como vereador. Afinal, acreditava firmemente em um futuro em que o modelo atual seria visto como ultrapassado, que o transporte público teria qualidade e a livre circulação seria vista como a mais natural das coisas.

Protocolou um pedido de Comissão Parlamentar de Inquérito (CPI) para investigar as concessões de ônibus na cidade de São Paulo.

No plenário, afirmou:

– Essa caixa-preta precisa ser aberta.

Falava das planilhas de custo das empresas de ônibus. Somente com os dados saberiam se a tarifa de R$ 3,20 era justa. Sem informação, a população tinha razão em pensar que pagava caro por um serviço ruim. Ou duvidar que o aumento fosse realmente necessário.

Concluiu pedindo que a prefeitura recuasse. Outros 22 vereadores assinaram o requerimento de Ricardo, incluindo 5 petistas. Não se tratava somente do momento certo, parecia evidente que a reivindicação era correta e necessária. Ao mesmo tempo, a mídia publicava que agora a população aprovava as manifestações.

Na manhã seguinte (19), Haddad e Alckmin cederam. A tarifa de ônibus, trens e metrô continuaria sendo de R$ 3,00. No Rio de Janeiro, o governador Sérgio Cabral faz o mesmo. A luta que dera início à maior manifestação da história do Brasil tinha seu resultado mais direto. O MPL tinha vencido a batalha, decidindo inclusive deixar as manifestações.

Os políticos também esperavam que a confusão parasse por ali. Ricardo esperava que não. Sentia uma energia não vivenciada desde as Diretas Já. Agora, a polícia não atacava mais – pelo menos naquela semana – e a tarifa tinha sido congelada. Será que as pessoas voltariam às ruas?

Voltaram.

No dia seguinte, quinta-feira (20), centenas de milhares encheram as ruas em dezenas de cidades. Havia na multidão a esperança, o sentimento de que tudo era possível. O pequeno recuo das lideranças políticas só reforçava essa sensação. Entretanto, o perfil das pautas dos protestos se transformava.

Queriam a saída imediata de Renan Calheiros da presidência do Congresso

Nacional. Queriam investigação e punição contra as irregularidades em grandes obras, como as realizadas para a Copa do Mundo. Queriam o fim do foro privilegiado.

Eram pautas relativamente simples, identificadas com o desejo de um governo sem corrupção. Um impulso moralista, instintivo e que sozinho não conseguiria reformar um sistema cheio de deficiências complexas. Entretanto, revelava um questionamento do próprio sistema político, uma tendência forte nas manifestações de 2011 em diversos países, e que se tornaria um fator central no mundo inteiro dali em diante.

Por vias inesperadas, uma postura contestadora estava nas ruas. Afinal, a população rejeitava o sistema vigente, entendia que ele não era inalterável. Talvez até mesmo que pudesse ser desconstruído e reconstruído. Para isso, o primeiro passo era protestar contra quem estava no poder. Porque, independentemente de opiniões ideológicas, quem estava na rua no Brasil simplesmente não acreditava mais em seus representantes.

E quem eram esses políticos? Quem eram os responsáveis pelo sistema? Ricardo sabia bem que a política brasileira se assentava em um sistema de caciques regionais com os quais todo governo eleito precisava negociar. E a sigla partidária que funcionava como eixo daquele mecanismo era o PMDB. Ninguém podia se igualar a eles em tamanho, abrangência e longevidade. Criado para combater a ditadura, transformara-se no símbolo central do fisiologismo brasileiro, do qual a política não conseguiu se livrar desde 1984 – salvo pequenos períodos que mal ultrapassaram um ano.

"Sempre no poder, não importa quem seja eleito", dizia tanto o senso comum quanto os cientistas políticos. Por esse enclave fisiológico passavam todos os grandes conchavos. De grandes leis e orçamentos até indicações de cargos e grandes obras. Um sistema que tornava o debate desnecessário, que situava o poder e a decisão no aperto de mãos por trás das portas. De uma certa perspectiva, era possível dizer que Partido do Movimento Brasileiro Democrático (PMDB) nunca permitiu que a democracia existisse de verdade.

Ricardo lutava para corrigir esse sistema desde sempre. Ele entendia perfeitamente a rejeição da população, só não esperava que ela explodisse agora. Aliás, ninguém a esperava na época. Nem os políticos tradicionais, nem mesmo os melhores analistas. Todos foram pegos de surpresa.

Afinal, a se acreditar na mídia, na maioria dos políticos e em boa parte dos formadores de opinião, tudo estava relativamente bem. Não existia um alto nível de desemprego, como ocorrera na Espanha dois anos antes. Ao contrário, ele vinha em queda desde 2003, estava em uma baixa recorde de 5,4% naquele ano de 2013 e alcançaria, segundo especialistas, o pleno emprego no ano seguinte, em 2014.

Em paralelo com essa bonança, toda a classe política desfrutava de razoável tranquilidade. Mesmo a presidente – de um partido historicamente criticado pela grande imprensa – usufruía de um período incomum de paz e até elogios. Desde a eleição, jornais, revistas e TV a descreviam como honesta e boa gestora, exaltada em dezenas de editoriais nos primeiros 100 dias de mandato. E responsável por um "choque de capitalismo", como descrevera a já citada capa da *Veja*. Para a grande imprensa, Dilma não tinha nenhuma relação com os casos de corrupção de seu governo, como se fizessem parte de universos diferentes, sem nenhum contato ou relação. A mídia desenhou uma ilha: uma presidente honesta cercada de ministérios corruptos por todos os lados.

Portanto, corrupção ou gestão não tinham sido relevantes até ali. Descobrir a causa da insatisfação era mais complexo, detectar o invisível que não era destacado pela mídia. Talvez assim fosse possível decodificar o enigma daquela esfinge de mil faces que tomava as ruas. Era preciso entender o que havia dado errado no modelo adotado por Lula desde 2002. Como Cristovam Buarque e André Singer haviam compreendido desde o início, o chamado lulismo preservava privilégios para manter o poder, enquanto prosseguia com um modelo exploratório e claramente não sustentável, tanto do ponto de vista social quanto ambiental. Um sistema baseado no desejo de consumo, não da ampliação da cidadania. Em aumentar descontroladamente o bolo para depois repartir, colocando o crescimento como valor máximo.

Tudo correu bem até que a demanda internacional por *commodities* diminuiu e a economia brasileira se ressentiu. As escolhas econômicas de Dilma também não ajudaram a gerir o problema, alternando entre ortodoxia macroeconômica e nacional-desenvolvimentismo, ao sabor do momento.

Naquele mês de junho, todos os descontentes despertaram como oposição. Todos os grupos que em algum momento discordaram das políticas adotadas, à esquerda, à direita e ao centro do espectro ideológico. Nenhum desses se sentia representado e eles constituíam a esfinge das ruas.

Para eles, as instituições haviam perdido a capacidade de mediar os interesses da sociedade. De identificar a "vontade coletiva", nas palavras de Rousseau. Mesmo sindicatos e movimentos organizados, mestres na arte da manifestação e do protesto, nada valiam naquele mês de junho, pois as jornadas se consolidavam como um movimento de massa sem organizações de massa.

Ricardo abraçava essa diversidade, pois achava que uma mudança real não poderia acontecer sem que as massas – conservadoras que fossem, pois era o perfil da população – não participassem. Um verdadeiro movimento popular tinha de se alimentar tanto da esquerda quanto da direita.

Estavam todos presentes e isso era um elemento indispensável, mesmo que cada um enxergasse a mudança do seu ponto de vista. As ruas constituíam naquele momento o símbolo máximo da democracia, em toda a sua diversidade e conflito de ideias. Um exemplo perfeito de um tempo em que as noções ideológicas tradicionais se misturavam e confundiam.

Enquanto voltava para casa naquela quinta-feira, Ricardo ficou sabendo que a militância petista havia sido rejeitada nas manifestações. O partido pediu que seus militantes fossem às ruas e que trajassem vermelho, para não deixar dúvidas sobre o que defendiam.

Foram recebidos com protestos. Ouviram-se gritos:

– Sem partido! Sem partido!

A reação era dirigida não só a partidos, mas também a bandeiras e ativistas que defendiam organizações específicas, mesmo aquelas que não estavam diretamente vinculadas ao governo federal, estadual ou municipal. Mesmo manifestantes de organizações críticas ao governo federal – como o PSOL – não eram aceitos. Chegaram a ocorrer ameaças e brigas. O questionamento da representação política tradicional se estabelecia como um dos eixos do protesto.

Os reacionários não eram os únicos a reclamar, mas também pessoas que não enxergavam na forma partidária a solução. Não que o vermelho fosse necessariamente vinculado a um partido de esquerda específico, mas naquele contexto era percebido dessa forma. Ocorreram empurrões, safanões e até socos.

O que viria a seguir deveria ser óbvio: partidos de oposição como o PSDB e o DEM se aproveitaram da situação, sinalizando que não faziam parte daquele sistema – quando na realidade não se diferenciavam dele – para se apresentar como alternativa. A saída para vender essa narrativa foi se concentrar no governo federal, utilizando o desgaste natural de quem está na berlinda. Um governo que passara a última década executando a política tradicional, insustentável, obsoleta e repleta de alianças espúrias.

No centro do alvo, o PT, responsável pelo governo e que não podia fugir da responsabilidade de ter se aliado ao fisiologismo partidário – com PMDB e similares – e se afastado dos movimentos sociais. De não ter sido capaz (nem demonstrado vontade) de desmontar aquele sistema viciado. Pior ainda, de ter sido absorvido pelo sistema, tornando-se tão corrupto quanto ele e mesmo tendo trabalhado para expandir a corrupção no Brasil.

Para infortúnio dos que defendiam ideais progressistas como Ricardo, várias lideranças conservadoras se fortaleceriam dali em diante. Afinal, o governo desgastado fora eleito como progressista. Sendo ou não verdade, a narrativa política a partir daquele momento tomaria a promessa governista pelo valor de face. E cresceria se opondo a ela, provando que a batalha política sempre se dá na percepção das pessoas e não necessariamente em cima dos fatos. Essa confusão tornaria o jogo político extremamente complexo nos anos seguintes.

Mesmo assim, Ricardo se negava a enxergar a rejeição ao sistema como algo inerentemente ruim ou antidemocrático. Ele mesmo tinha se mostrado cético quanto ao partido como uma solução para mudar a Política brasileira, em especial durante a discussão no Movimento pela Nova Política, que ao final daria origem à Rede Sustentabilidade. Constantemente se lembrava de movimentos, como o *Occupy Wall Street*, a Primavera Árabe e a ocupação das praças, em que era comum a busca de outras formas de representação, de uma democracia mais direta. Uma oportunidade de rever ou aperfeiçoar o sistema representativo, discutindo de forma coletiva novas soluções para a sociedade.

Como diziam na Espanha naquela época em que Zé Gustavo viu a população sair às ruas armada somente de flores: ninguém representa o movimento. Talvez porque naquele momento – e agora nas Jornadas de Junho – ele fosse mesmo irrepresentável.

"Mas um líder faz falta", Ricardo ouviu um dos membros do gabinete dizer. "Caso contrário, nada muda."

Sorriu do comentário. Ele prezava muito aquela diversidade na equipe, o fato de que boa parte dela tinha ideias diferentes das que ele defendia. Às vezes empacavam em discussões longas, mas era muito melhor isso do que ter um grupo o seguindo cegamente.

De qualquer forma, ele entendia a ideia de que um líder faz falta no longo processo de transformação. O ser humano carece de uma direção, de um norte. Aprecia quando alguém executa uma ação prática, luta por uma transformação imediata. Além disso, a tendência de todos é buscar um padrão, uma face reconhecível, racional e clara em cada evento. Todos se debruçavam para arriscar uma interpretação para as ruas, para aquele enigma multifacetado. Queriam dar um rosto único para a esfinge, mas ela era múltipla. E estava em movimento.

Invariavelmente, a visão das Jornadas de Junho de cada cidadão – estivesse ou não nas ruas – tendia a ser identificada com a caracterização da liderança política à qual cada um se sentia mais próximo. Uns enxergavam revolucionários perigosos, outros, fascistas vestidos de amarelo.

A quantidade de perfis nas ruas, de faces naquela esfinge, começou a provocar o afastamento de partes da militância. Uns eram contra, outros simplesmente preferiam ficar em casa, mesmo que tivessem perfil politizado e histórico de ir às manifestações. Ricardo ficou particularmente surpreso com isso. Com as massas nas ruas, muitos dos ausentes eram organizações que historicamente sempre estiveram nelas, embora muitas vezes em manifestações pequenas. Entre essas organizações, muitas entidades sindicais, estudantis e partidárias, em geral identificadas com o governo petista. Como esse havia sido absorvido pelo sistema, também elas se consideravam extremamente próximas daquilo que tanto desejavam transformar. Abdicaram do sonho, acreditando que fazer parte de um sistema doente era a única maneira de fazer política. Em vez de abraçar aquela oportunidade para realizar uma mudança profunda, decidiram ser reativas à manifestação. Em resumo, tornaram-se conservadoras.

Para elas, o levante das massas era uma rejeição da própria ideia do Estado de Direito, um niilismo. Passaram a acusar as massas de fascismo. Em parte, seguiam a tendência humana de sentir medo do caos, da instabilidade, o exato vetor que costuma acionar o estado repressor.

Era uma nova cisão que se iniciava, marcando mais uma fase das manifestações. Afinal, as lideranças políticas tradicionais não podiam negar o que estava diante delas. Porém, ao mesmo tempo, não podiam apoiar. O que agradava Ricardo – a possibilidade de mudanças profundas – os assustava. Como atual representante máximo do sistema, detentor do governo federal, o Partido dos Trabalhadores pela primeira vez não tinha como participar de uma manifestação popular. E as lideranças políticas influenciavam largas parcelas da militância, ao menos aquelas que se colocavam mais próximas dos partidos.

Foi nesse instante crucial que a oposição ao governo petista teve um dos movimentos mais brilhantes – alguns diriam oportunista – das últimas décadas. Embora parte do sistema, ela soube se inserir nas manifestações. Em vez de criticar o modelo – consumista, desigual e insustentável –, passou a levantar a bandeira mais explícita, eficaz e óbvia das últimas décadas: o combate à corrupção.

Infalível, pois lidava com as pulsões fundamentais do cidadão, sempre pronto a reagir emotivamente quando se invoca o personagem do político ladrão. E emoções sempre foram um elemento fundamental para a política. Para facilitar essa transformação narrativa, buscaram se utilizar de símbolos nacionais, como o verde e o amarelo, a bandeira brasileira, o hino, tudo que provocasse um ufanismo passional, ideal para o momento. Pintaram a esfinge da cor que desejavam e a fizeram empunhar uma vassoura.

A oposição tinha um trunfo poderoso nas mãos, pois o PT sempre se colocara como o "partido da ética". Sempre denunciara os esquemas de corrupção do PSDB. Agora eram estes que usavam o argumento. Diziam que as manifestações não tinham nada a ver com os 20 centavos, a tarifa ou o direito social por uma mobilidade urbana.

A reação do PT foi insuficiente. Responderam dizendo que a corrupção era sistêmica, um problema estrutural, e que atacar o governo daquela forma não resolvia, era somente um brado moralista.

Ambos faziam um esforço para reduzir a interpretação das Jornadas de Junho a uma versão que os beneficiava. Para o PT, eram conservadores corruptos querendo tomar o poder. Para o PSDB, eram somente corruptos querendo se manter no poder. Os dois lados rejeitavam qualquer interpretação mais ampla, complexa, relacionada a direitos sociais, a uma insatisfação com um sistema ao qual os dois principais partidos da disputa política estavam vinculados.

Nas redes e rodas de conversa, o tema se repetia, todos procurando dar sua própria interpretação para o que ocorria. Inclusive no gabinete de Ricardo.

– Incrível como cada um enxerga o que quer – disse o jovem assessor de cabelos finos e óculos.

– Sempre assim – disse outro, de barba, experiente e quase sem esperança.

Ricardo se interessava bastante por aquele aspecto do comportamento humano, desde que começara a tentar conciliar o pensamento complexo com a política. Resolveu aproveitar a oportunidade para explicar como pensava. E como gostaria que isso influenciasse no mandato.

– É uma tendência do ser humano, essa de enxergar cada questão a partir de suas partes isoladas.

Fez uma pausa, não queria ser professoral. Mas um pouco de embasamento filosófico poderia fazer a equipe refletir.

– Essa maneira de pensar não está desvinculada de nossa cultura. Ela se baseia em um pensamento cartesiano, mecanicista mesmo.

Em suas mesas, a equipe olhava para ele.
– Todo mundo já ouviu falar de Descartes, certo? É um filósofo do período do Renascimento.
Todos já tinham ouvido falar, embora sem saber com precisão o que Descartes defendia.
– Pois bem. Ele foi importante, grandes avanços ocorreram graças ao pensamento cartesiano. Mas hoje se sabe que é um pensamento limitado, tanto nas ciências exatas como nas sociais.
– Mas isso influencia a política? – o rapaz de barba perguntou.
– Sem dúvida. Na visão cartesiana, tudo pode ser explicado, previsto e calculado. E isso faz com que questões complexas sejam demasiadamente simplificadas. E fica mais fácil criar uma narrativa para convencer as pessoas.
– Você quer dizer que se perde a visão do todo.
– Exato. Eu gostaria que todos nós, o mandato, evitássemos o reducionismo e procurássemos manter a relação entre as partes.
Enquanto todos insistiam em enxergar uma face do enigma, Ricardo tentava manter todas elas no quadro. Mas ele sabia que a maior parcela da população estava se aproximando da política pela primeira vez. E a partir de premissas bastante simples. Isso valia inclusive para conhecidos formadores de opinião, costumeiramente desinteressados da política. E cidadãos comuns que só se lembravam do governo na hora de votar ou de pagar impostos.
Agora todos falavam das manifestações, do governo e dos partidos. Eles se juntavam a ativistas de esquerda críticos do governo federal e a gente da oposição, interessada não na mudança, mas em aproveitar a oportunidade. A presença de um grupo não eliminava a legitimidade do outro, mas o conjunto era extremamente difícil de interpretar.
Acima da confusão, percebia-se a transição. Depois de uma causa legítima e visível – a violência – empunhavam outra causa igualmente legítima, embora menos visível – a corrupção. Ricardo percebeu que os militantes que conhecia estavam incomodados pela perda de espaço de suas pautas, bandeiras tradicionais, como mobilidade, educação, tributação progressiva, meio ambiente, entre várias outras.
Naquela semana, abrindo o perfil do mandato no Facebook, viu um comentário surpreendente:
– Tudo isso se desvirtuou. Virou a "Revolta dos Coxinhas".
"Que absurdo, que erro tático", pensou. "Agora todo mundo que foi

e está na rua virou reacionário". De fato, parcelas expressivas de grupos progressistas – ainda chamados de esquerda – passaram a alienar toda a população que protestava.

Os mais próximos do governo e do PT diziam que a turba era conservadora, reacionária e elitista. Alguns iam além, afirmando que desejavam apenas desestabilizar o governo, como se todos fizessem parte de um complô da oposição. O que tinha começado como uma luta por direitos sociais e se consolidado como uma reação à brutalidade, agora era classificado como um movimento conservador. Justamente por pessoas que defendiam um governo e o sistema vigente.

Em parte, era uma reação típica do sistema ameaçado. O que está por surgir é caracterizado como o perigo, a instabilidade, o caos. O poder nas ruas assusta. Por isso, primeiro, tentaram reprimir. O passo seguinte seria tentar redirecionar e absorver, o que seria tentado – de uma forma ou de outra – por todas as forças políticas tradicionais.

Quatro dias depois da primeira grande passeata, a presidente Dilma percebeu que precisava fazer um movimento. E fez. Propôs uma nova Constituinte, com o objetivo de realizar uma reforma política. Seria um movimento inócuo, pois lhe faltava o que seria mais necessário para executar uma ação como essa: apoio político. Dilma acabou recuando e desistindo da proposta.

Para boa parte dos manifestantes, a percepção era de que o governo falava em reforma, mas tentava aprovar uma proposta para atrapalhar as investigações sobre corrupção: A PEC 37, que pretendia reduzir os poderes investigativos do Ministério Público. Com vitória no caso das tarifas, a PEC se tornava o novo foco dos manifestantes.

Enquanto isso, a CPI de Ricardo era rechaçada.

Na tarde da mesma terça-feira (24), um jovem do gabinete entrou quase correndo na sala.

– Adivinha só. O Tatto disse que CPI é para achacar o setor, que não é para resolver.

Uma funcionária do gabinete ficou tão exaltada que ficou de pé e levantou os braços:

– Gente, só por essa declaração o Tatto já devia ser um dos convocados da CPI – reagiu.

Falavam do líder do governo, o vereador pelo PT, Arselino Tatto.

No dia seguinte, a Câmara dos Deputados rejeitou a PEC 37. Parte dos manifestantes acolheu a notícia como boa, pois predominava a ideia de que a PEC atrapalharia as investigações sobre corrupção. Seria apenas mais uma brecha que os corruptos se utilizavam para nunca serem pegos. Para outros, o Ministério Público cometia excessos reeditando um debate intenso ocorrido na Itália na época da Operação Mãos Limpas (ou *Mani Pulite*). Não eram brechas, mas salvaguardas para todo cidadão, inocente até que se prove a sua culpa. Esse debate se aceleraria em 2014 e em 2015, quando aumentariam as prisões preventivas de personalidades importantes, como políticos e empresários.

No dia seguinte, quarta-feira, a Comissão de Constituição e Justiça e de Cidadania (CCJC) da Câmara aprovou a PEC 196, instituindo o fim da votação secreta para processos de cassação de mandato de parlamentares por falta de decoro e por condenação criminal. Em São Paulo, no mesmo dia, o prefeito Fernando Haddad cedeu novamente e suspendeu a bilionária licitação das empresas de ônibus da cidade. A vitória era da população, mas Ricardo sentiu como se tivesse uma pequena parcela a reivindicar.

Mais uma semana e novo recuo, dessa vez da Câmara dos Deputados, que arquivou o projeto de "cura gay". Outra semana e o governo federal resolveu anunciar investimentos de 15,8 bilhões de reais no programa Mais Médicos. Todas essas notícias criavam uma sensação de movimento, de que a sociedade estava no comando, de um momento histórico. O sentimento permanente de que a política nada transformava deixou de vigorar por alguns dias, ficando em seu lugar a possibilidade de mudança real.

Em agosto, viria uma conquista que só começaria a dar frutos no ano seguinte. Foi a sanção da Lei da Delação, que daria a base jurídica de toda a investigação realizada depois pela Polícia Federal na Operação Lava Jato.

No conjunto, as Jornadas de Junho trouxeram uma oportunidade rara. Como em 2003, quando o círculo de Tocqueville se ampliou, aquele que a maioria traça em torno do pensamento e que restringe no seu interior aquilo que pode ou não ser discutido ou realizado. Ou, ainda, a Janela de Overton, conceito que delimita a viabilidade de uma proposta política ser ou não aceita. Naquele momento histórico de junho de 2013, a janela havia se deslocado, o círculo havia se ampliado. Surgia uma nova medida do possível.

Por tudo isso, para Ricardo as manifestações precisavam ser somente o prelúdio. Ele, que toda a vida lutou por uma sociedade melhor, sabia que protesto funciona para rejeitar, negar. Fundamental, sim. Grita, xinga, picha e ocupa. Às vezes quebra. Mas é, em seu melhor momento, apenas o primeiro passo na produção de novas formas e modelos. Sem os passos seguintes, o sistema absorve o golpe, adapta-se, muda para continuar o mesmo. A Janela de Overton retorna para seu lugar, o círculo de Tocqueville diminui.

Infelizmente, a energia da maior manifestação política no Brasil desde a redemocratização não estava sendo canalizada para novas propostas. Em parte, porque quem estava na rua tinha uma capacidade insuficiente de habitar outras moradas, de enxergar o invisível da política. Em parte, porque as lideranças políticas simplesmente não desejavam mudar o sistema do qual faziam parte. Não faria sentido se fosse diferente.

A cada dia, Ricardo abria os jornais de manhã e ficava impressionado pela cegueira das forças políticas, que se dividiam entre o conservadorismo oportunista fora do governo e o imobilismo governista. Entre os que tentavam se aproveitar das manifestações e aqueles que preferiam reprimi-las. Não que ele tivesse todas as respostas. Também estava intrigado com o turbilhão político. Sabia não ser simples definir um caminho, tudo era incerto. Entretanto, ao menos na opinião dele, fingir que nada estava acontecendo ou tentar deslegitimar aquele fenômeno político não podiam ser boas opções.

No caso do governo, em especial do PT, os caminhos eram mais tortuosos. Não se podiam apagar onze anos de governo. Em outubro, veio o golpe: as pesquisas indicavam 38% de aprovação, enorme queda em comparação com os 70% de 2011. O encanto com o governo petista havia acabado.

Entretanto, o curso de ação se manteve. A Força Nacional do governo federal seria utilizada para refrear e controlar o descontentamento. Depois de atirar em operários da Belo Monte em setembro, foi enviada para conter uma manifestação no Rio de Janeiro. Mais de 1.000 soldados usaram de violência contra a multidão que protestava contra o primeiro leilão do pré--sal. Foram usadas bombas de gás lacrimogêneo e balas de borracha.

Embora esses fatos ocorressem longe de São Paulo, o posicionamento do governo federal influenciaria parte da militância progressista também ali, decepcionada com a ausência de diálogo e o uso da violência.

Crescia a crítica à esquerda governista. Não só da mídia tradicional e da oposição, mas também de grupos militantes de esquerda, que se esforçavam para formular um novo caminho. Como o pequeno coletivo Ocupa a Rua, criado para fazer pressão na polêmica dos ônibus, apoiando a proposta de CPI que Ricardo tentava criar. Entre os ativistas estava Wesley Rosa empunhando uma faixa, onde se lia:

"O povo exige CPI dos Transportes".

Foi mais um ponto de constrangimento em meio ao torvelinho político que alarmava as forças políticas estabelecidas.

Na segunda-feira seguinte, 27 de junho de 2013, Ricardo andava pelos corredores da Câmara dos Vereadores ouvindo sussurros e percebendo olhares. Precisava do voto de 38 vereadores para aprovar a CPI.

Durante os dois dias seguintes, conversou com os parlamentares, enquanto percebia – por trás das portas – multiplicarem-se as manobras regimentais e as conversas de bastidores para que a prefeitura mantivesse o controle das investigações. Batalha árdua e incerta, pois os governistas tinham 42 dos vereadores paulistanos.

Fez pressão dentro e fora da Câmara. Pediu a todos os coletivos, grupos militantes e instituições conhecidas que divulgassem. Na quarta-feira à noite, despediu-se de sua chefe de gabinete dizendo:

– Acho que conseguimos os votos. Diga para protocolarem a CPI amanhã de manhã, primeiro horário.

No dia seguinte, veio a notícia. As conversas de corredor não serviam somente para a negociação, mas também para manter as lideranças dos partidos informadas. Ao perceber que a CPI passaria, o PT decidiu abrir a sua própria. E colocou um assessor às 6 da manhã na Câmara. Quando o funcionário responsável chegou, a CPI do PT foi protocolada.

No gabinete, todos estavam desolados.

– Não vai sair informação nenhuma daí. Nada. Coisa nenhuma – dizia o funcionário da equipe responsável pelos trâmites da Câmara, em um raro momento de agitação.

Ricardo se mantinha calado. Aquele era um dos exemplos do porquê a política ser percebida como vazia, a arte do mais esperto, o reverso do discurso atraente e generoso dos que prometem mudar o mundo.

Uma das assessoras do gabinete não parecia se conter de tanta revolta:

– Mas primeiro não queriam CPI, agora abrem uma. Quem vai acreditar nisso? – perguntou.

– Quem quer acreditar – respondeu, mais calmo e um pouco cínico o funcionário de óculos, que abriu na mesa a lista da composição da CPI.

Começou a ler em voz alta. Havia vereadores conhecidos por negociar o voto, além de outros diretamente ligados a empresários do setor de transporte. A presidência ficaria com o PT, por ter solicitado a CPI.

Em vez de aumentar a irritação, o absurdo teve o efeito de tranquilizar o jovem assessor.

Jogou a lista na mesa, dizendo:
- Quem quer acreditar, acredita em qualquer coisa.
- Em uma CPI chapa branca? - retrucou um dos presentes.

Ninguém respondeu.

A CPI do PT durou 155 dias e 20 reuniões. Nesse ínterim, apenas uma empresa de ônibus foi ouvida. As outras 14 não foram incomodadas. Inclusive a maior delas, controlada pela família Ruas. A mesma responsável por mais da metade da frota paulistana. O presidente da comissão, vereador Paulo Fiorilo (PT), disse que não havia "interesse".

Em contraponto, convocaram diversas empresas do sistema metroferroviário, como Tejofran, Asltom e Siemens. A oposição reclamou que a CPI havia se transformado em uma investigação do governo do estado. Nenhum anúncio relevante foi feito. A chicana política ganhava novamente.

Meses depois, a prefeitura contratou - por R$ 4 milhões - a consultoria Ernst & Young para fazer uma auditoria nas empresas de ônibus. Encontraram 640 falhas nas contas, incluindo fraudes. Como resultado, a prefeitura acabou implementando o passe escolar gratuito, considerado mais uma vitória das Jornadas de Junho. Ainda que parcial.

Apesar do crescente sentimento de desânimo nacional, as manifestações continuaram. Bem como a violência e o autoritarismo. Mais do que nunca, a população perdia confiança no sistema. Não só na política, mas também nas outras instituições brasileiras.

Era uma nova fase das manifestações. Depois da indiferença, da violência e do despertar - quando tudo parecia possível - chegava a hora da calmaria insatisfeita, como um acentuado desejo de que tudo fosse diferente. Mas, simultaneamente, estranhamente escasso de esperança.

Ricardo tentaria ir contra aquela corrente, inspirar-se na promessa das Jornadas e construir um diálogo. Sabia que teria que lutar contra a desilusão, a desconfiança, os interesses e a tendência de se concentrar na parte e não no todo. Restava-lhe o sentimento de mudança, o qual ele tinha a intenção de atrair para dentro da Câmara. Mesmo depois de constatar como ela era tão avessa à política ideal que sonhava.

CAPÍTULO 25

Homem invisível

Com Wesley Silvestre

– O prefeito revogou o decreto. Por quê?
Ele não deu tempo para a plateia responder.
– A gente levou onze anos, de 1998 até 2009, para conseguir que o Kassab decretasse o parque. E agora estamos de novo na estaca zero...
Em cada palavra de Wesley vibrava a indignação. Na voz, uma leve sensação de culpa, um sentimento de ter sido enganado. Em dezembro de 2013, o prefeito Fernando Haddad tinha revogado o decreto que definia a área verde de 1 milhão de metros quadrados do Jardim Apurá, bem às margens da Represa Billings, como um terreno de utilidade pública. Era o fim do sonho do Parque dos Búfalos.
Não só de Wesley, mas dos 90 mil habitantes do Jardim Apurá. Mais até, podia se dizer que era uma demanda direta de quase 500 mil habitantes, soma da população de Cidade Ademar e Pedreira. Que agora viam mais distante a possibilidade de ter um espaço para chamar de seu. O Parque dos Búfalos tinha cerca de 2/3 do tamanho do Parque Ibirapuera, uma área equivalente a 104 campos de futebol. Quem lhes negava toda essa área era justamente o prefeito que tinha sido eleito como consequência do "Fora Russomanno". Um movimento do qual quase todos ali, incluindo Wesley, haviam participado e tinham apoiado.

Estavam no Centro Popular de Defesa e Direitos Humanos Frei Tito de Alencar, ONG localizada na Cidade Ademar. Cerca de 20 pessoas ouviam a voz de revolta do jovem ativista, gente que vinha não só da região, mas também dos bairros Jabaquara e Nabuco. Eram de coletivos culturais e sempre tinham lutado por algum tipo de infraestrutura para as comunidades de suas regiões.

Wesley viu três ou quatro balançarem a cabeça, concordando, o que lhe deu mais confiança. A plateia do Frei Tito não tinha conhecimento específico sobre o meio ambiente, mas estava igualmente revoltada pela falta de equipamentos culturais na Cidade Ademar. Estavam ali para ouvir o jovem, pois ele se apresentava como candidato a conselheiro da região. Como ele, eram ativistas culturais. E agora cultura e meio ambiente se reuniam em uma luta só.

Um senhor idoso, de chinelos, levantou a mão e perguntou:

– O Haddad é do PT. Será que não vem coisa boa pra vocês? Uma escola, algum lugar para a comunidade usar?

A resposta veio rápida, até ríspida.

– Não dá, não dá. É área de manancial. A lei 13.579, específica da Billings, exige que se proteja, não se pode construir.

Uma voz no canto tentou interromper, dizendo: "Eu lembro que a prefeitura argumentou isso quando a gente pediu uma escola em..."

Wesley aumentou a voz.

– Não pode, gente. Tem estudo da água e do solo mostrando como a área é importante para a Represa Billings.

Enquanto explicava, excitado e exaltado, pensava em quantas vezes já tivera que repetir aquilo tudo. Tantos anos de protesto e luta. Usava números e palavras técnicas para mostrar que dominava o assunto. Infelizmente, lei e manancial nem sempre eram argumentos fortes para os leigos.

Um rapaz de pele índia, cabelo liso e ainda mais magro que Wesley, levantou a mão.

– Oi. Meu nome é Aurélio. Eu participo de coletivos culturais desde sempre, quero equipamentos culturais, mas entendo o que você está dizendo. Não adianta nada destruir a natureza onde as pessoas moram. Fica ruim para quem mora ali e até para quem não mora.

Levantou a voz.

– Gente, destruir mananciais prejudica São Paulo inteira.

Quando a conversa terminou, o jovem Aurélio se aproximou. Combinaram de se encontrar durante a semana para discutir como poderiam lutar pelo Parque dos Búfalos. Despediram-se com um abraço apertado. Aurélio falava de modo mais tranquilo do que Wesley, mas tinha um temperamento vivo e emotivo. Tinha ficado fortemente impressionado com a agitação e convicção do jovem palestrante.

Wesley não foi eleito; recebeu 77 votos, precisava de 80. Mas, a essa altura, Aurélio e alguns amigos de seu coletivo cultural já tinham se unido à luta. Criaram o Movimento em defesa do Parque dos Búfalos.

Montaram um site na internet, procuraram a imprensa e representantes do poder público em todas as esferas. Em especial, tinham o prefeito na mira. Um homem verdadeiramente preocupado com a periferia certamente ficaria sensibilizado com aquela questão. No mínimo, concordaria em ouvi-los.

Escreveram o primeiro e-mail, pedindo uma reunião.

Depois de dez dias, sem resposta, escreveram outro.

Outra semana, mais um e-mail.

"Talvez a agenda esteja complicada este mês", disse um. "Eu votei nele, deve haver uma explicação para ele não responder", disse outro.

De fato, o prefeito Fernando Haddad e o Partido dos Trabalhadores passavam mesmo por uma crise. A popularidade do partido havia sofrido com as Jornadas de Junho. Principalmente para a presidente Dilma Rousseff, que depois das manifestações caíra nas pesquisas de 70% de aprovação para 38%.

Entretanto, ainda ninguém levava a sério a possibilidade de um *impeachment*. Nem a grande imprensa, nem mesmo a oposição. Os principais caciques do PSDB davam declarações contrárias à possibilidade de derrubar um presidente, mesmo sendo do PT.

Enquanto isso, Fernando Haddad seguia como a esperança do partido. E o grupo de Wesley acreditava que o diálogo com a periferia seria fundamental para que aquela promessa da esquerda, como muitos diziam, realmente despontasse como uma liderança com capacidade para substituir o ex-presidente Lula.

Por tudo isso, os ativistas continuaram insistindo e mandando e-mails.

Mas os meses se passaram e Haddad não respondeu.

Um dia, Aurélio ligou para Wesley com uma voz nervosa.

– Olha só o *link* que eu te mandei. Você não vai acreditar.

Wesley clicou.

A prefeitura acabava de anunciar que seriam construídos 193 prédios no Parque dos Búfalos.

Quando Aurélio chegou à casa de Wesley, este andava de um lado para o outro. Aquela área verde que eles tanto amavam seria destruída para dar lugar a mais de 3.800 apartamentos. Era parte do programa Minha Casa Minha Vida, com dinheiro municipal, estadual e federal. O governador Geraldo Alckmin comemorava: "Vai ser uma cidade de 15 mil pessoas".

Wesley fazia uma careta, como se sentisse dor, e falava com a voz aflita.

– Não podia construir escola. Por quê?

Ele não dava tempo para o amigo responder.

– Porque era área de manancial.

Virava a mão, de um lado para o outro, para a plateia de uma pessoa só.

– Não podia ter equipamento cultural. Por quê?

Pequena pausa.

– Porque era área de manancial.

Wesley repetia e repetia, o que funcionava bem para quem acompanhava e ele ainda dava vazão à raiva. Aurélio também não conseguia acreditar. Timidamente, perguntou:

– Mas eles podem fazer isso?

– Lógico que não – respondeu com tanta força que quase saiu do chão. – A lei é clara: não se pode construir na bacia hidrográfica da Billings. E agora...

Um amigo, que também participava dos coletivos, chegou e perguntou qual era o problema. Quando terminaram de explicar, tentou argumentar a dificuldade que ia ser.

– O pior é que vai ter movimento social apoiando...

Wesley olhou bravo, como se o amigo estivesse contra eles. Aurélio achou melhor intervir.

– Olha, eu também sou favorável à moradia popular. Morei em barraco de madeira em cima de manancial até os sete anos. Mas eu conheço o Parque dos Búfalos e a área em volta. Ali já não tem infraestrutura nem para quem mora lá. Como a região vai receber mais gente?

Alheio, Wesley já não ouvia mais a conversa. Pensava que o melhor argumento seria sugerir para a prefeitura outros lugares. Mas não conseguia pensar direito, era como se tivesse perdido anos de vida. Como se chegasse em casa e um incêndio tivesse consumido tudo, porta, parede e mobília. De repente, a culpa por ter apoiado Haddad aumentou. Na época da eleição, não imaginava que um prefeito do PT seria a pior coisa que poderia acontecer para o Parque dos Búfalos. Lembrou-se do ex-namorado, também ex-petista, que na época da eleição o alertou para não se envolver. Ficou pensando o que poderia ter feito diferente.

Wesley nunca visitara o Fórum Social Mundial criado por Oded Grajew, mas sempre ouvira de todos desde criança que o PT defendia os mais pobres. Que, mesmo viciado pelo poder, sempre seria melhor do que os partidos de direita. Foi por isso que, sob a desculpa de que o Russomanno era pior, deixou de negociar e analisar com cuidado o que Haddad faria se eleito.

Com o tempo, Wesley foi descobrindo mais sobre o projeto, que tinha recebido o nome de Residencial Espanha. A cada informação, ficava mais revoltado.

– Olha só – disse para Aurélio um dia. – Aqui diz que o dono do terreno é o presidente do Secovi, um tal de Claudio Bernardes. A prefeitura vai pagar R$ 38 milhões para ele.

– O terreno é dele? Como assim?

Wesley ainda não tinha todas as informações.

Semanas se passaram e eles foram descobrindo mais. O condomínio seria construído por uma empreiteira chamada Emccamp, que havia feito doações para as campanhas do PT e do PSDB. Era pouco conhecida, mas bastante ativa no setor público e responsável por vários empreendimentos do programa Minha Casa, Minha Vida.

Nas redes sociais, militantes defendiam o projeto do condomínio.

– Quer dizer que vocês são contra moradia popular?

– Claro que não. Mas você imagina o que vai ser colocar mais 15 mil ou 20 mil pessoas em um local que já não tem infraestrutura? Sem escola e sem posto de saúde?

Para outros, questionava:

– Imagina o que vai ser para essa população sair de lá todo dia para trabalhar?

Pensando nisso, Wesley, Aurélio e os outros chegaram à conclusão de que poderiam mesmo oferecer uma alternativa melhor. Não bastava dizer o óbvio, que era ilegal construir ali, que seria prejudicial para todos. Precisavam oferecer uma solução.

Passaram a procurar outros locais. Depois de algumas semanas, as conversas se tornaram mais específicas.

Diziam:

– Já temos uma lista de alternativas viáveis.

Ao que rebatiam:

– O que é viável para vocês?

Mas os ativistas em defesa do Parque dos Búfalos estavam preparados e respondiam:

– Perto de corredores de ônibus, de escolas, do Hospital da Pedreira e...

– ... e do Shopping Interlagos – outro complementava.

Sempre técnico, Wesley direcionava a conversa como se estivesse em um debate na Câmara dos Vereadores. Por exemplo, ele argumentava que:

– Isso quer dizer que estão alinhadas com o novo Plano Diretor, que são terrenos próximos de eixos de transporte coletivo.

– Tá, mas às vezes o terreno não comporta o projeto e...

– Esse comporta. Dá para construir o dobro.

– Gente, pra vocês tudo é fácil. Vocês acham que dá pra prefeitura sair comprando terreno onde vocês querem?

– Não. Esses que a gente listou são fáceis de desapropriar. As dívidas de IPTU são maiores que os valores venais dos terrenos. É só chegar e levar.

– Tá, tá, tudo é fácil para vocês. Se fosse mesmo fácil, a prefeitura tinha feito. Vocês acham que o PT ia fazer lá se não fosse por uma boa razão?

A essa altura, a conversa não era mais produtiva. Ou o interlocutor desistia e se calava ou a discussão mudava para um tom mais agressivo. Na semana seguinte, continuava defendendo a prefeitura, a construtora e o projeto habitacional.

Em outubro de 2014, um alento. Uma comissão da Câmara de Vereadores de São Paulo veio vistoriar o Parque dos Búfalos. Três vereadores: Gilberto Natalini, Ricardo Young, Toninho Vespoli, além de uma equipe da TV Câmara e representantes da comunidade local. Todos andaram pelo mato, biólogos do movimento em defesa do parque mostraram nascentes, explicando o desastre que seria desaparecer uma das últimas áreas que restam de Mata Atlântica em São Paulo.

Wesley sentiu a esperança voltar. Pela primeira vez em meses, parecia que o poder público olhava para eles. Apesar de o segundo turno da eleição ser na semana seguinte, dificilmente alguém poderia dizer que aqueles políticos estavam ali buscando votos para algum candidato, fosse para Dilma ou Aécio.

Wesley passara a vida ouvindo promessas, mas ali sentiu um fio de esperança. Talvez agora a prefeitura respondesse a seus e-mails. Dias depois, ele escreveu mais uma vez para a prefeitura em nome do Movimento. Foram novamente ignorados.

Como na semana seguinte, em todo o mês e no começo do outro mês. A cada dia se ampliava a impressão de que nada poderia deter aquele conjunto habitacional. A cada semana a revolta de Wesley aumentava. Não só contra a prefeitura e o estado, mas contra todos. Afinal, as Jornadas de Junho tinham mostrado que o que realmente resolvia um impasse como aquele era o protesto popular. Mas onde estavam aquelas pessoas que tinham ido às ruas no ano anterior? Quase ninguém se importava mais. No íntimo do jovem ativista havia uma sensação de traição.

Mas as manifestações não tinham desaparecido sozinhas. O governo havia aprendido a reprimi-las com eficiência, agindo com especial habilidade durante a Olimpíada. Espiões inseridos entre as lideranças, prisões preventivas e violência bem localizada ajudaram a desestimular os manifestantes. Além disso, governo e oposição cada vez mais partidarizavam as manifestações, reduzindo o interesse e o entusiasmo da população, que não tinha vontade de apoiar este ou aquele partido.

Nas ruas, somente o "contra o PT" e o "a favor do PT". Ninguém falava da periferia, da violência e do Parque dos Búfalos. Ninguém se importava se eles teriam ou não um parque. Ninguém queria saber se São Paulo sobreviveria a mais uma destruição do verde. Eram invisíveis, como se estivessem além do muro das cidades da Idade Média, como se fossem o lixão que a sociedade não enxergava e não queria enxergar.

Com cada um que conversava, Wesley pedia que reclamassem com conhecidos e nas redes sociais. Se possível, que escrevessem para o prefeito. Quem sabe se entupissem a caixa de correio ele constatasse que a população se importava. Conseguiram que algumas centenas de e-mails fossem enviados.

Mas continuaram sendo ignorados.

Meses antes, o Exército tinha invadido a Favela da Maré no Rio de Janeiro. Lá, também ninguém se importava. Na capital carioca, Rafael Braga continuava preso, punido pelo crime de carregar uma garrafa de Pinho Sol. Ninguém se importava. Como ele, centenas de milhares de outros negros e pobres estavam na prisão, ilegalmente, por não terem sequer sido julgados. A polícia continuava executando negros e pobres nas ruas. Indígenas continuavam sendo massacrados para dar lugar a obras faraônicas, com o único objetivo de permitir desvios bilionários para os partidos políticos.

Nada disso levava as pessoas para as ruas.

Aos poucos, decidiram que a única alternativa seria armar algum tipo de emboscada. Wesley, Aurélio e os outros começaram a discutir sobre qual seria o melhor momento para essa estratégia de guerrilha.

– Achei! Vai ter um evento semana que vem.
– Onde?
– No Parque Ibirapuera.

Haddad inauguraria um monumento em homenagem aos mortos e desaparecidos da ditadura. Além do prefeito e convidados, a imprensa estaria presente. Seria perfeito.

– Ok, aprovado. Mas eu não vou lá de cara limpa. Se a gente quer mesmo chamar a atenção, então vai ter que rolar uma performance – disse Aurélio, com um sorriso gaiato.
– Você quer fazer teatro na frente do prefeito?
– Eu quero chamar a atenção. A gente vai caracterizado.

Levantou da cadeira e foi até o armário, onde ficou com meio corpo dentro procurando algo.

– Achei!

Quando virou, tinha um chapéu engraçado na cabeça, com olhos e chifres. Virou e deu um berro:

– A gente vai de búfalo!

Dias depois, Wesley e Aurélio chegavam ao Parque do Ibirapuera, já usando seus chapéus especiais. Era o momento esperado, depois de seis meses mandando e-mails que nunca foram respondidos. Quando Haddad chegou, tentaram se aproximar, mas havia muita gente em volta. Wesley gritou:

– Parque dos Búfalos vive, prefeito!

O alvo do grito dava uma entrevista e falava:

– Esperamos um estado cada vez mais democrático, cada vez mais participativo, cada vez mais livre e que os cidadãos sejam cada vez mais críticos, participativos e soberanos.

Enquanto se aproximavam, um cinegrafista da TV Folha começou a filmá-los, sem que Wesley e Aurélio percebessem.

– Prefeito, já conversamos com Ricardo Brandão, com Ricardo Sampaio, já conversamos com tudo que é Ricardo de tudo quanto é secretaria – Wesley falava rápido, nervoso de tentar dizer tudo que precisava ser dito, de não perder a primeira oportunidade de ser ouvido.

Haddad olhou para a câmera, que gravava tudo. Respondeu, visivelmente sem graça:

– Você acha que a Cetesb ia autorizar enterrar oito nascentes?

Wesley nem respirou e resolveu mudar de assunto, pois queria sair dali com algo prático.

– A construtora deveria fazer reuniões periódicas com a população – disse, fazendo referência ao fato de que a prefeitura não estava cumprindo a lei. De acordo com os autos da licença, teriam que ser realizadas reuniões periódicas com a população para discutir o impacto da obra. Também deveria existir um conselho da comunidade, entre outros detalhes que não estavam sendo cumpridos.

Quando Haddad se afastou, o cinegrafista e um jornalista pediram uma entrevista. Ainda ansioso, Wesley disparou:

– Nós queremos o Parque dos Búfalos 100% verde. O prefeito quer construir 193 torres de prédios em cima de oito nascentes de água potável na Represa Billings.

Mais tarde, Wesley descobriria que não eram oito nascentes, mas dezoito.

De qualquer forma, o evento não foi da maneira que o prefeito Fernando Haddad esperava. No dia seguinte, a TV Folha – produção do jornal *Folha de S. Paulo* – colocou na internet uma matéria de 4 minutos e 29 segundos. Longa quando se trata de jornalismo em vídeo. Não havia perguntas de jornalistas. Em vez disso, intercalavam discursos e protestos.

De um lado, declarações de Haddad e de Ricardo Ohtake, o artista responsável pelo monumento em homenagem aos mortos e desaparecidos políticos. Do outro, Wesley, Aurélio e outros manifestantes protestando.

A primeira e melhor reação concreta à performance e à matéria da *Folha* foi a conquista da audiência pública. A prefeitura concordou em fazer um encontro na semana seguinte com a população da região.

Vitória. O protesto tinha funcionado. Para aproveitar o momento, o movimento em defesa do Parque dos Búfalos resolveu entrar com uma ação popular pedindo que o empreendimento fosse suspenso. Dois dias depois de a ação ser protocolada, o Ministério Público se juntou à luta e entrou com uma ação civil pública com o mesmo objetivo. Pela primeira vez em anos, Wesley sentiu que seus esforços poderiam ter um resultado concreto. Que valia a pena lutar. Que nem tudo estava perdido. Ou pelo menos era o que ele sentiu naquele momento.

Entretanto, sem que eles soubessem, um esquema estava sendo armado. Pessoas que recebiam auxílio-moradia começaram a receber um estranho telefonema, que dizia: "Se não quiser perder seu auxílio, você precisa comparecer na reunião para tratar do novo conjunto residencial".

No dia da reunião, Wesley e os amigos rumaram para o Centro Educacional Unificado (CEU) Alvarenga, único local do bairro que poderia receber mais de uma centena de pessoas. Quando Wesley chegou ao local, ficou espantado. O lugar estava repleto de gente e mais pessoas continuariam chegando. No momento em que começaram a falar, mais de 200 pessoas estavam presentes.

No palco, as lideranças comunitárias – incluindo o Movimento de Defesa do Parque dos Búfalos – começaram a explicar a situação. Enquanto falavam, perceberam que só uma parte ouvia interessada; outros apenas gritavam em protesto. Não conseguiam entender o que estava acontecendo. Mais tarde, ouviram que parte daquela audiência teria sido forçada a comparecer e posteriormente orientada a tumultuar a audiência.

No palco, quando Wesley começou a falar, percebeu que um militante na frente fazia sinais para um grupo no fundo. Apontou para ele e o grupo começou a correr para a frente. Quando desceu, um dos homens do grupo pulou e deu uma voadora no peito de Wesley. No chão, começou a receber chutes na cabeça e no peito. Não sabia de onde vinha, eram muitos pés e mãos. Ouviu alguém gritar "arma".

Um policial da Guarda Civil Metropolitana havia sacado um revólver com o objetivo de tentar interromper a confusão. Ouviu mais gritos e os agressores deram um passo para trás. Wesley não conseguia entender o que estava acontecendo. Um homem negro se abaixou ao lado dele e disse: "Vem comigo. Você precisa sair daqui". Wesley percebeu que Aurélio também estava no chão.

O homem que o puxava era Sérgio Arruda, assessor do gabinete de Ricardo Young. Wesley se lembrava vagamente do advogado negro, já o tinha visto antes na Câmara dos Vereadores.

– Sou assessor, você não pode ir para a sua casa hoje – Sérgio disse. – Vou levar você para a delegacia.

Correram para fora do local, mas os agressores os esperavam lá também. A GCM não tinha acompanhado, até porque eram do bairro e tinham receio de se envolver no conflito. Mais socos e chutes na cabeça. Aurélio estava de pé, mas também apanhava. Quando o novo linchamento acabou e conseguiram se afastar, Sérgio insistiu:

— Você vai dormir em um hotel, nem que eu pague do bolso.

Além do assessor, outros três funcionários do gabinete de Young estavam presentes. E o deputado estadual Carlos Giannazi. Foram todos para a delegacia. Lá, Sérgio, advogado, foi falar com o delegado. Pediu proteção para os agredidos e para a loja de doces do pai de Wesley.

Quando voltou para junto de Wesley, viu que ele estava em choque.

— Vamos processar esse pessoal, você vai ver – disse o assessor.

Agora Wesley não podia voltar para o Jardim Apurá. Os agressores pareciam determinados, e não seria seguro voltar sem proteção. Sérgio sugeriu que ele ficasse em um hotel aquela noite até que encontrasse um lugar definitivo. Como não tinha dinheiro, Sérgio e Giannazi se ofereceram para pagar o pernoite.

Quando se despediram, o assessor acrescentou:

— Venha ao gabinete amanhã e vamos ver se podemos fazer algo mais.

No dia seguinte, ele e Aurélio foram até a Câmara dos Vereadores. Um homem alto de cabelos brancos os recebeu. Era o vereador Ricardo Young, que já sabia o que tinha acontecido no dia anterior por intermédio de Sérgio.

— Estava esperando vocês chegarem. Vamos ligar para o prefeito.

Wesley mal podia acreditar. Estava acostumado com a violência na periferia, mas não com o poder público se importando.

— Vou colocar no viva-voz, ok?

Discou.

— Oi, Fernando.

— Oi, Ricardo. Tudo bem? – era a voz do prefeito.

— Não muito bem. Não sei se você soube que o Wesley e o Aurélio foram espancados ontem. Eles saíram da audiência pública no Jardim Apurá e foram direto para o 98º DP.

Ouviram algumas interjeições incrédulas de Haddad, ao que Young concluiu:

— Só não morreram porque nossos assessores estavam lá.

A conversa continuou por alguns segundos, até que se ouviu a voz de Haddad respondendo:

— Eu não vou encontrar com esses dois, são muito agressivos.

O vereador insistiu.

— Olha, a luta deles é pertinente. Só querem ser escutados. Por isso que semana passada eles fizeram aquilo no evento.

Depois de desligarem o telefone, os dois continuaram conversando com Young sobre o que poderiam fazer. E o próximo passo foi buscar ajuda do governador.

Foi assim que dois dias depois os dois foram recebidos por Geraldo Alckmin. Entraram na sala grande do Palácio dos Bandeirantes, na qual o governador os esperava. Sentaram-se. Muito educado e falando com uma voz mansa, Alckmin tocou na perna de Wesley e disse:

– Ok, me explica o que aconteceu.

Passaram 50 minutos conversando. Alckmin virou para um assessor e disse que ele deveria ligar para a polícia e marcar um encontro.

De fato, mais dois dias e os dois foram recebidos pela Polícia Civil, que ouviu todo o relato e prometeu que receberiam todo o apoio do programa de proteção a testemunha.

Enquanto tudo isso acontecia, amigos pegavam roupas na casa de cada um para que não precisassem retornar para onde moravam. Wesley arrumou um lugar para ficar no centro de São Paulo.

Algumas semanas depois, um amigo ligou e disse que um recado havia sido enviado. Wesley não deveria sequer pensar em voltar para o Jardim Apurá. Aparentemente, um vereador havia conseguido R$ 70 mil para uma praça no bairro, sendo que ela receberia o nome do filho de um dos traficantes locais. O dinheiro seria obtido por meio de uma emenda parlamentar. Só que existia um problema: Wesley estava atrapalhando. Portanto, agora os traficantes o viam como inimigo.

No início, não foi um problema. Ele tocou a vida, continuou lutando pelo parque mesmo sem poder chegar perto. Ia para a rua em toda manifestação que podia. Inundava as redes sociais com protestos. Fazia parte dessa nova cultura, global, porém já intensamente brasileira, do "textão". Era distinto da maior parte da população brasileira, que se conectava para postar fotos do jantar, do turismo na praia e do bíceps na frente do espelho. Wesley e os amigos se conectavam para tentar mudar a realidade que viviam, como um número cada vez maior de brasileiros agora fazia. Muitos partiam do protesto virtual para a rua. Wesley vinha da rua para o virtual, em parte por não poder mais voltar para a sua própria rua.

Nas semanas seguintes, contou com algumas vitórias, como quando o mandato de Ricardo Young apresentou uma emenda parlamentar no valor de R$ 1 milhão para a criação do Parque dos Búfalos. Ou alianças com entidades que passaram a apoiar a luta. Por exemplo, com o SOS Mata Atlântica, a rede Minha Sampa e a rede Novos Parques, união de áreas verdes ameaçadas no território brasileiro. Embora nunca mais conseguissem falar nem com Haddad, nem com Alckmin, visitaram várias vezes todas as instituições públicas que puderam, como secretarias e a Câmara dos Vereadores.

Ao mesmo tempo, descobria o que podia sobre a construtora Emccamp. Por exemplo, que ela tinha recebido dez autuações por manter trabalhadores como escravos no Rio de Janeiro, estado que também havia contribuído para diversas campanhas eleitorais. Também lá, o dono da construtora tinha recebido o título de Cidadão do Estado.

Em meio a essa agitação, Wesley sonhava também com o rumo que daria a sua vida. Talvez pudesse cursar uma faculdade de Direito. Terminara o colegial e nunca quis parar de estudar. A dificuldade era pagar a faculdade.

Lembrava com saudade do tempo em que estudava na única escola do Jardim Apurá. Também sentia falta do parque aonde a mãe o levava para pescar, aonde ia sozinho vender geladinho ou somente para brincar. Ele lutava para não perder o verde dos Búfalos, mas ali – longe de casa – às vezes se sentia derrotado, como se o parque já tivesse sido tirado dele.

Em fevereiro, foram recebidos novamente na Cetesb. Com eles, o SOS Mata Atlântica e a rede Minha Sampa. O objetivo da reunião era tentar que o órgão estadual cancelasse a licença ambiental e passasse a fazer parte da ação popular em defesa do parque.

Depois que todos falaram, uma advogada disse que não poderiam discutir o mérito ali porque a questão havia sido judicializada.

– Mas o Wesley tentou conversar com vocês várias vezes – disse o representante de uma das entidades.

– Sim, nós conversamos uma vez – ela respondeu, sem dizer mais nada.

No fim da reunião, o presidente da Cetesb, Otávio Okano, levantou da cadeira e disse:

– Se a gente revogar a licença agora, vamos estar assumindo a culpa.

– Mesmo reconhecendo que...

– Mesmo reconhecendo, a gente estaria admitindo que o ato administrativo foi errado.

Disse isso e saiu da sala.

Mesmo sem a ajuda da Cetesb, o juiz Kenichi Koyama concordou com o mérito da ação popular e resolveu suspender as obras, além de pedir explicações para as partes envolvidas. Simultaneamente, começaram a sair na imprensa matérias falando sobre as 700 famílias que esperavam morar no novo condomínio. Em tese, eram todos moradores da região, a maioria casais com vários filhos. De acordo com a Secretaria de Habitação, só no extremo sul de São Paulo, 7 mil famílias aguardavam moradias.

No mês seguinte, Wesley propôs ao movimento a organização de um evento para tentar trazer personalidades ao Parque dos Búfalos. Todos reagiram empolgados.

– E se a gente fizesse isso no Dia Mundial da Água?
– Quando é?
– 22 de março.
– Parece bom. Podemos chamar os vereadores de São Paulo que falam do meio ambiente.
– Olha só, eu soube que a Rede Sustentabilidade daqui de São Paulo está preparando uma resolução para falar da crise hídrica – disse Wesley. – Pode juntar isso com a visita.

A crise da água estava no auge e Alckmin havia acabado de anunciar que a Represa Billings aumentaria a participação no abastecimento de água com o objetivo de tentar evitar o rodízio. A notícia os revoltara, pois o poder público fazia isso enquanto destruía mananciais como os do Parque dos Búfalos.

– Como assim? Como eles poderiam participar?
– Podemos tentar trazer Marina Silva. Não seria demais?
– E aí eles podem anunciar a entrega da resolução para ela aqui no parque.

Convite feito e aceito. No Dia da Água, estavam todos lá. Além de Marina, os vereadores Ricardo Young, Carlos Giannazi, Gilberto Natalini e mais de uma centena de ativistas.

Todos plantaram mudas de árvores no parque. Inclusive Wesley. Ninguém imaginava que mais tarde aquele ato se transformaria em um problema. Não para os políticos, que também plantaram, mas especificamente para Wesley e outros ativistas. Por plantar árvores, seriam processados pela construtora. E condenados a pagar R$ 100 mil.

As semanas seguintes se passaram sem grandes novidades. Apesar de todos os protestos e promessas, nada mais acontecia. Só podiam esperar. Esperar que a empresa respondesse o pedido do juiz. Que a polícia lhe desse proteção. Que a justiça punisse os homens que o agrediram. Em 23 de abril de 2015 ele completou 28 anos, ainda exilado de seu bairro.

Para sonhar com política

Por mais que protestasse, parecia que nada mudava. Tinha a sensação de que a mídia e o poder público não se importavam realmente com ele, nem com nenhum cidadão comum. Que faziam seus movimentos ocasionais, quase como espasmos, mas nada mudava de fato. Em meio a sua agitação diária, sentia ora abandono, ora raiva, sem nada poder fazer para mudar seu destino. A política do invisível não significava somente o lixão fora das vistas da população e da mídia, a tribo indígena expulsa de sua terra, nem os efeitos futuros de um sistema ambientalmente insustentável. Era também a violência acontecendo ali mesmo dentro do perímetro urbano. Talvez não existisse mesmo amor em São Paulo.

Ou em outras cidades. Wesley leu que Rafael Braga continuava preso pelo crime de carregar um frasco de Pinho Sol. Que Amarildo Dias de Souza saiu de sua casa na Rocinha um dia, foi preso por policiais e nunca mais foi visto. Wesley fazia parte daquela longa lista de negros e pobres para quem não existia justiça.

Com toda a movimentação que fazia, parece que não o enxergavam. Andando na rua, Wesley era suspeito. Quando beijava, um escândalo gay; quando protestava, era vândalo. Mas quando sofria, era ameaçado de morte ou tentava corrigir injustiças, aí Wesley era invisível.

Quando apanhava, ninguém ligava. Quando recebia ameaças por telefone, faziam pouco. Quando dizia que São Paulo inteira sofreria com a perda do verde, ninguém prestava atenção. Se insistia, diziam que era nervoso, impaciente, exagerado.

Mesmo assim, seguia seu protesto diário. Não desistia, não parava, não demonstrava o medo que sentia. Evidentemente, os efeitos da violência estavam lá. Não só a dos capangas que o agrediram ou a sentida nas Jornadas de Junho, mas de toda a brutalidade que sofrera desde sempre, por ser negro, pobre e da periferia. Só que em vez de recuar, Wesley brigava, exaltava-se, aumentava o tom de voz. Eram as marcas da violência, mas também uma tentativa de reverter sua invisibilidade.

Em novembro, tudo piorou. O Tribunal de Justiça do Estado de São Paulo liberou oficialmente as obras. E a Emccamp estava preparada. Em poucas semanas, derrubou mais de mil árvores. Ao ver o que era uma floresta se transformar em um terreno sem vida, Aurélio chorou. Wesley sentiu ainda mais raiva.

Fizeram planos, pensaram em voltar ao Jardim Apurá. Mas, um dia, Aurélio chegou com a notícia.

– Wesley, deixaram um recado para o seu pai. Disseram para ele não se preocupar. Que querem você.

Na mesma semana, a prefeitura decretou a existência oficial do Parque dos Búfalos. Podia parecer, mas não era uma boa notícia. A área tinha sido reduzida quase pela metade. A Secretaria do Verde e do Meio Ambiente liberou rapidamente a licença. Mesmo com Wesley e outras lideranças argumentando que não havia dotação orçamentária para implementar o parque. Que ele só existiria no papel. A metade que restara do parque também não seria protegida ou respeitada, garantindo um futuro de destruição e desprezo. Mesmo assim, a construção seguia em frente.

Prosseguiram no protesto, indo a debates, encontros, reuniões. Planejavam passeatas, programaram festivais de música, tanto no Jardim Apurá como no centro de São Paulo.

Na Câmara dos Vereadores, Aurélio novamente chorou.

– Vocês serão responsabilizados se essa obra sair.

Wesley repetia para si mesmo: "Não vai sair, não vai".

Foi quando decidiram que precisavam voltar ao Jardim Apurá. Marcaram uma reunião para dezembro.

Dessa vez, tudo transcorreu de maneira tranquila e sem grandes novidades. Já na rua, Wesley se afastou para fumar um cigarro. Não viu os homens se aproximando. Não viu o golpe que o derrubou.

No chão, sentiu os chutes na barriga, no peito, na perna e na cabeça. Sabia que Aurélio não estava longe. Parte dele queria gritar, pedir ajuda. Outra parte calava, não querendo compartilhar a dor dos golpes com o amigo. Ele não estava ali apanhando, provavelmente não o tinham reconhecido, melhor não mudar isso.

Era difícil pensar, talvez mesmo se quisesse gritar não teria conseguido.

Um dos agressores disse:

– Você só não vai pra terra do pé junto [cova] porque não estamos armados.

Afastaram-se. Wesley não se mexia, a dor não deixava. Ouviu a voz de Aurélio, gritando, perguntando o que tinha acontecido.

– Você não viu? Não viu que me espancaram? – gritava.

Ligaram para a polícia, mas ninguém apareceu. Foram para a casa dos pais de Aurélio, que era ali perto. Chegando lá, ligaram para um amigo, pedindo que os viesse buscar. Enquanto esperavam, Aurélio notou que Wesley estava estranhamente calado. "Será que ele está bem?", pensou.

Quando o amigo que chamaram buzinou na frente da casa, Wesley correu para dentro do carro.

Sem pressa, Aurélio o seguiu. A rua estava vazia, tudo estava tranquilo. Foi quando lembrou que não ia para o mesmo lado que eles. Abriu a porta.

Pela primeira vez em vários minutos, ouviu-se a voz nervosa de Wesley, soltando um berro desesperado:

– Fecha a porta! Fecha a porta já!

O carro partiu pela rua deserta.

CAPÍTULO 26

O cubo de Husserl

Com Ricardo Young

Cadeiras se arrastando e conversas paralelas faziam a conhecida trilha sonora de uma reunião que está para começar.
– Como assim o prefeito vetou? – a voz quebrou a trilha sonora e fez os rostos virarem.
Era um membro do gabinete. Tinha acabado de chegar e estava inconformado com a decisão do dia anterior. Ele ecoava o sentimento do resto da equipe, depois de meses de consultas a especialistas e motoristas.
– Mas, gente, não é possível. Não tem motivo.
Ricardo já esperava o veto. Depois de elaborar uma proposta equilibrada, ainda tinham feito grande esforço para atrair apoios para o Projeto de Lei (PL) 770/13, que regulamentava o serviço de táxi compartilhado. Passou na Câmara e teve boa repercussão na mídia, visto como uma tentativa de reduzir o custo do serviço de táxi sem prejudicar os motoristas. Mas o governo municipal se manteve distante da articulação e aos poucos foi ficando claro que faria oposição. O veto veio em três dias. Foi a demonstração final daquele adversário que só podia aceitar uma proposta se politicamente pudesse ganhar com ela.
Foi um repeteco do que havia ocorrido com o Projeto de Lei de Rios e Ruas, igualmente estudado e aprovado, igualmente vetado. Sem nenhuma

justificativa razoável, visto que nem custo para o erário haveria. Uma decepção múltipla, pois Ricardo tinha a impressão de que o prefeito Fernando Haddad era um político muito melhor do que a média, uma pessoa com quem acreditara poder dialogar e trabalhar em uma mesma direção. Entretanto, os vetos se acumulavam.

"Era mais fácil produzir algo de útil na vida empresarial", pensou Ricardo.

Também não era apenas mais um bom projeto desaparecendo. Ele havia aprendido que o mandato da vereança se assemelhava a estar no centro de uma tormenta de demandas e desastres, de sugestões e pressões. Como se girassem ao redor dele, cada uma batendo na porta do gabinete pedindo ou exigindo atenção, querendo submissão ou auxílio. Qual dessas possibilidades agarrar, qual delas levaria a uma solução para corrigir as distorções da cidade?

Ele tinha um plano traçado, caminhos que havia definido no início e durante o mandato. Mas a cada semana vinha uma nova revoada, fossem papéis, telefonemas ou reuniões. Temas fundamentais que ele não podia ignorar. A Frente Parlamentar pela Sustentabilidade, o Parque dos Búfalos, o Parque Augusta, o Plano Diretor, entre muitos outros assuntos.

Cada um abria um novo caminho, um para um cenário melhor, outro em conflitos sem fim. Alguns criavam obstáculos, outros limpavam a estrada. Com o táxi compartilhado foi apenas o vazio. Aquele caminho havia sido fechado a ele.

A reunião seguiu até que um dos membros, um advogado que seguia com atenção os temas relacionados à mobilidade urbana, disse:

– Acho que temos uma nova chance de resolver o problema dos táxis.

Era Sérgio Arruda – o advogado da equipe que atendia por Serginho. Fora ele quem primeiro tinha alertado sobre a possibilidade de o mandato intervir na questão do mercado paralelo dos alvarás.

– Vocês já ouviram falar do Uber, não? São esses aplicativos que conectam motoristas e passageiros, fora do sistema de táxi tradicional.

A explicação de Serginho foi curta, pois a maioria da equipe já conhecia muito bem o conceito. Um mês depois da chegada do serviço ao Brasil, um vereador da Câmara, Adilson Amadeu (PTB), havia apresentado o Projeto de Lei 349/2014 pedindo a suspensão do serviço. Adilson era próximo do sindicato e daqueles que detinham os alvarás. Em geral, qualquer tentativa de mexer no serviço de táxi era prontamente repudiada pelos grupos interessados no sistema vigente. Um exemplo foi quando o Ministério Público atacou o sistema de alvarás de táxis, argumentando que era ilegal, o sindicato rebateu e neutralizou a ofensiva com passeatas e recursos legais. Agora o novo alvo era o Uber. Na semana anterior, novamente, os taxistas vieram à Câmara em defesa do sistema atual.

Por isso, a equipe do gabinete de Ricardo Young sabia que a questão era essencial. Até porque avaliava que a nova tecnologia tinha potencial para revolucionar a relação entre passageiros e condutores. Nos últimos anos, a população se acostumara com aplicativos como o 99 Táxi e o Easy Taxi, e em São Paulo era cada vez mais difícil encontrar um taxista que não estivesse cadastrado em um deles. Agora, um novo aplicativo se aproveitava desse cenário e ia muito além, tirando do taxista o privilégio de transportar passageiros.

Ciente do interesse de todos na questão, Serginho continuou falando:

– Pois então, um amigo está trabalhando com o Uber há uns quatro ou cinco meses. Hoje é a principal renda dele. Acho que vale a pena ir atrás de informações sobre essa empresa.

Foi decidido que a equipe buscaria informações, como o CNPJ e o endereço da sede, e que tentariam entrar em contato com a empresa.

– Se esse Uber crescer, podemos ter transformações importantes na mobilidade da cidade.

De certa forma, Ricardo esperava por uma oportunidade como aquela. Considerava os problemas do sistema de táxi como uma distorção a ser resolvida pelo poder público. O Departamento de Transporte Público (DTP), órgão responsável por conceder alvarás, era dominado por interesses privados. Era por isso que faltava táxi, o DTP não liberava alvarás. Como resultado, o serviço era caro. Além disso, também era de má qualidade, pois a fiscalização era nula e muitos taxistas ganhavam muito pouco, pois tinham que gastar grande parte da renda com o aluguel dos alvarás.

Ricardo tinha tentado se posicionar em postos-chave para influenciar na questão, como fazer parte da Comissão de Trânsito e Transporte, mas até aquele momento parecia impossível iniciar um debate público.

A mobilidade urbana era um nó difícil de desatar.

Desde 2011, o Ministério Público do Estado investigava o setor, chegando a ajuizar uma ação civil pública pedindo o fim dos atuais alvarás. Não obteve grande progresso.

Em meio às conversas no gabinete, Ricardo pediu a atenção de todos:

– Gente, esses aplicativos, como o Uber, podem ser a oportunidade que precisamos para transformar positivamente o sistema.

O objetivo era reformular e modernizar o serviço de transporte individual. Tentar trazer – simultaneamente – vantagens para os motoristas de táxi e para os passageiros.

Mas Ricardo não era ingênuo. Temia que uma mudança de grande dimensão, mexendo com interesses privados e com um serviço tão importante – que tinha um público potencial de quase 20 milhões de pessoas – provocasse um conflito na cidade.

Não demorou muito. Dias depois, 6 mil taxistas se reuniram na Praça Charles Miller, em frente ao estádio do Pacaembu, zona oeste da capital paulista, protestando contra o uso de aplicativos para carona remunerada com carros particulares em São Paulo. Ou seja, o Uber, única empresa em operação na cidade que se encaixava na descrição naquele momento. Nas semanas seguintes, manifestações semelhantes ocorreram no Rio de Janeiro, Belo Horizonte, Curitiba, Salvador e Brasília.

Enquanto isso, o Simtetaxi, sindicato representante dos taxistas, seguia pelas vias legais e entrava com um processo pedindo que o Uber fosse impedido de operar. No fim de abril, a Justiça deu razão ao sindicato. Dois dias depois, uma liminar cancelou a suspensão. Mais uma semana e a 19ª Vara Cível extinguiu o processo. Mas todos sabiam que o confronto não terminaria ali.

Na semana seguinte, um funcionário do gabinete bateu à porta:

– Novidade boa. Dois representantes da Uber marcaram de vir aqui na Câmara falar com gente.

Ele sorria, como quem vai dar uma boa notícia.

– E... ainda fizeram um elogio. Disseram que não há outro vereador com visão tão adequada quanto a sua para entender a questão.

Ricardo pensou que aquela avaliação poderia mudar. De fato, ele era um entusiasta de inovações tecnológicas, motivo pelo qual a empresa o via de maneira tão positiva. E os empresários tinham interesse em agradar a Câmara, pois temiam uma regulamentação que impusesse obrigações, aumentando os custos do serviço.

Paralelamente, o Uber dava a possibilidade de qualquer motorista oferecer transporte individual a um preço menor, criando uma forte concorrência ao serviço tradicional. Grupos organizados de taxistas já estavam reagindo, cientes do impacto da empresa no setor em outros países. Em Nova York, o valor do alvará de táxi caiu de US$ 1 milhão para US$ 200 mil.

Ricardo colocava tudo aqui na balança e se sentia inclinado a votar contra o Projeto de Lei de Adilson Amadeu, que pretendia proibir o Uber. Enquanto refletia, ouviu alguém bater no vidro da porta lateral, como pedindo para entrar. Protocolo, pois a porta estava sempre aberta.

– Oi, Chu. Quer falar comigo?

O nome era Valdir Cassu, taxista antigo conhecido de Ricardo, que ele frequentemente chamava quando desejava ir a algum lugar distante. Ele tinha experiência, trabalhava como taxista desde 1977. Quando assumiu o mandato, chamou Chu para fazer parte da equipe, pois considerava importante ter um ponto de vista da categoria dentro do gabinete.

Sem fazer cerimônia, começou a falar:

– Tô preocupado com essas empresas, sabe? Os motoristas já passam mal com o mercado como está. Tem gente trabalhando 14, 15, até 18 horas por dia.

Enfatizou o "por dia" de maneira cansada. O homem tinha longos cabelos grisalhos, como um reverso de Ricardo. Falava com tranquilidade, pois o gabinete tinha se mostrado receptivo aos taxistas durante todo o primeiro ano, recebendo denúncias e questionamentos sobre diversos aspectos do sistema, inclusive a distribuição de alvarás. Insistiu na reclamação:

– Com essa concorrência cobrando preços tão mais baixos, muita gente não vai conseguir pagar as contas.

Ricardo já conhecia bem aquele cenário, em parte por causa de Chu, que sempre explicava como era a vida dos motoristas. Um grande número deles não tinha o alvará, então era obrigado a pagar aluguel pelo direito de prestar o serviço. Por isso, mesmo trabalhando muito não conseguiam o suficiente para bancar os custos. Era uma das razões para o serviço ser ruim, os próprios profissionais dirigiam estressados e ansiosos. Alguns moravam dentro dos carros. Mais um dos aspectos que explicavam o colapso pelo qual passava a mobilidade urbana em São Paulo.

Ricardo respondeu que sabia bem de tudo aquilo, que já haviam conversado muitas vezes.

– Só que como está não dá para ficar, Chu. Você sabe como eu penso.

O amigo motorista não se conteve. Repetiu alguns argumentos, se lembrou de outros, enquanto sua tranquilidade desaparecia. Estava decepcionado, sentia-se traído.

– Ricardo, isso vai acabar com o serviço de táxi. E com ele, centenas, até milhares de famílias. Não dá. Não dá.

Continuou repetindo, exaltado, como se o fato de sair daquela sala com uma negativa fosse equivalente ao fim de tudo que acreditava. Ricardo tentou argumentar, mas percebeu que seria difícil naquela situação.

Quando terminaram a conversa, assegurou ao amigo que fariam de tudo para levar em consideração a situação de todos os lados daquela história. De novo sozinho, refletiu que precisava tomar cuidado. A entrada das empresas e suas tecnologias inovadoras era uma oportunidade, mas precisavam ficar alertas para os problemas colaterais que poderiam surgir. Havia o risco real do serviço de transporte público individual – como chamavam o táxi – ser monopolizado por uma empresa privada.

As conversas com a Uber continuaram. Do lado do gabinete, queria entender melhor quais as intenções da empresa e até onde aceitariam negociar. Do lado da empresa, queriam saber como ele – bem como outros vereadores – votaria no projeto de Adilson.

Alguns dias depois, Ricardo pediu à equipe que agendasse uma visita ao Sindicato dos Taxistas. Conseguiram uma data, mas havia o temor de que a recepção poderia ser agressiva. Os líderes sindicais negavam qualquer possibilidade de aceitação do Uber e similares, e Ricardo era visto como um vereador simpático às inovações, o que naquele contexto lhes parecia perigoso. Pior, alguns desses líderes já falavam de Ricardo como um político que dialogava com as empresas, e transmitiam aos demais sindicalizados que isso era um sinal indiscutível de traição.

O dia chegou e Ricardo foi acompanhado de dois membros do gabinete. Ao entrar no sindicato, não sentiu nenhuma animosidade específica. O problema poderia começar quando começasse a falar do Uber. Muitos ali preferiam um discurso de combate unilateral e defesa absoluta do sistema vigente, que acreditavam ser seu direito adquirido.

– Antes de mais nada, eu vim aqui para ouvir vocês – disse Ricardo.

Para aqueles acostumados a ouvir políticos, a declaração não era exatamente uma novidade. Neutra, não indicava uma posição. Diversas mãos se levantaram e, um a um, os motoristas desfiaram suas reclamações. Uns demonstraram preocupação e mesmo raiva com uma novidade que vinha tornar seu meio de subsistência ainda mais difícil. Outros descreveram com detalhes como a situação do taxista era ruim e como não podiam permitir que piorasse.

Antes de passar a palavra de volta para Ricardo, um dos membros da mesa acrescentou uma pergunta.

– Como você vai votar no Projeto de Lei do Adilson Amadeu. Contra ou a favor do Uber?

Era chegada a hora. Tinha ouvido com atenção, mas agora vinha a parte mais complicada. Se votasse a favor a Uber, perderia a condição de interlocutor dos taxistas. E não conseguiria construir um diálogo com todos os atores do processo para chegar a um modelo mais avançado. Já havia discutido aquele ponto com a equipe do mandato.

Entretanto, não podia ocultar o que pensava sobre a situação atual.

– Quero adiantar a vocês que não vejo com bons olhos o modelo de táxi de São Paulo.

Achou melhor deixar a pergunta sobre o voto para o final. Prosseguiu dizendo que acompanhava com atenção as dificuldades dos motoristas e acreditava que havia espaço para um novo modelo que melhorasse tudo aqui. Que talvez o Uber ou empresas semelhantes não fossem o ideal, mas que poderiam criar uma oportunidade para apresentar uma alternativa, algo que fosse melhor do que o que tinham hoje.

– Como eu vou votar? Se não tiver tempo de apresentar um modelo alternativo, então eu devo votar a favor do PL.

Ou seja, Ricardo afirmava que votaria contra o Uber.

– Mas que fique claro: voto dessa forma na primeira votação e com o objetivo específico de levar o debate para o plenário. Quero construir ali uma alternativa que acolha ao mesmo tempo a inovação e a regulamentação, que beneficie o motorista e o passageiro.

Terminou com um convite para que o sindicato e seus membros participassem de um encontro com as empresas, incluindo a Uber. A liderança aceitou. Ricardo saiu dali se perguntando se realmente iriam ao evento.

Duas semanas depois, chegou o dia da votação, 30 de junho de 2015. Nesse tempo, a discussão continuou intensamente dentro da equipe do gabinete. Todos compreendiam a possibilidade de obter um espaço para o diálogo caso o PL passasse e fosse para o plenário, mas havia divergências quanto a aceitar o risco. O voto seria uma das decisões mais difíceis do mandato de Ricardo Young.

Ao chegar à Câmara, Ricardo deu de cara com algumas dezenas de táxis estacionados. Eram 9 horas da manhã, mas eles já começavam a bloquear a rua. E não saíram de lá até a hora da votação, na parte da tarde. Quando chegou o momento, o plenário e as galerias estavam lotados.

A pressão pareceu fazer efeito. O projeto foi aprovado em primeira votação por 47 a 1. O único contra foi o vereador José Police Neto, que era totalmente favorável ao novo modelo. Ricardo também votou a favor, explicando suas motivações, a importância de que a pauta fosse debatida, a oportunidade de se produzir um projeto que reorganizasse o sistema de transporte individual público.

Pouco adiantou. Algumas horas depois, manifestações emotivas começaram a chegar pelo Facebook e por e-mail.

– Estou decepcionado – escreveu um.
– Você é como os outros – exagerou outro.
– Justamente o vereador que fala tanto de inovação – argumentou um terceiro.
– Quero meu voto de volta – exigiu o quarto.

Foram dezenas de comentários, que por sua vez eram "curtidos" nas redes sociais por dezenas de outros cidadãos. Ricardo esperava uma reação, mas não tão intensa. O cidadão queria um posicionamento claro, comprometido com causas, ideias, valores específicos. O eleitor que tinha votado nele não era diferente. Mesmo com todos os discursos sobre construir alternativas a partir do diálogo, com toda a explicação sobre construir pontes e se informar sobre cada contexto para elaborar uma opinião. Nada disso parecia superar uma situação mal explicada, um ato sem degradês e nuances.

O debate estava polarizado. Se conversava com empresas, era um traidor do trabalhador. Se conversava com trabalhadores, era fechado à inovação e ao crescimento da economia.

Mas a realidade é que Ricardo via no Uber uma oportunidade real de tirar o serviço de táxi da acomodação, de rever uma estrutura tradicional que havia se tornado corrupta. Entretanto, por mais que a empresa fosse inovadora no aspecto tecnológico, ele a considerava um retrocesso do ponto de vista empresarial. Embora lucrasse com o setor, não criava uma relação com os motoristas, que podiam perder a fonte de renda a qualquer momento. A solução ideal precisava vir de um diálogo, um que produzisse um modelo com o melhor dos dois mundos.

Infelizmente, fazer aqueles grupos conversarem não seria tão fácil.

– É justamente o contrário do que deveria ser a nova política, a disposição de promover o diálogo. E parece que ela nunca foi tão necessária. Mas também parece que nunca foi tão difícil de executar.

Ricardo também descobriu que a mídia não era suficiente naquela difícil tarefa de iluminar as múltiplas facetas da realidade complexa. Mesmo as mais isentas apresentavam a notícia sem se preocupar em explorar os detalhes. Pior, as menos isentas cada vez mais influenciavam a política.

A busca pela objetividade perdia espaço, enquanto ganhava importância uma forma de transparência, em que blogs e formadores de opinião declaravam sua posição política e seus valores dizendo "eu tenho lado". Com isso, selecionavam fatos que reforçassem seus pontos de vista e inflamavam seus leitores, alimentando um desejo diário por emoções negativas. Soterravam seus leitores com informações parciais, alimentando paixões e turbinando emoções.

Este não era o único problema. Ambas as mídias – tradicionais ou novas – cada vez mais deixavam a lógica do sensacionalismo dirigir sua escolha de palavras, títulos e abordagem. Mais do que nunca, valia o que chamava atenção e provocava reações fortes, que satisfazia um apetite insaciável por notícias que trouxessem o conforto e a emoção, não o conteúdo de qualidade.

Não era barreira simples. Embora o ser humano se considere racional, a emoção é parte fundamental do mecanismo de tomada de decisões. Sem ela, a escolha mais simples seria impossível, o homem ficaria paralisado. O mecanismo foi concebido para que pudesse tomar decisões rápidas em situações de risco, sobreviver era o que importava. Da mesma forma, se aproximar daqueles que são parecidos é uma defesa ancestral que até hoje forja a percepção da realidade.

O comunicador mais celebrado se tornava aquele que utilizava tudo isso, provocando e administrando bem as paixões, exatamente a descrição que Simone Weil fazia dos partidos. A sociedade civil se partidarizava, nos piores aspectos possíveis desse tipo de organização. Nesse contexto, a tentativa de criar um diálogo corria o risco de ser mal interpretada ou mesmo descrita como inválida.

Tais mídias cada vez mais se concentravam em informações que corroborassem o posicionamento ideológico escolhido. O restante devia ser ignorado, sob pena de o fornecedor de notícias perder público.

Esses grupos acabavam sofrendo do que chamam de amplificação incestuosa, quando indivíduos que só respeitam pessoas de seu grupo radicalizam suas ideias ainda mais. Nesse cenário, o moderado era marginalizado e quem discordava era demonizado. "Como vamos nos desenvolver como sociedade, como vamos enriquecer o debate se não conseguimos nos abrir ao diferente, ao não-familiar, ao inesperado?", pensou Ricardo.

Naquele mês, várias outras polêmicas agitavam as redes sociais. A cada dia, grupos debatiam temas diversos. Em uma semana, era o fato de artistas brasileiros realizarem um show em Israel. Na outra, o julgamento das contas da presidente Dilma Rousseff. Na seguinte, a redução da velocidade nas marginais da capital paulista ou ainda a inclusão da discussão de gênero nos planos de educação.

De certa forma, havia algo de muito positivo em uma sociedade que discutia avidamente questões complexas. Com esse argumento razoável, muitos defendiam a polarização, dizendo ser benéfica por se tratar de debate claro entre pontos de vista diferentes.

Infelizmente, não.

Ao polarizar, os debatedores negavam o interlocutor de forma absoluta, sem margem para aprendizado e enriquecimento. Ao se filiar a um grupo, passavam a combater feroz e apaixonadamente ideias contrárias, esperando que a justiça premiasse o melhor. Não existe a possibilidade de o outro estar correto em nenhum aspecto, pois ele foi demonizado e aglutina tudo que há de incorreto, imoral e, possivelmente, ilegal. A polarização implicava a impossibilidade de se aproximar de seu contrário, pois ele é identificado com o mal encarnado. Toda a negociação é eliminada. Cada vez mais raramente as discussões terminavam de forma civilizada e amigável.

Depois de algum tempo, os fatos acabavam por demonstrar uma certa dose de acerto de um ou outro lado. Se o debatedor se acreditava vitorioso, então a democracia havia funcionado. Caso contrário, o sistema se provava injusto. Dessa forma, ninguém se considerava errado e suas emoções eram sempre poupadas.

Diante desse cenário, ficou evidente para a equipe do mandato qual deveria ser o tema da próxima Segunda Paulistana. Afinal, a proposta do encontro era justamente colocar frente a frente interlocutores que externassem suas posições tendo que contemplar a face do outro, em uma tentativa de humanizar o oponente. Ricardo também acreditava firmemente que tudo que havia ocorrido nos últimos dois anos no país tinha conexão com o que tentavam fazer ali na Câmara. Ir às ruas era uma manifestação legítima de cidadania, mas seria inútil se as pessoas não participassem de fato da política. E participar era ir a eventos como aquele, para ouvir e ser ouvido.

O tema seria o serviço de transporte público individual. Ou seja, o táxi e aquele que a categoria havia elegido como seu adversário: a nova tecnologia representada pelo Uber.

Na reunião do gabinete antes da Segunda Paulistana, Ricardo achou adequado fazer uma observação. Vinha refletindo muito sobre como cada participante enxergava diferentes aspectos de uma determinada discussão.

– Observar o mérito de uma ideia ou projeto é tarefa exaustiva, demanda tempo, conhecimento e capacidade de discernimento – começou.

E aí vinha a parte mais abstrata, mas que considerava importante dizer para o gabinete. Para que todos estivessem em sintonia com o modo como ele se posicionava, como tomava decisões.

– A realidade é um conjunto de ordem e caos, disse um filósofo francês – explicou Ricardo, fazendo referência a Edgar Morin.

Prosseguiu explicando que acreditava que o bom debate, ao contrário do que a maior parte das pessoas pensa, não serve para a disputa, mas para construir o conhecimento. Infelizmente, o que observamos é o cidadão abrindo mão dessa oportunidade e desse esforço de apreender a realidade multifacetada, estabelecendo um viés de confirmação. Ou seja, uma busca por reforçar o que já pensa. Em contraponto, a motivação do interlocutor que discorda passa a ser sempre moralmente duvidosa, preenchida por má--fé ou ignorância. Nesse contexto em que opinião se confunde com verdade absoluta, o debate se torna uma tentativa de doutrinar o interlocutor.

Precisavam escapar daquela câmara de eco, fazer com que os personagens centrais naquele debate realmente se expusessem a pontos de vista diferentes, sem surtar.

– Temos de construir um ambiente que seja diferente disso tudo. Temos que fazer com que os grupos conversem, criar um diálogo entre taxistas, passageiros e empresas.

Antes mesmo de o dia chegar, a complicação começou. O promotor Silvio Marques, do Ministério Público, o mesmo que havia ajuizado a ação civil pública pedindo o fim dos alvarás de táxis, disse que ia ao evento, mas que precisaria ter carro e proteção policial para entrar e sair do local. A Câmara dos Vereadores concordou em oferecer proteção.

No dia da Segunda Paulistana, a equipe do mandato desceu cedo para a Sala Sérgio Vieira de Mello, auditório localizado no subsolo da Câmara. O horário de divulgação dizia 18h30, e as pessoas costumavam demorar um pouco a chegar, mas já no fim da tarde o equipamento audiovisual estava sendo montado e os banners expostos. Neles estava escrito: "Diálogos Sobre Soluções para os Serviços de Transporte Individual na Cidade de São Paulo". Pouco antes de começar, souberam que um motorista do Uber tinha sido sequestrado e retido sob a mira de uma arma de fogo durante meia hora. Também tinha apanhado. Era um mau sinal.

Os primeiros a chegar à Câmara não pareciam fazer parte de nenhum grupo e foram se espalhando pelo auditório. Depois, representantes de algumas empresas de tecnologia, como Easy Taxi e Meia Bandeirada, vieram e se sentaram no meio, bem na frente. De vez em quando, levantavam e cumprimentavam algumas lideranças do sindicato, que se sentaram à direita dos representantes das empresas. Grupos organizados de taxistas também chegaram. Outros vereadores estavam presentes, como Adilson Amadeu (PTB), José Police Neto (PSD) e Salomão Pereira (PSDB).

Pouco antes da hora marcada para o início dos trabalhos, chegaram dois representantes da Uber, que cumprimentaram a equipe do mandato, agradeceram o convite e atravessaram toda a sala até o fim, sentando perto das janelas. Os interesses estavam concentrados, cada um em seu lugar, geograficamente posicionados, como torcidas em uma final de campeonato.

Ricardo olhou pela plateia, torcendo para que a razão imperasse naquele dia. Em seu íntimo, entretanto, sabia que sem a emoção e interesses particulares, nenhum deles estaria ali. Sem esse binômio, todos teriam ficado em casa. Então, pegou o microfone, pronto para abrir o evento, observando que tinham pelo menos uma vitória para comemorar naquela noite.

– Fico satisfeito em dizer que pela primeira vez conseguimos reunir sindicatos, taxistas e empresas de diversos perfis em um mesmo espaço para discutir a mobilidade urbana em São Paulo.

Fez um sorriso bem largo, como querendo contaminar os presentes, e disse:

– Pessoal, vou dizer um negócio para vocês: para a gente resolver bem essa questão, será preciso desagradar os dois lados. Quem quer tudo para o aplicativo e quem quer tudo para o táxi não vai sair contente. Só que, para a cidade, vai ser melhor. A gente não está aqui para agradar nem esse, nem aquele grupo. A população é que está lá fora esperando essa regulação.

Tudo seria muito mais fácil se realmente compreendessem essa ideia.

Agora, o próximo passo seria conseguir sair dali sem nenhuma briga. Após Ricardo abrir o evento, o assessor Rangel Mohedano – um jovem de cabelos finos e óculos – explicou como funcionava o evento das Segundas Paulistanas e pediu a um especialista convidado que assumisse o microfone. Este começou falando sobre a economia do compartilhamento e os desafios regulatórios.

Enquanto ele falava, Ricardo notou que a equipe de TV da Globo filmava, enquanto SBT e Band arrumavam equipamentos para entrar ao vivo se necessário. Nunca antes uma Segunda Paulistana tinha recebido esse grau de atenção da mídia televisiva. Mesmo para a Câmara isso era incomum.

Quando o especialista terminou, Rangel já havia distribuído os cartões de dois minutos para que as pessoas pudessem sentar na frente e falar.

O primeiro representante dos taxistas disse estar aberto a trabalhar com a Uber e as novas empresas. "Bom sinal, quem sabe realmente vamos conseguir humanizar esse debate", pensou Ricardo. O seguinte discordou, não só não queria trabalhar com a Uber, como preferia que desaparecessem de São Paulo. Ricardo manteve o otimismo: "Era evidente que haveria vozes discordantes".

"Só marketing desleal", insistiu um motorista, reclamando que a lei não estava sendo respeitada. O seguinte repetiu: "Não respeitam a lei". A seguir, um representante de uma das empresas de aplicativos que trabalhavam com os taxistas não foi muito mais receptivo: "Preferimos os taxistas, era o que dizia a lei", deixando claro que o novo modelo estava na ilegalidade.

Logo, chegou a hora do representante da Uber falar, Daniel Mangabeira, que de cara respondeu aos ataques:

– Normalmente eu levo uma vaia, mas vou dizer: a Uber não é ilegal.

Risos.

Alguém mais atrás zombou:

– Você é piadista.

– E irônico – disse outro.

O primeiro ainda repetiu:

– É piadista, hein, meu?

Havia ali um traço do desejo ancestral de se conectar com uns para disputar contra outros. De fazer parte de um grupo, de ser reconhecido por ele, de se sentir respeitado. Também de pertencimento, de se sentir protegido, para juntos vencerem a ameaça que o outro grupo representa. O racional sozinho não explicava tudo que os ligava. Acima de tudo, eram manifestações regidas por pulsões e visões de mundo concebidas muito antes de entrarem naquela sala.

Sem mudar o tom nem sorrir, Daniel insistiu:

– Há lastro legal.

Trajava calça bege e camisa azul-escura, conjunto despojado e informal. Era um contraste tanto com as camisetas dos motoristas quanto com os ternos dos representantes das outras empresas, como se viesse de um mundo diferente. Após as reações negativas, Daniel continuou falando e sem que outras vozes contrárias fossem ouvidas. Até que uma nova frase despertou a audiência:

– A Uber não está aqui para competir com ninguém, tirar mercado de ninguém.

A afirmação incomodou profundamente os taxistas.

Um senhor baixinho e de cabelos brancos levantou e pediu licença para falar, apesar de Daniel ainda não ter terminado. Começou a gritar, afirmando que aquilo tudo era idiota, uma bobagem, uma grande besteira.

– Ninguém está aqui para ouvir isso – disse.

A frase tinha um significado profundo. O primeiro pensamento que vinha à mente dos adversários era que aquele senhor não estava sendo democrático, que não aceitava ideias diferentes das suas, que desejava o silêncio do outro. Mas esse tipo de análise não aproximava os dois lados, só fornecia argumentos para que se atacassem.

Naquele instante, o diálogo mais afastava do que aproximava. Queriam exemplos simples que confirmassem seus pontos de vista já consolidados, queriam segurança e não transformação de seu universo. A única mudança era a que beneficiava a sua forma de enxergar o mundo. A linguagem era uma ferramenta imperfeita, da qual eram reféns por não existir nenhuma outra opção.

Para que um diálogo entre dois grupos tão extremos fosse possível, era essencial compreender o que um enxergava no outro, a disposição com que tinham ido à Câmara dos Vereadores naquele dia e a condição efetiva que cada um tinha para negociar.

Primeiro, os taxistas viam diante de si uma ameaça a uma situação que acreditavam estável. Não exatamente confortável, pois muitos não conseguiam retirar uma renda adequada. Mas era o que tinham disponível, e o Uber efetivamente disputaria o mesmo mercado. Em contraste, os representantes da Uber entendiam que o crescimento de aplicativos como esse com o qual trabalhavam era uma tendência inevitável. E que os taxistas não tinham escolha a não ser se adaptar a ela.

Um defendia o direito adquirido; o outro enxergava apenas o inexorável avanço da inovação. Um lutava pela sobrevivência, o outro, pela liberdade de expandir um negócio. Como no caso do Parque dos Búfalos, cada grupo lutava pelos valores que considerava mais importantes. Lá era moradia *versus* mananciais; aqui, uma condição de vida digna de uns *versus* a liberdade de outros.

– Vocês são ilegais – diziam, quando na verdade queriam dizer: "Como vou sobreviver em um mundo em que nada é seguro, quando já é tão difícil como está?"

– Vocês são contra o progresso e a boa qualidade do serviço – diziam os outros, quando na verdade queriam dizer: "Como este país pode prosperar quando a inovação é proibida e eles querem ficar presos no passado?"

Com essa ótica bastante distinta, não enxergavam nenhuma possibilidade de negociação. Ricardo olhava para os participantes e sabia que eles não estavam ali para ouvir ou negociar, mas para marcar presença em um campo de batalha. Do outro lado, pensava cada um deles, nada podia vir de bom, pois o resultado do que defendiam era muito distinto do que consideravam bom e verdadeiro. Não se negocia com o que é ruim. A estratégia de humanizar as partes não funcionava muito bem, pois nem o olho no olho conseguia conferir humanidade ao interlocutor. Em vez disso, ocorria o processo de desumanização, reduzindo o outro a um símbolo de algo que não merece respeito ou consideração.

Quando o senhor de idade gritou, uma voz concordou, mas várias se elevaram pedindo que deixassem o representante da Uber falar. Eles se calaram e o executivo terminou a fala sem mais interrupções. Ricardo se perguntou: "Será que o pior momento da noite já passou?"

A seguir, falou um especialista em mobilidade. E começou logo dizendo que desagradaria a todos. Que muitas transformações vinham pela frente: carona programada, frota sem motorista, entre muitas outras.

– O Uber não é nada perto do que vem por aí.

Enquanto falava, pessoas na audiência discordavam em voz baixa. Faziam pouco caso, dizendo que aquelas coisas não funcionariam no Brasil. A reação era fruto de um processo longo, uma imersão do indivíduo dentro de sua própria realidade, quando se constrói o que chamam de viés cognitivo, ou a tendência de se enxergar o mundo de uma maneira específica. A partir dessa necessidade, que pode ser reforçada por questões financeiras e afetivas, o indivíduo passa a procurar por informações que confirmem sua visão de mundo. É o viés de confirmação.

Mas a maior parte dos participantes naquele diálogo, como em geral as pessoas envolvidas com política, estava em um estágio mais avançado. Sofriam de dissonância cognitiva, fenômeno que faz com que o receptor não mude de ideia ao receber informações contrárias; pior, tais fatos só fazem com que ele procure explicações que acomodem seu pensamento, aumentando ainda mais sua crença.

O especialista continuou com sua fala. Também sugeriu ampliar os horários dos corredores exclusivos para que mais gente deixasse o carro em casa e passasse a usar táxis. Ainda assim, não agradou a audiência; a maioria não parecia estar ali para obter informações, mas para vencer um debate. Para eles, não havia dúvidas, só certezas. Acreditavam na existência de verdades absolutas e estavam certos de as terem encontrado, principalmente porque depositavam nessas verdades seu bem-estar individual. E eram esses os valores com que contavam, os outros se tornavam secundários. Somente soluções simples e absolutas eram alternativas viáveis.

A emoção e os interesses que os trouxeram ali os faziam rejeitar toda e qualquer alternativa. E não enxergavam isso neles mesmos. Para eles, a realidade era exatamente o que sentiam e acreditavam. Não tinham suspeitas de si nem de suas crenças. Como Descartes, pensavam que eram transparentes em si mesmos.

A seguir, o vereador Adilson Amadeu pediu a palavra na plateia. Nomeou os três executivos da Uber presentes, dizendo que estavam na "contramão" e que eram "anarquistas da tecnologia".

– Não me olhe assustado – disse e apontou o dedo para um deles.

Continuou com voz pausada, em um leve tom de ameaça. De novo, falou em ilegalidade.

– A verdade vai prevalecer sempre.

Na plateia, uma voz muito jovem interrompeu:

– Legalidade não é moralidade.

A interrupção pareceu irritar o vereador.

– Esse aí foi contratado para falar besteira.

Quando terminou, a fila de pessoas sentadas na frente continuou no rodízio de participações. Foi quando chegou a vez de um jovem estudante de 17 anos, o mesmo que havia interrompido Adilson Amadeu. E ele resolveu devolver a acusação.

– Gostaria de saber também quanto o Simtetaxi pagou a cada vereador para que a totalidade dos votos da primeira votação fosse contra o Uber – afirmou.

Antes que terminasse a frase, múltiplas vozes se elevaram em protesto. Imediatamente, o vereador Adilson Amadeu foi até o rapaz e colocou o dedo na cara dele.

– Eu vou te processar, e a casa vai te processar.

Ricardo se colocou na frente enquanto outros vieram tentar acalmar Adilson, que gritava. O vereador dos taxistas não estava acostumado a ser confrontado na casa dele.

Foi o primeiro evento em que ele perdeu a linha.

Muita gente berrava inconformada e havia um sério risco da confusão descambar em violência. A Guarda Municipal pegou o rapaz e saiu com ele, oferecendo escolta. O evento havia terminado.

Nenhum dos dois lados tinha como provar as acusações. Portanto, não ajudavam a resolver o dilema.

"Discernir a verdade já é difícil quando se tem calma. Nesse estado emocional é impossível", pensou Ricardo.

Talvez sem saber, ecoava uma ideia da francesa Simone Weil – novamente ela – que escreveu que a atenção verdadeira é um estado tão difícil para qualquer criatura humana que qualquer distúrbio emocional pode desorientar ou desviar.

Simone também dizia que o interesse pessoal tornava a decisão racional quase impossível. Um cálculo complexo seria tarefa árdua se o indivíduo soubesse que seria açoitado toda vez que tivesse um número par como resposta. Em seu íntimo, mesmo sem perceber, faria imperceptíveis acomodações para obter um número ímpar. Quanto mais lutasse para ser imparcial, mais se afastaria desse objetivo.

Apesar do clima de guerra, o gabinete concluiu que o simples fato de reunir as partes podia ser considerado uma vitória. Ninguém achava que ia ser fácil transformar a energia política que se via nas ruas em um debate civilizado, então aquilo era um começo. Um esforço para que aquelas vozes em conflito – embora não armadas de flores – alcançassem a eudaimonia de uma nova política.

Agora deveriam reunir as informações coletadas – antes e durante o evento – para construir uma proposta mais avançada. Uma que realmente considerasse os diferentes pontos de vista de todos e oferecesse uma proposta equilibrada e avançada para o serviço de transporte público individual em São Paulo.

Ricardo não acreditava que apresentar projetos de lei fosse indispensável na atuação de um vereador. Evidentemente, sabia que a população muitas vezes media o sucesso de um mandato pela quantidade de leis aprovadas. Mas ele não estava interessado em fazer número, tampouco no acordo de cavalheiros implícito entre os vereadores para que cada um tivesse dois projetos aprovados por ano, independentemente do mérito.

Não, Ricardo acreditava em aprovar boas leis, fosse ou não de autoria do mandato. Muitas vezes, podia servir de mero agente conciliador. Outras, apoiar projetos de outros que fossem benéficos para a sociedade. Não tinha nenhuma necessidade de propor leis simplesmente para parecer ser um político atuante.

Entretanto, aquele caso era especial. Havia uma necessidade real de um novo modelo, e nenhum outro mandato parecia preparado ou disposto a organizar os diferentes interesses e conceitos. Por isso, a equipe começou a elaborar um projeto de lei, um que corrigisse as distorções e aproveitasse a oportunidade que a nova tecnologia oferecia. E que colocasse o motorista no centro do sistema.

– Precisamos eliminar o mercado paralelo – disse Ricardo na reunião seguinte à Segunda Paulistana.

– A melhor maneira é transferir o registro do veículo diretamente para o taxista – disse Serginho. – Assim o protegemos, a receita do serviço vai inteira para ele e eliminamos o aluguel de alvarás.

– Parece perfeito – Ricardo disse. – Mais registros significam mais gente podendo trabalhar. E com uma renda melhor, a qualidade do serviço também aumenta, mesmo que o preço caia com mais competição.

– Também regularizamos o táxi e os novos aplicativos de uma vez – respondeu o advogado. – Só precisamos garantir que quem já trabalhe tenha a preferência.

Todos no gabinete acreditavam que as empresas de aplicativos, como 99 Taxi e Easy Taxi, aplaudiriam a proposta. Afinal, o mercado cresceria. Entretanto, também queriam incluir um item que desagradaria aquelas empresas. Um limite para o número de motoristas.

Para as empresas, quanto mais gente na rua, maior a receita. Não queriam limite. Mas o histórico do setor levantado pela equipe indicava que a falta de um teto era perigosa. Inúmeros casos demonstravam que o resultado era ruim no longo prazo, tanto para consumidores como para quem provia o serviço.

O exemplo mais citado pelos especialistas é o de Nova York durante a

Grande Depressão da década de 1930. Sem emprego, milhares de pessoas passaram a trabalhar como taxistas. O aumento da oferta causou uma queda brutal no preço, fazendo com que o trabalho fosse insuficiente para manter os motoristas. Ao encarar como um serviço complementar, sempre que possível davam preferência a outras atividades. Em diversos dias, os passageiros não conseguiam encontrar motoristas nas ruas.

A inconstância e a incerteza fizeram com que o poder público em Nova York impusesse uma regulamentação no sistema, limitando o número de licenças. Experiências similares em diversos outros países produziram um consenso de que criar um teto para o número de motoristas era fundamental para garantir uma boa qualidade de serviço.

– Ok. A gente sabe disso, o limite virou padrão – disse Rangel, o rapaz de cabelos finos. – Mas as novas tecnologias estão trazendo de volta esse debate. Eles alegam que agora é possível manter um número ilimitado porque fica muito fácil manter a oferta. Porque não há limite no número de motoristas que podem trabalhar, o mercado se tornou muito rápido e flexível.

Ricardo assentiu com a cabeça, concordando que era uma questão a refletir. E contra-argumentou:

– Também sabemos que é comum um aplicativo se tornar predominante, quase padrão em seus mercados. Ocorrendo isso, podemos ter um cenário de quase monopólio. Para chegar a esse cenário, a empresa pode inclusive fazer *dumping*. Ou seja, reduzir o preço com o objetivo de conquistar e monopolizar o mercado.

Continuaram discutindo durante quase uma hora os diversos efeitos desejados ou colaterais da lei, como reduzir a influência dos sindicatos no órgão que emitia os alvarás. Tinham dois objetivos: de um lado, reformular o setor e aprimorar o serviço; de outro, reduzir os danos que a ruptura tecnológica e a correção das distorções causariam. Quando terminaram, a chefe de gabinete, Mara Prado, avisou:

– Vou fazer uma redação inicial com essas ideias e aí todos podem contribuir com sugestões.

Enquanto a redação do projeto era feita, o vereador José Police Neto (PSD) também organizou uma audiência pública. Entretanto, ele tinha uma posição definida, pois pedia que o Uber simplesmente fosse regulamentado, sem nenhuma proposta adicional ou alteração no atual sistema de táxi. Fora com o antigo, todo espaço ao novo. Argumentava com base no Plano

Diretor aprovado no ano anterior, que previa a criação de políticas de compartilhamento de veículos.

Diferente da Segunda Paulistana, dessa vez nenhuma associação ligada aos taxistas compareceu. Foi um protesto a uma solução que os ignorava. A empresa 99 também enviou um comunicado para Police Neto, solicitando que não fosse sequer mencionada durante o evento.

Ricardo pediu que um membro da equipe estivesse presente, com o objetivo de coletar informações. Estavam prestes a anunciar o projeto de lei e a audiência seria uma última oportunidade de enriquecê-lo. Mas nada de novo apareceu. No dia seguinte à audiência, o mandato de Ricardo Young propôs o PL 416/2015.

Torciam para que o projeto fosse visto como uma tentativa de conciliar diferentes necessidades e que a Câmara acolhesse a oportunidade. Infelizmente, não foi o que ocorreu. Em especial, por enfrentar oposição da prefeitura e da base do governo, que preparava a sua própria proposta, ainda sem nenhuma intenção de ceder ao Uber e a qualquer aplicativo semelhante.

Enquanto ninguém se entendia, a Uber continuava operando. E os taxistas continuavam desesperados, fazendo manifestações e cometendo atos de violência. Depredaram veículos simplesmente por serem da cor preta, com barras de ferro ou pedras. Ataques semelhantes ocorreram no Rio de Janeiro e em Belo Horizonte. Era o último grau do processo de desumanização, aquele que reduzia o outro a algo que não merece respeito ou consideração. Naquele momento, os participantes passavam para ataques físicos. Uma disposição que logo se aproximaria de Ricardo.

Foi o que ocorreu em uma reunião para discutir o tema. Em vez de palavras, punhos. Estavam presentes o vereador Adilson Amadeu e o presidente da Câmara, Antonio Donato (PT). Discutiam a questão dos táxis e Ricardo explicou que na segunda votação do projeto proibindo o Uber teria que votar contra. Amadeu estava revoltado.

– Você vota a favor na primeira e agora diz que é contra?

– Adilson, eu tinha avisado que...

– Não, não, não. Isso não dá pra aceitar.

Ele se exaltava, aumentou a voz, enquanto Donato tentava contemporizar. Levantou da mesa e continuou falando de pé.

Ricardo repetia que quando votou tinha deixado bem claro que o objetivo era permitir o debate da pauta no plenário. O que não existiu. Sendo assim, restava votar contra e esperava que outro projeto reunisse os diferentes pontos de vista da questão. Podia ser o dele ou de qualquer outro vereador. Mas precisava haver um concerto entre as partes. Amadeu não aceitava, continuava repetindo as mesmas frases, cada vez mais exaltado, o que fez com que Ricardo se levantasse. Donato também, ficando no meio dos dois para tentar acalmar os ânimos.

Amadeu apontava o dedo direito para Ricardo, até que afastou o braço, fechou o punho e desferiu um golpe, que atingiu Donato. Só porque ele estava na frente.

O presidente bambeou, quase caiu. Amadeu se afastou, aparentemente percebendo que tinha ido longe demais. A violência fez a reunião acabar. Não havia mais possibilidade de diálogo.

Aquele comportamento exaltado era também uma forma de chamar a atenção dos eleitores, de mostrar que se importava, que estava fazendo algo. Por exemplo, Amadeu ficaria conhecido por tirar a roupa em cima de um caminhão durante uma manifestação em defesa dos taxistas.

O que Amadeu não sabia era que Ricardo nem teria a oportunidade de votar – contra ou a favor. Na semana seguinte, ele tinha que cumprir um acordo com o partido, o PPS, firmado quando se candidatou. Para que o partido lhe desse liberdade de atuação, tinha que abrir mão do mandato durante um mês por ano. Em seu lugar, assumiria o suplente, Claudio Fonseca. Precisava ser agora porque o substituto tinha como meta participar dos debates do Plano Municipal de Educação, área em que atuava.

Quando chegou o dia da segunda votação, o substituto de Young preferiu se abster. Considerava que contra ou a favor não resolvia a situação. Ao discursar, mencionou a necessidade de se pensar o conflito de forma mais abrangente.

Mais uma semana e a prefeitura sancionou o projeto de Amadeu, oficialmente proibindo aplicativos como o da Uber de operar. Se quisessem trabalhar, teria que ser dentro das categorias existentes. Os taxistas comemoraram, sem saber que a vitória teria curta duração.

A seguir, ficou pronto o projeto de lei do gabinete de Ricardo. Mara Prado enviou a redação para a equipe, que fez as sugestões. Divulgaram o texto. E começaram a chegar as primeiras reações. A Uber ficou incomodada. Reclamou do limite na quantidade de veículos. Os taxistas também reclamaram. Disseram que o PL de alguma forma legitimava a Uber e outras empresas semelhantes que podiam aparecer. Também consideravam um absurdo acabar com o alvará, pois o defendiam como um direito inalienável. Era seu dogma. Em suma, rejeitavam qualquer política que reorganizasse o sistema. Os dois grupos pareciam duas ilhas ou dois planetas distintos, sem nenhuma comunicação entre si.

Nenhuma afetividade os ligava, só enxergavam interesses que os dividiam. Em uma situação como essa, um sistema complexo onde há diferentes valores em conflito, a tendência é que os participantes aumentem as zonas cegas em seu conhecimento. Como no cubo do filósofo austríaco Edmund Husserl, que perguntava aos seus alunos durante as aulas:

– Vocês veem este cubo?

– Sim.

– Não é verdade. Vocês enxergam apenas três faces. Mas um cubo tem seis e vocês jamais as enxergam simultaneamente.

– É preciso girar – respondiam.

A metáfora de cubo de Husserl é análoga à fábula do elefante tocado por cegos. Cada um sente uma parte: a cauda, a tromba, a pata. Ninguém consegue imaginar o que é o animal inteiro. Mas em uma situação complexa é extremamente difícil fugir da cegueira. Ou, na metáfora de Husserl, conseguir girar o cubo.

Para o diálogo ser possível, aqueles grupos precisavam estar dispostos para a mudança, deixando por um momento a crítica e o julgamento antecipado. O exercício da complexidade força a reflexão, mas ela só vai ocorrer se existir uma disposição para sair de uma zona de conforto, de uma maneira específica de pensar.

Ricardo pediu aos membros do gabinete que marcassem reuniões e visitas aos grupos de interesse para apresentar o projeto. Sabia que havia uma necessidade de explicar, tentar tirá-los dessa zona de conforto. À primeira vista, todos procuram enquadrar uma proposta dentro de caixinhas.

Dizem: "Será que é contra mim?"

Ou então: "Será que me favorece?"

Propostas equilibradas ficavam em segundo plano, entre serem combatidas ou simplesmente ignoradas.

Para tentar superar essa barreira, Serginho foi aos sindicatos, como o dos engenheiros, que responderam com alguma simpatia. Dias depois, apresentaram ao secretário de Transportes, Jilmar Tatto, que concordou que não havia como frear a tecnologia. Virou para o assessor e determinou:

– Fale para a equipe estudar o projeto, ok?

Embora o secretário não tivesse se aprofundado nos detalhes, parecia sincero. Ricardo sentiu esperança. Não se preocupava muito se seu projeto passaria ou não. O que realmente lhe importava era ver um modelo mais inteligente funcionando em São Paulo.

Enquanto isso, os ataques aos motoristas da Uber continuavam. Deixavam feridos e veículos danificados, como em São Paulo, onde um motorista foi ameaçado e teve o carro apedrejado. De novo, episódios semelhantes no Rio de Janeiro e em Belo Horizonte. Esses acontecimentos não contribuíam para convencer a opinião pública. Uma empresa que tenta conquistar um mercado novo se esforça para oferecer um bom serviço. Era o caso da Uber, que – ao menos no início – seduzia os formadores de opinião.

Em outubro de 2015, a prefeitura fez uma última tentativa de resolver o problema, criando com um decreto a categoria do Táxi Preto, um Uber do Município, dando cinco mil novos alvarás. Mas, dessa vez, seriam outorgas onerosas, ou seja, seus donos teriam o direito de vender ou transferir, diferente dos alvarás atuais, que eram outorgas não onerosas, sem direito a venda, somente doação.

– Vamos incorporar a inovação sem perder o controle – disse o prefeito Fernando Haddad.

As corridas seriam realizadas somente por meio de celular. Os taxistas novamente comemoraram, ainda sem perceber que aquela situação não duraria. Em pouco tempo, o Táxi Preto se mostrou inviável, caro demais em um mercado em que o novo chegava desintegrando o passado. O projeto também era uma demonstração de que a prefeitura não tinha levado suas propostas em consideração.

Reação do Uber: nenhuma. Continuaram rejeitando a comparação com táxis. Paralelamente, uma surpresa: o vereador José Police Neto conseguiu incluir seu projeto de lei na pauta de fim de ano. É um expediente que os vereadores usam para aprovar um pacotão de PLs. Ao todo, eram 106 projetos aprovados sem contagem de votos, e a votação era simbólica. E o melhor: três dias antes do Natal, quando a imprensa dá pouca atenção para os vereadores e os leitores não querem saber de política.

Foi assim que o Uber passou pela Câmara. Ao menos em primeira votação. Ainda faltava a segunda e depois a sanção da prefeitura. O projeto trazia vantagens, como a exigência de antecedentes criminais para os motoristas, o que os taxistas já tinham que atender.

Enquanto isso, a polêmica permaneceu viva e os usuários apoiavam cada vez mais o serviço. Mesmo quando em dezembro surgiram notícias de que o preço dinâmico do Uber havia causado sobretaxa nas tarifas, cobrando até 20 vezes mais. Naquele Ano Novo, uma arquiteta chegou a pagar R$ 556,00 numa corrida de pouco mais de 20 quilômetros em Brasília, o preço de uma passagem de avião.

Eram sinais de problemas adiante. E Ricardo cada vez mais temia pelo resultado daquele debate. Sabia que – na polarização, mais do que nunca – a vitória é sempre do politicamente mais forte. Somem de cena o diálogo e a negociação. Até aquele ponto, a lei e a força política dos taxistas tinham feito o poder público tentar anular a inovação tecnológica. Entretanto, a maré virava, a população apoiava a novidade e o inverso estava para acontecer.

Em janeiro de 2016, foi a vez da prefeitura realizar uma audiência pública. E nela, o que impressionou foi o interesse. Agora o Uber era a coqueluche da cidade e mais de seis mil pessoas participaram. Por aquele recorte, a esmagadora maioria aprovava a nova modalidade de serviço. Entretanto, os principais atores continuavam imóveis, nenhum avanço, nenhuma negociação. Como voz dos taxistas, Adilson Amadeu repetia: o serviço é ilegal. A Uber dizia que não era táxi e rejeitava qualquer regulamentação ou limite.

No começo de fevereiro, a Justiça deu uma vitória importante à Uber. Um desembargador proibiu o poder público de apreender os carros da empresa. Foi o sinal que o mercado precisava. Sem risco de ter carros apreendidos, o cadastramento de motoristas foi acelerado e o volume de carros no serviço triplicaria nos meses seguintes.

Enquanto isso, a maré da opinião pública começava a se consolidar a favor do novo aplicativo, ainda desconsiderando potenciais problemas que poderiam surgir. A prefeitura e parte dos vereadores também começavam a dar sinais de que convergiam para essa posição, tornando difícil a situação dos sindicatos de taxistas.

Em meados de fevereiro, Ricardo recebeu pelo Whatsapp uma notícia da *Folha de S. Paulo*. A manchete chamava a atenção:

"Pesquisa aponta que 78% defendem regulamentação do Uber no Brasil".

O número impressionava. Rapidamente, na rua mesmo, ele clicou na matéria. Dentro, leu:

"Somente 4% das pessoas avaliavam que o Uber deveria ser proibido."

Quando chegou ao gabinete, chamou Serginho e Chu, que já imaginavam o assunto.

– Vocês viram a matéria, né?
– Eu vi – disse Serginho. – A aprovação do novo serviço é tremenda.
– Sim, mas só 17% acham que o serviço não deve ser regulamentado – contrapôs Chu. – Isso também é uma boa notícia, não?
Ricardo não estava tão otimista.
– Depende muito de como fizeram a pergunta. O que é certo é que a população agora aprova o serviço. Quanto a obter uma regulamentação equilibrada, não sei se será possível se ambos os lados continuarem rejeitando toda e qualquer negociação.

De fato, taxistas e Uber continuavam imóveis, sem intenção de entrar em acordo. E se continuassem rumando para o tudo ou nada, a previsão de Ricardo se concretizaria: a vitória absoluta do mais forte, sem possibilidade de ponderação ou planejamento para o futuro. Naquele cenário, o que importava era que a população aprovava o Uber. E a empresa teria tudo que queria.

Com a justiça e a opinião pública favoráveis, estava claro que os taxistas tinham perdido a batalha. E talvez perdessem a guerra. No fim de abril, foi marcada a segunda votação do PL de Police Neto, que propunha liberar o Uber. Centenas de taxistas fizeram uma manifestação em frente à Câmara Municipal. Interromperam o trânsito do viaduto Jacareí, em frente à Câmara, soltaram rojões e fizeram buzinaços. A Câmara resolveu adiar a votação.

Parecia uma vitória dos taxistas. Não era. Apesar da manifestação e do recuo da Câmara, o poder público percebeu que a maré da opinião pública tinha virado. Foi então que a prefeitura inverteu totalmente o posicionamento, usando o PL do vereador Police Neto como inspiração para redigir um decreto liberando os novos aplicativos, com ou sem alvará.

A publicação ocorreu em maio, na forma do decreto 56.981. Um dos funcionários do gabinete entrou comemorando:
– Olha só, eles implementaram coisas do nosso PL.
– O quê? – perguntou Ricardo.
– Os motoristas do Uber vão precisar se registrar no Condutax – disse, fazendo referência ao cadastro municipal de condutores de táxi.
– Isso era o mínimo, né? Que mais?
– Diz que os aplicativos também vão ser gerenciados por uma plataforma on-line da prefeitura. Igualzinho ao que nós escrevemos.
– E a avaliação externa dos motoristas?
– Não tem.

– Preço máximo?
– Não, fica aberta a brecha para abusos.
Outra funcionária percorria o texto com os olhos.
– Também não tem preço mínimo – ela disse. – Ou seja, mantém o risco da empresa fazer *dumping*.
Ricardo sentou na cadeira, um pouco desanimado.
– E o número de motoristas ainda vai continuar sem limite, o que coloca em risco a sustentabilidade do sistema.
Ele fazia referência ao risco de excesso de veículos nas ruas, um ponto que o gabinete havia determinado ser consenso entre os especialistas, como a experiência internacional já havia demonstrado. Em última instância, prejudicando motoristas e passageiros.
Resumo: em vez de resolver as distorções do sistema, criaram brechas para novos problemas.
– Ou seja, temos que continuar insistindo.
Naquela altura, vários membros do gabinete relatavam ouvir aqui e ali taxistas mostrando simpatia com a proposta – agora sem chances – do mandato de Ricardo. Cientes de que agora o poder público tendia a apoiar o Uber, passaram a elogiar o posicionamento do mandato. Compreendiam que teria sido melhor negociar.
Taxistas, que a princípio se recusaram a qualquer negociação, entraram em contato com o mandato em diversas ocasiões. Por vezes de maneira organizada, outras vezes se manifestando individualmente. Afirmavam agora perceber que seria melhor ter entrado em um acordo, como o mandato sugeria desde o começo.
Certo dia, depois do almoço, Ricardo viu no celular uma mensagem no grupo do gabinete. Era de Chu. Dizia que um dos sindicatos mais aguerridos havia repassado alguns pontos para uma negociação.
"Talvez seja tarde, mas ao menos aceitam negociar", pensou Ricardo.
Foi descendo a lista. Ainda era muita coisa.
"Querem um teto para as tarifas", leu. "Ok, isso é razoável."
Mas a lista crescia, em número e ousadia. Queriam limitar o percentual do Uber a 10% da corrida. Impedir que os motoristas também fossem isentos do rodízio, que pudessem utilizar o corredor de ônibus e que pudessem fazer compartilhamento com vários passageiros.
Eram muitas exigências, o que não seria em si um problema, pois parte do jogo da negociação é colocar na mesa tudo que se quer. Até para poder ceder

aqui e ali e reter o essencial. O problema era que os taxistas não entravam em uma posição de força. O excesso de exigências inviabilizava uma conversa, principalmente porque agora a Uber tinha não só a opinião pública, mas também a prefeitura e a Câmara a favor. Quem aceitaria negociar o que quer que fosse em uma situação confortável como essa?

Com o aumento do número de motoristas e sem barreiras para atuar, o mercado se abria para os novos aplicativos. Além do Uber, chegava o Cabify. E a 99 Taxi também anunciava que passaria a oferecer um recurso semelhante. A competição era um bom sinal, pois reduzia o risco de ter uma única empresa controlando o mercado. Mas não resolvia todos os problemas.

No início de setembro, Chu entrou na sala de Ricardo com aparência ainda mais triste do que vinha demonstrando desde o ano anterior.

– Chu, você parece chateado.

– Você não imagina o que eu tenho visto e ouvido por aí.

Ricardo apontou a cadeira.

– A situação está muito ruim. Tem gente rodando pela rua durante horas sem conseguir uma só corrida. Tem taxista dormindo dentro do táxi, só porque não quer ir pra casa sem grana para comprar comida.

Ricardo recebia outros indícios de que a situação estava pior a cada dia. O mesmo vereador que havia tentado agredir Ricardo, Adilson Amadeu, tinha começado a elogiar o PL do mandato.

– Chu, o que eu vou lhe dizer agora não me traz satisfação. Mas não são só os motoristas dos táxis que estão descontentes.

– Como assim?

– Hoje recebemos a notícia. Apareceram as primeiras ações de motoristas do Uber. Eles exigem reconhecimento do vínculo empregatício.

– Olha aí, olha aí. Esse negócio não pode dar certo.

– Você sabe que eu também não aprovo integralmente os modelos antigos. Mas é um sinal de que ainda há muito o que se debater.

O fato é que muitos motoristas de ambos os lados agora entendiam que estavam no mesmo barco. Taxistas se reuniram com um grupo de motoristas da Uber para fazer uma lista de sugestões. Diziam não ter mais a renda do início, que número de cadastrados tinha aumentado muito e que o percentual cobrado dos motoristas pela Uber aumentara de 20% para 25%.

– Chu, tudo que eu posso esperar é que agora a situação fique mais clara e a Câmara volte a debater o tema.

Fazia menção à decisão de que o mandato continuaria participando da Comissão de Transportes, tentando corrigir as distorções e buscando o equilíbrio do sistema.

Serginho bateu na porta, pedindo para entrar. Trazia um sorriso ambíguo.

– Olha o e-mail que me mandaram, é de um taxista de Perdizes. Ele disse que assistiu aos vídeos do mandato. E admitiu que no começo os taxistas não confiavam nele, tinham medo de que ele só defenderia as empresas.

Ricardo interrompeu:

– Sempre essa visão de que ou está contra ou está a favor. Isso é terrivelmente prejudicial ao diálogo.

Serginho continuou:

– Ele lembra que a gente sempre pediu um acordo.

Fez uma pausa, sorrindo.

– E diz: "Hoje acho que é o que a maioria quer". Não é incrível? Demorou, mas veio.

– Chu, você acha que é isso, que a categoria está enxergando dessa forma?

– Tem gente que está mudando de opinião. Outros, não.

Serginho voltou com o e-mail.

– E aí ele continua com sugestões sobre rodízio e anel viário. Vou anotar aqui e mando para todos.

No fim do dia, Ricardo foi para casa pensando na pequena vitória. Não tinha sido fácil fugir da narrativa simplista. Percebia agora que a ação complexa era a correta a se buscar, mas que ela tinha uma séria desvantagem do ponto de vista da percepção da população. Não se encaixava nas caixinhas, portanto era muito mais difícil de ser compreendida. Mais fácil ser vista como contrária aos valores fundamentais de quem lia. Na melhor das hipóteses, era considerada como neutra ou até lenta demais. No linguajar da política, "em cima do muro" ou "indecisa".

Infelizmente, a política parecia só trazer grandes resultados para quem fazia grandes acertos. Por exemplo, de pouco serviu para Ricardo o acordo de cavalheiros entre os vereadores, aquele que permitia que todos tivessem ao menos dois projetos aprovados por ano. Todos os projetos que o gabinete conseguiu aprovar foram vetados pelo prefeito Haddad. Essa era a política partidária, em que o interesse da sociedade não contava, o que interessava era marcar pontos para ganhar popularidade, o que posteriormente ajudaria a ganhar votos.

Em abril, o Ministério Público determinou que a lei proibindo o Uber de funcionar era inconstitucional. Um mês depois, em maio, a prefeitura publicou um decreto incorporando algumas ideias do PL do gabinete de Ricardo Young.

Foi uma vitória um pouco amarga para a equipe do gabinete. Não porque não existiu nenhum tipo de crédito. O que realmente os motivava era provocar uma transformação na cidade. E isso não aconteceu. Apesar de inicialmente apoiar os taxistas, a prefeitura não realizou nenhum tipo de diálogo com eles para produzir o decreto. Igualmente, o projeto não lidava com as distorções do sistema atual.

Para Ricardo, era mais uma decepção. Como a luta para defender o Parque dos Búfalos que o havia colocado em contato com Wesley. Como o belo projeto do Plano Diretor, distorcido com a Lei do Zoneamento, o que também era uma enorme derrota para os ideais de sustentabilidade e construção coletiva.

Afinal, dezenas de centenas de fóruns, audiências públicas e enorme colaboração de especialistas para construir o Plano Diretor, que chegou a ser elogiado pela Organização das Nações Unidas. Mais dezenas de debates para regulamentar o PDE – Plano Diretor Estratégico – na Lei de Zoneamento. Tudo para, ao final – em uma sexta-feira na Câmara –, a legislação tão celebrada ser desfigurada. Votaram uma emenda que concedia às construtoras um período de adaptação que permitira dezenas de edifícios serem aprovados sem levar em consideração o PDE. E como se notaria no mandato do prefeito seguinte, tempo suficiente para a legislação ser eliminada.

Por melhor que fossem as intenções, ficou evidente que não bastava. A solução estava muito além de melhores políticos. A sociedade precisava participar. Precisava enxergar o invisível, aquilo que ia além de suas necessidades imediatas e de suas paixões. Precisava se colocar no lugar do outro e fazer um esforço para girar o cubo de Husserl. Mas, mesmo fazendo isso, precisaria compreender que o exercício da política nunca termina, que uma solução hoje deve ser revisitada amanhã.

Epílogo

Entropia política

De um personagem, esperam-se conquistas. De uma narrativa, espera-se um fim satisfatório. Mas este é o mundo real, em que os fatos não se encaixam de maneira adequada e a história não acaba no momento ideal para nos trazer contentamento. Aqui coloco a necessidade de dizer ao leitor uma última palavra sobre o destino dos personagens, sem dar a impressão de que uma mão invisível organiza a história justa, com começo, meio e fim perfeitamente organizados. Pois esse sentido por trás dos fatos não existe.

Como nas Jornadas de Junho, em que se esperavam resultados práticos. Alguns, de fato, existiram. Como a sanção da Lei da Delação, que deu base jurídica posterior para a Operação Lava Jato. Mais adiante, as manifestações também deram inspiração para as ocupações nas escolas públicas e para a Primavera Feminista. Além disso, diversos partidos ficaram abalados e podem nunca se recuperar totalmente, colaborando com a reforma do sistema político.

Mas o tempo passou, a população se cansou e os avanços foram se perdendo. Manifestantes deixaram as escolas e as ruas. A cada ano, bilhões estão sendo cortados do orçamento federal, especialmente em educação e saúde. Entre os personagens dessa narrativa, Cristovam Buarque – hoje no Senado – admitiu a necessidade de cortes, mas criticou perdas nessas áreas prioritárias, que afetam o futuro do Brasil.

No interior de São Paulo, os lixões voltaram, totalizando quase quarenta no primeiro semestre de 2017. Eles agora passam a ser responsabilidade de

Rogério Godinho

Maurício Brusadin, que, depois de um bom período afastado da política, foi nomeado secretário do Meio Ambiente de São Paulo. Enquanto isso, Xico Graziano se mantém afastado, trabalhando com marketing digital político.

Na capital paulista, a batalha pelo Parque dos Búfalos foi perdida. Hoje, Wesley Silvestre quer estudar Direito. E ainda não conseguiu retornar ao Jardim Apurá.

Em todas as histórias, repete-se o vai e vem da política, a construção e a destruição incessantes, restando somente a constatação filosófica e não determinística de que nem tudo ocorre por uma boa razão. De que o mundo é composto de alguma ordem, mas também de caos. De que um mundo melhor é até possível, mas não está assegurado.

Pois a política tende a se desorganizar, como todo sistema. Tende ao aumento da entropia, essa grandeza da termodinâmica que afirma a tendência à desordem. Se deixado sozinho, o sistema perde energia. E tudo, cedo ou tarde, dá novamente errado.

Como um partido que, no início, pode estar repleto de boas intenções, mas com os anos se deteriora. Assim aconteceu com todos os partidos até hoje e pode continuar ocorrendo com os novos. Hoje, Zé Gustavo e Marina Silva são presidentes do partido movimento Rede Sustentabilidade e continuam tentando construir uma instituição que fuja a esse destino. Se a história é bom indício, o prognóstico não é favorável.

Todos os atores da política lutam contra o tempo, contra os arranjos que se desfazem, contra as crenças que se deterioram. Lutam contra a perda de energia. Essa é uma luta inglória. Nenhum deles vai alcançar a vitória definitiva.

Portanto, você pode se questionar: vale a pena?

Uma resposta possível dada neste livro é que a justificativa pode ser tirada do próprio ato de fazer política. É ele que dá sentido ao esforço, que traz a possibilidade de eudaimonia. E que guarda um resíduo de esperança.

Por isso, traga a sua energia para esse sistema. Como no caso de Ricardo Young, que encerrou o mandato na Câmara dos Vereadores e agora discute modelos de uma sociedade sustentável em todo espaço disponível, como quando dá aulas na USP. Ou de Oded Grajew, que atua nas instituições que ajudou a criar, como o Movimento Nossa São Paulo. E que afirma que desapareceu "a ideia de que é só eleger alguém que os governos vão resolver alguma coisa".

A chave não é copiar o que eles fazem ou as ideias que defendem. É encontrar sua própria convicção, caminho e potência. Se deixar a cargo de um eleito qualquer, o sistema perde energia. Acomoda-se. É necessário um elemento externo para o sistema continuar se aperfeiçoando, continuar fugindo da entropia: você.

Para que exista uma chance de dar certo, você precisa fazer parte dessa história.

Personagens

Cristovam Buarque foi reitor da Universidade de Brasília, governador do Distrito Federal e ministro da Educação. Criou o Bolsa Escola, implementando-o pela primeira vez em seu governo no Distrito Federal. Hoje, é senador da República.

Marina Silva foi vereadora, deputada federal, senadora e ministra do Meio Ambiente. Candidata à Presidência da República duas vezes, recebendo 19,5 milhões de votos em 2010 e 22 milhões de votos em 2014.

Maurício Brusadin é economista e foi vereador em Jaboticabal, cidade do interior paulista. Atualmente é secretário estadual do Meio Ambiente em São Paulo.

Oded Grajew ajudou a criar inúmeras instituições relevantes, como Fundação Abrinq, Pensamento Nacional das Bases Empresariais (PNBE), Instituto Ethos, Movimento Nossa São Paulo, entre outras.

Ricardo Young é empresário, professor e palestrante em áreas como sustentabilidade e complexidade. Foi um dos fundadores da Associação Brasileira de Franchising (ABF), Instituto Ethos, Movimento Nossa São Paulo, do Fórum Amazônia Sustentável, entre outras entidades.

Wesley Silvestre milita pelo meio ambiente desde os 13 anos de idade e ajudou a fundar o Movimento em Defesa do Parque dos Búfalos. Trabalhou na Câmara dos Vereadores.

Rogério Godinho

Xico Graziano é agrônomo e ocupou diversos cargos na política, como secretário estadual do Meio Ambiente, deputado federal, secretário estadual de Agricultura (1996-98), presidente do Incra, entre outros.

Zé Gustavo foi candidato a deputado federal em 2010 por São Paulo, quando defendeu o conceito de codeputados. Atualmente é presidente registrado no TSE da Rede Sustentabilidade e um de seus porta-vozes nacionais.

O apoio fundamental

Centenas de pessoas me apoiaram financeiramente, tornando o livro possível. Elas assumiram o papel de patrocinadoras sem saber exatamente o que viria. Foram simplesmente generosas, acreditando neste trabalho. Meu obrigado eterno e o lamento de não poder citar todos os nomes neste espaço.

Com eles, assumi o compromisso de nomear aqueles que fizeram uma doação maior. São os apoiadores essenciais:

Alessandra Meireles Silva, Alexandre Zeitune, Ana Caroline Garcia, AViV Comunicação, Claudio Dal Prá, Danilo Madeira Campos, Eleine Béláváry, Eliezer Silveira Filho, Farley Menezes, Guilherme Gaspar, Ialongo e Miyaoka Sociedade de Advogados, Juliano do Nascimento, Lilian Yuri Okada, Liliane Ribeiro, Luciana Alvarez Pedroso, Mara Bianka Rosinha Nunes, Marco Antonio Silva Stefanini, Marcus Vinicius Salazar, Maria Alice Setúbal, Matheus Ribeiro Rezende, Natalie Unterstell, Patricia Marino, Samuel Protetti.

MATRIX